仮面

――小学校教師の教材探訪――

石川律子

溪水社

刊行に寄せて～ヘッドライト・テールライト～

「ヘッドライト・テールライト」は、中島みゆきさんが作詞・作曲した「プロジェクトX・挑戦者たち」のエンディングテーマ曲です。その三番には、「行く先を照らすのは、まだ咲かぬ見果てぬ夢、遥か後を照らすのは、あどけない夢」という歌詞があります。

この歌詞は、小学校長を退職されて広島大学大学院教育学研究科の研究生の道を選ばれた、教育者としての石川律子先生の生き方を示すキーワードのように思われます。それは、自らが明日を切り開くヘッドライトとして、また後に続く者の目標となるテールライトとして歩み続けるという、すなわち、めざすべき教育の開拓者として生き続けるという石川先生の夢、希望、そして志です。

三年前、石川先生から、「仮面」をテーマに研究を続けたいのだがという相談を受けたとき、大先輩の研究生にとまどいながらも、最初に言ったのは、「やる以上は、いつか本にしましょう」ということでした。若い大学院生に囲まれての研究生としての生活は、初々しくかつ楽しそうでした。この間、附属三原小学校での研究授業をはじめ、民俗学や社会科教育学の学会発表、そして仮面を求めての国内外の調査旅行を精力的に続けてこられました。そのような取り組みの中の「プロフィール」にあたる部分は研究論文に結実しましたが、「エピソード」の部分をコツコツとまとめられてできあがったのが『仮面―小学校教師の教材探訪―』です。

溪水社より刊行された本書の今日的意義としては、大きく次の三点を挙げることができるのではないでしょうか。第一は、本書のタイトルでもある「仮面」そのものが、社会科や道徳の授業において、あるいは国際理解学習や異文化理解学習を中心とした「総合的な学習の時間」などで活用できるという、学習材として価値を示されたことです。第二は、「仮面」に代表されるこのような民俗学的な事例を学習材として開発するための教材研究の手順や方法が、エピソードを交えながら具体的に示されたということです。そして第三は、たとえば人間関係力やコミュニケーション力の育成という、生涯輝く大人を育てるために必要な今日的な教育課題を克服するための手だてを、「仮面」を通して示唆しようとされていることです。

おわりに、石川律子先生には、「ヘッドライト・テールライト」の最後の部分の歌詞を贈りたいと思います。それは、「旅はまだ、終わらない」という言葉です。これからも、「行く先を照らす」とともに、「遥か後を照らす」教育者として歩み続けられることを期待しております。

平成十九年八月一日

広島大学大学院教育学研究科教授
小原　友行

はしがき

この随筆集は、著者が社会科学習の授業開発のために取り組んだ、教材「仮面」の研究過程の事柄をまとめたものです。民俗仮面との様々なであいや発見、その時々の感動などを、定年退職までの小学校教師としての体験に重ねながら咀嚼し、思索してきたことを内容としています。

したがって本書の主目的は、小学校社会科、道徳、生活科、総合的な学習などを担当される現場教師の教材研究に資することにあります。しかしながら、随筆という主観的散文に過ぎないので、学習理論によって組み立てられるべき教材研究の実務的、学術的資料というものではありません。それは別にまとめた研究論文に譲るとして、長年小学校教育にかかわった教師の教材研究の一事例として、論文にはなりえない側面をも参考にしてほしいとの願いが本書の執筆に向かわせました。他方、教材研究ということに限らず、民俗仮面に興味のある方々にも読んでいただけるように筆をすすめたつもりです。

教師は、日常の生活のなかで、学習展開を念頭に置きながら、接触する些細な事象や情報が何かの教材となりはしないかと、不断の研究努力をしています。そのような日常の研究努力が前提となっていて、ある瞬間にある事象に心がとまり、ひらめきを感じ、すばらしい教材とのであいを果たすことが可能となるものです。筆者にとっては「仮面」はそのようなであいのなかのひとつでした。いつしか仮面と子どもとが重なって心にすみつきました。

子どもは発達段階にしたがって、世界観をひろげ異文化を理解していきます。その過程で、他者の存在を認識し、自己と他者との関係性を構築しようとするとき、これまではともすれば、自他の類似性を見出すことに重きを置いていたように思います。しかし、他者とは、本質的に自己とは異質な存在であり、異質性の認識をしっかり深めて理解していくことが必要ではないかと思います。「仮面」とのであいは、筆者をそのような学習プログラムの開発へと導いてくれました。

読者の方には、このような教材としての「仮面」の魅力を共有していただくとともに、日常的な無数の教材とのであいの可能性とその研究の事例をいくらかでも共感していただけるならば本望です。

また教師は、子どもひとりひとりが、学習を楽しみ、知的好奇心をもって追究し、学ぶことの楽しさを味わい、探究し続ける子どもに育ってほしいと願っています。そのような学級経営努力のなかで日常の様々な事象を、どう直観し、観察し、教材化していくか、そのような態度を情緒的な側面も含めて感じていただければ幸いです。

本書はおおむね「仮面と学習」に関する筆者の体験をもとにした随筆ですが、取材にでかけた秋田、沖縄、オーストリアや台湾などの仮面の風景は、そのまま紀行文のかたちで紹介しました。とくに台北は、その混沌とした社会の構成が「仮面的」であり、そのことを強く感じたので、編を改めて「台湾紀行」としました。

それぞれの短文は、主題の似通ったものを集めて、なるべく筋立てがみえるように並べたつもりですが、とくに脈絡があるわけではありません。ひとつひとつのエピソードとして、どこからでも気楽に読んでいただいて、読者の方の体験に共鳴できればこれに過ぎるよろこびはありません。

本書には、教師生活のなかでであってきた子どもたち、教師仲間、先輩方、保護者や地域の方、取材先でお世話になった方など多くの方々とのであいが詰まっております。文中に登場する全ての方に、いちいち出向いて執筆のご承諾をお願いするのが本筋ですが、多くはそれが叶わぬまま、本意が伝わる範疇で実名や具体的な記述を避けて、ご迷惑をかけないようにと配慮しました。どうか意をお汲み取りの上、ご了承いただきたくお願いいたします。また原稿に目を通し出版を快諾してくださった方々に心から感謝申し上げます。

探訪としての「仮面」の研究が具体化していく上で、多くの方にご支援やご協力をいただいたことを感謝いたします。広島大学大学院総合科学研究科教授　高谷紀夫先生は、民俗学・民族学的見地からの的確なアドバイスにより、「仮面」研究への最初の道を拓いてくださいました。広島大学大学院教育学研究科教授　小原友行先生には、「仮面」を小学校社会科教材として研究したいという筆者の希望を受け容れてくださり、退職後研究生として三年間にわたって、理論と実践の双方から懇切なご指導をいただきました。教材としての「仮面」の理論的研究とともに本書が成ったのは、先生の終始変わらないご指導と激励があったからです。両先生をはじめあたたかいご指導をいただいた方々に、あらためて深く感謝申し上げます。また本書の出版にあたっては溪水社の木村逸司氏にたいへんなご援助をいただきました。重ねてお礼を申し上げます。

平成十九年八月

著　者

仮面——小学校教師の教材探訪——

目次

Ⅰ　仮面と学習

（注）本稿では、「なまはげ」「ナマハゲ」など、一般的表記と学術的表記を文脈上混用したものがあります。また、語句の漢字、仮名書きを文意に応じて使い分けています。

I

仮面と学習

喜の章

仮面とであう

子ども時代を映し出す仮面

――あなたは子どもの頃お面で遊んだことがありますか？

「もちろん。小さい頃よく遊んでいました。」（中国からの留学生Sさん）

「仮面ライダーなんかでシュワッチ！とやっていましたね。」（大学院生のMさん）

「ええ、いろいろなお話の仮面がありました。私の子どもも遊んでいました。」（台湾の知人Sさん）

「アンパンマンごっこで遊んだよ。バイキンマンをやっつけるの。」（高校生のAさん）

「ガラスの仮面ごっこをしていました。小学校高学年の頃ですかね。」（学校職員のYさん）

「黄金バットのワハハハハという笑い声を覚えているよ。ラジオで聞いたなあ。あれも仮面だろう?」（定年退職をしたYさん）

みんなそれぞれ顔にぱっと笑顔が広がり、すこしはにかんだような表情をみせつつ答えを返してこられた。どんな仮面で遊んだのか、ということで当時の世相が思い起こされる。笑顔が広がってきたのは、「子どもの頃のこと」だからか。「仮面」ということだからか。それとも両者が重なっているということでもあろうか。いずれにしても、それぞれの人からいちように懐かしむような感じで言葉が返ってきたのは、すっとタイムスリップできる事柄であったということでもあろう。

人には各人各様の子ども時代があり、その子ども時代の風景の中に仮面がみえている。長じて仮面を直接手にすることがなくなった現在の生活の場にも、ふと眼をとめてみると仮面の存在に気づかされる。それは節分の行事の鬼の仮面であり、神社で舞われる神楽の仮面であり、芸術作品としての仮面であるなど、人々の生活の営みの中に多様な仮面が棲んでいる。

仮面は人々の生活にどのようなかかわりをもってきたのであろうか。仮面とはいったいなんだろうか。素朴な疑問が改めてうかんでくる。

ウイーンの「なまはげ」

ふり返ってみると、私の仮面とのであいは、ウイーンの「なまはげ」であったように思う。二十六年前、ウイーンに勤務していたとき、オーストリアの博物館で眼にした仮面に驚かされた。

〈なんと！　日本のなまはげと同じような仮面がオーストリアにもある！〉と。

ウイーン市八区のラウドンガッセという狭い電車通りにある国立民

ウィーンの「なまはげ」
（国立民俗学博物館に展示されたクランプス。1982年筆者撮影）

俗学博物館には、家具、調理用具、農耕用具、衣類などの豊富な展示物や、台所、家族団らんの部屋を再現したものなど、オーストリアの民俗の様相がみわたせる。その一角の、民俗行事にかかわる展示物の中に鬼の形相をした仮面が掛かっていたのである。頭には二、三本角が生えており、もじゃもじゃの髪の毛が乱れかかり、眼や口を大きく見開いて、人を威嚇している怖い形相の鬼。それは日本で見聞きしてきた「なまはげ」の鬼とそっくりであった。

これは、民間信仰行事で用いられる仮面で、十二月五日の晩にニコラウスとクランプスがやってきて、ニコラウスが良い子には甘いお菓子を与え、クランプスは悪い子に罰として尻をたたくという風習が行われているというものである。ニコラウスは、日本でクリスマスに子どもたちにプレゼントをもってきてくれるサンタクロースとして親しまれている。それに対するクランプスはその内容もまるで「なまはげ」と同じではないかとびっくりした。このクランプスの仮面の他に、ベルヒトという曲がった鼻に大きな口の醜い仮面もみえる。このベルヒトは、もとは豊饒の女神であるがクランプスと同様に悪魔として人を鞭で追い回していくという。なぜなのだろうか。なぜオーストリアで、「なまはげ」と同様の民俗行事があるのだろうか。同じように見えても内容の本質は異なっているものなのか。民族は異なるのに、似たような仮面が用いられているというのはいったいどういうことなのだろうか。

驚きが心の奥に強く残った。

〈クランプスとなまはげって、何だろう?〉

これが、仮面と私が結び付けられた出発点である。

仮面をかぶる

人を評して、「仮面をかぶっている」、「能面のようだ」、「人は見かけによらない」などということがある。仮面をかぶって別人を装っていたり、表面上見えていることと内面との矛盾があったりすることはよくないことのように、批判的にとらえられることが多い。

十人十色といわれるように人はそれぞれである。事態に応じて表出された言動や表情がその人の個性としてまわりの人に受けとめられる。この「表出されるもの」はその人にとって唯一不変のものでなければならないのであろうか。人はその場に応じて臨機応変にいくつもの自分を使い分けて生活している。つまり、いくつかの仮面をかぶって生活を営んでいるといえるのである。人間の生活は仮面そのものではないだろうか。

教師を務めてきた自分をふり返ってみると、いくつかの仮面をかぶり分けて生活してきたことを自覚する。教員なかまに対するとき、子どもに対するとき、保護者に対するとき、地域の人に対するとき、友人と会うとき、家で寛ぐとき、旅行をするとき……。それぞれの時、場合に応じていろいろな自分があった。一人の自己でありながらも多様な仮面をかぶった自己が行動をしてきている。

電車の中で居眠りをしている人をみかけることがある。彼の場合の仮面はどうなっているのか。外出中という仮面をかぶった彼が居眠りをしている。

死んだ場合はどうなのか。死という仮面をかぶって人はあの世に旅立っていくということではあるまいか。デスマスクがある。なぜデスマスクがとられるのか。死んだ形相の中に、その人が雄弁に語っているのがみえるからではないのか。人は死んだときにも仮面をかぶっている。

能面のように無表情、といわれるけれどもそれは決して表情がないということではなく、実際のところは無表情という表情を演じている。能面に人がひきつけられるのは、無表情にみえる能面が実に鮮やかに感情を表現しているのがみえてくるからではないのか。

能面の無表情とは遠い対極にみえる赤ちゃんの場合はどうか。乗り合わせた電車の中で母親に抱かれた赤ちゃんの顔を見て「かわいいね。」と呼びかけると、赤ちゃんが口を大きく開けて笑顔を返してくる。赤ちゃんとても、見ず知らずの人の呼びかけに反応して笑顔を返してくるのである。これもある意味でひとつの仮面であるのかもしれない。こうしてみると、人はまさに仮面を生きているのである。

さて私はここで、「能面」を無表情の代名詞のように使っているが、能面の歴史を調べてみると、喜怒哀楽を表している面が半数以上を占めており、その種類も多いのに驚かされる。要するに、能面は無表情だと思い込んでいるのである。この喜怒哀楽を表している表情を瞬間表情といい、表情のないものを無表情、または中間表情という。現在に残され伝えられている面を歴史的にみると、瞬間表情の面の方が無表情の面よりも古い。ということは、元来、面は喜怒哀楽の感情を表出することが自然なことであったということである。能面が瞬間表情から無表情へと変っていった。その無表情の仮面が実は心の内奥の感情を鮮やかに表現している——。私はそのことを、ふと子どもの成長過程に重ねてしまう。仮面は子どもと、子どもの成長と、なにか結びつくのではないか……。

ところで人は仮面を「かぶる」のか、「つける」のか。

能や狂言の役者の「かける」という用語は別にして、身近にある仮面についての言い方を後藤　淑の『能面史研究序説』を参考に、整理しておきたい。

元来仮面は「かぶり」ともいわれ、頭に「かぶる」ものであった。日本に伝来した舞楽面、伎楽面は後頭部もすっぽりおおってしまう大きな仮面である。したがってこの仮面は「かぶる」。また、仏教行事にともなう仏像などの行道面も頭部全体をおおう大きなもので、「かぶる」。

そして、仏教が全国各地に伝播していく過程で、大きな行道面は持ち運びにも不便であり、次第に小型化し顔面だけに着用するものになった。そこで仮面を「つける」とも称するようになった。

だから、「かぶる」と「つける」とどちらも用いられるが、会話のなかでは「かぶる」という方が多いように感じられる。私の文章でも両方を用いているが、それぞれの場合にしっくりくる言い方で「かぶる」と「つける」の表現をしていく。

仮面を生きる

仮面をかぶるとその人の本心が見えなくなり、見ている人を不安な思いにさせてしまう。「能面のような無表情になった人」に接すると、本当のことを偽って自分を隠してしまっているといって反感をもつ。本当でないことやあいまいであることを、仮面をかぶっているとしてマイナスに評価している。しかしこれを反面から見ると、人間としてのあり方が違ってみえてくる。仮面をかぶるからこそ場に応じた自己を演出していくことができ、異なった自分を演じ分けることができる。ある事態に窮したときや、自己を人前にさらしたくないとき、人は能面のような仮面をかぶって自己防衛を図ることができる。これは自己を偽っているのではなく、仮面をかぶることによって自分を守り、その場に自己を屹立させていくことができているのである。

仮面をかぶるという行為をプラスの面からとらえてみていくと、違った世界が開かれてくる。人のあり方はなんでもありのままに、本心のままにあることがよいと評価されがちであるけれども、自分の中には人に知られたくないこともあり、人の目にさらされたくない自分をもっていることも多々ある。弱みのある自分の中に、人に知られてもいい部分とだれにも知られたくない部分とがある。人には知られたくない部分をカバーして守ってくれるのが仮面である。

家で寛ぐときは仮面を必要としないのではないか、ともいわれよう。否、たった一人でいるときでも人は仮面をかぶっているのである。たった一人になったときでも、「このままでいいよ」とささやいてくれたり、「なにやってるんだ、なまけちゃいけないよ」と注意を促してくれたりするもう一人の自分がいる。たった一人になった自己にもいくつかの仮面の、自分の声が聴こえてくる。それによって自己を慰めたり律したりすることができる。

もともとなぜ人は面を必要としたのか、それは信仰からでもあろう。神へ祈り、人間に神霊が依り移ってくるときに使われる面がある。原初、その面のモデルは実在の人間であった。人間の顔を写実的に模して面を作ったのである。実在の人間であるから、面は左右対称となってはいないし、目や頬なども左右に若干の相違がみられる。それは現在の能面とは異なるものである。また、定まった様式などもない頃のことで、信仰の儀式に応じて様々な表情の面が作られ、使用されたであろう。もろもろに試みられ、作られ、活用されていく自由さがあった。そのうち儀式もだんだんと様式化されたものとなってくるにしたがって、使用される面もその様式が整ってくることになる。

そうすると、写実の面も神霊の依りついた表現にされてくるようになり、髪の形、焦点の定まらない目の形、半開きの口などで、宗教性を帯びた造形となってくる。それらが、無表情といわれる能面の草創期の基本形である。奈良市丹生神社にその古い能面が残されている。成立年代は定かでないが室町時代初期か南北朝時代の頃と思われるとある。

そして、能面の発達は室町時代の中期から末期にかけて、宗教的意味をもった表現のものから、美を追求していく美術表現へと変化していく。能面製作が次第に様式化されていくのである。さらにここに、能楽として演じるという要素が入り、能面は演じられる芸能の表現が求められるようにと変遷していく。室町時代末期には様々な技巧を凝らした能面が生まれている。

この能面の変遷過程で、「演じられる」という芸能表現の時期に、中間表情というのができたのである。中間表情というのは面の使用方法で顔を仰向けたりうつむけたりすることによって表現される表情である。顔を仰向けると明るく見えて、喜びの感情を表し、「テラス」といわれる。反対にうつむくと寂しそうに見えて悲しみの感情を表す、「クモラス」となるといわれている。こういう演出法が行われるようになったのは世阿弥以降の演出法で桃山時代であろうといわれる。世阿弥の伝書にはこの中間表情についての記述はないそうであるが。

それはともかく、このような能面の完成への歴史的変遷をみると、子どもの感情表現と重なることに気づかされる。そこで私は、つぎのような「仮説」を描いてみる。

子どもは、小さい頃は喜怒哀楽の感情のままに表現していく。つまり瞬間表情の仮面を多種多様にもち、かぶりわけている。それが成長していくにしたがって、だんだんと感情を抑えることもできるようになってくる。こういう場ではこのようにすることが望ましい、などの理解ができるようになってくると、場に応じてその仮面を取り出してかぶるようになる。そうして仮面の種類も整理されてくる。また、がんばった自分で人前に立つときや、改まった場にでるとき、少しでも自分をよくみてもらいたいという意識が働いて、よりよい仮面をかぶるかもしれない。自己を演出するための仮面の使用がなされるようになる。こうして子どもは次第に大人へと成長していく。能面と同じように瞬間表情の面から無表情の面、中間表情の面へと変遷のなかで自分のもつ仮面を完成させていくのではなかろうか。これは何としても検証してみたい、興味深い課題である。

社会化と仮面

社会生活の最小単位である家族。家族はなんでもありのままに理解しあっているのだから仮面は必要ないのではないか。しかし親しき仲にも礼儀あり、といわれる。家族の内でも仮面はやはり必要なのではなかろうか。山田洋次監督の映画『男はつらいよ』の中で寅さんが、「それをいっちゃあ、おしめえよ。」と言い放って家を出て行ってしまう。いくら親しい間柄であっても越えてはならない言葉というものがあるということを教えてくれる。親しい家族の中にあっても、人として侵してはならないことがある、と仮面をかぶることで自己を律しているのである。自己を抑える仮面が外れて、言ってはならない言葉が発せられたから、この家族の人間関係は崩れてしまった、おしめえよ、となってしまう。家族関係のバランスを保っていた仮面が外れてしまって、寅さんの放浪のドラマがまた始まるのである。

家族には子どもに対しての父親、母親という役割がある。親という役割で子どもに接するから子どもへのしつけが可能になる。母子家庭の場合に、母親が父親役もせねばならずがんばっている、という表現もなされる。親という仮面で子どもを養育していくのである。

家族関係の厳しいきまりごとのあった時代には、仮面のもつ働きが厳然として機能し家庭生活を規律あるものとして成り立たせていた。ひいては、その家族が村落共同体の一員として所属し、役割を担っていくことができたのである。村落共同体で行われる年中行事や祭りごとは、協議したり共同作業を行ったりして開催される。これらの場では各家庭の事情よりも村落のきまりごとが優先される。それは村落共同体の存続のために必要なことだからである。大人のみならず子どももその催しごとに対して位置づけられる。小さな子どもでも、子どもとしての役割で参加する。わがままを言ったりすれば「家に帰っていなさい。」と追い返されてしまいかねない。必死にがまんしていい子の仮面をかぶって、祭りごとというハレの場に参加することが許されるのである。

祭りの場には、祭礼の神事や神楽舞などで、物体としての仮面が登場する。神像として祀られている仮面であったり、顔にかぶって舞台で舞ったりする仮面であったりする。夜店では裸電球に照らし出された様々な形相の仮面たちが、子どもたちの心をしっかりととらえてしまう。これらの仮面はそれぞれが強い魔力をもったものである。

こうした村落共同体が戦後急速に崩れていき、祭りや神楽も行われなくなっていった。しかし、近年は地域社会で夏祭り、盆踊り、秋祭り、正月の餅つき会など、かつての年中行事が様々な形で地域行事の一つとして復活されてきている。子どもたちが地域社会に参加していくことができる場が整えられていくということは、子どもたちの成長にとって必要な意味――子どもが家庭生活から、地域社会生活へとその仮面をかぶり分けていくという重要な意味――をもつものである。

それは仮面が単に顔という役割を担うということではなく、仮面がその人の人格全体を現しているという意味をもつということである。和辻哲郎は『面とペルソナ』で次のように言う。

「人は社会においておのおの彼自身の役目を持っている。己れ自身のペルソナにおいて行動するのは彼が己れのなすべきことをなすのである。（略）そうなるとペルソナは行為の主体、権利の主体として、『人格』の意味にならざるを得ない。かくして『仮面』が『人格』となったのである。」

人格の形成、つまり子どもの社会化とは、子どもが自分のもつ仮面を多様に獲得し、仮面のもつ役割りを演じていくことであろう。人は生を受けたときの、まるごと自分ひとりの世界、つまり一人称の世界から、やがて地域、学校という二人称、三人称の世界へと、他者とともに生きる世界をひろげていく。それらの生活の場に応じて仮面を付け替えて役割りを演じ、豊かな内面性を培い、自分のもつ仮面を完成させていくといえるのかもしれない。

仮面によって役割りを演じることは、自己を自覚する、自己に内在する他者に気づく、他者に期待された役割りを演じる、他者との関係性を結び、ひろげていく、ということにつながる。それは、自己と他者との差異性を差異として受けとめて、関係性をつなぎ共存しようとする他者理解と重なるものである。社会化とは、子どもが自分の仮面を獲得していく過程といえるかもしれない。

ＮＨＫテレビの「みんなの歌」という番組で「さっちゃん」という歌が流れて、かわいい女の子の表情が映っている。「さっちゃんは小さいからバナナを半分しか食べられないんだよ」という歌詞にのって、バナナの皮をむく母親らしい人の手元をみつめる女の子。半分に折ったバナナを手渡されて、ありがとうと受け取り、小さくうつむきかげんにかぶりついていく。それはカメラを意識したよそゆきの顔である。歌の続きに家族でピクニックに出かけて、おむすびをほおばっている別の女の子も、カメラに顔をそむけるようにして食べている。映像には、何かを意識しているという感情がそのまま表出されている。明らかにその女の子のいつもとは異なった仮面の顔が映し出されている。

家庭生活の中の子どもは、「お風呂に入りなさい」、「テレビをみるのはもうおしまいですよ」、「歯磨きをした？」といった日常のしつけを繰り返し受けつつ自立へ向かっていく。ききわけのない子どもから、だんだんと教えられることが理解できて自力でできるようにと成長していくのである。幼虫がさなぎになり成虫へと変身していくように、子ども時代のそれぞれの仮面を脱ぎ捨てて成長していく。子ども時代を生きる子どもは、まさに脱皮の仮面を生きていくといえるのである。

子どもは何回か仮面を脱皮して、社会化を成し遂げていく。

ぼくは何人なの？——I君のアイデンティティ

仮面には一つ一つにその名前があり固有の意味がある。能面の翁面は男性で、小面は若い女性、というようにその仮面の役割り、様式、表情なども決まっていてそれ以外の役割りを演じることは決してない。そういう明確なアイデンティティ、個性といったものを有している。

ところでこのアイデンティティは端的に表現すると、その人がその人であること、ということである。日本人は日本人としてのアイデンティティをもっているが、個人に、はいこれがあなたのアイデンティティです、と与えられるものでもない。生活をしていくうちに知らず知らず染み込むように、その人の中に形成されていくものである。さりとて、ところであなたのアイデンティティは？　と問われても、こういうものです、とは答えられない。

ウイーン日本人学校の教え子であるI君のこと。ウイーン大学で医学生として勉強している十八歳の彼と久しぶりに会って、大学構内を案内してもらった。背も高くなり、前髪の一部を黄色に染めている。喫茶室に入ったとき、女店員さんから「シェーネ　ハーレ！（素敵な髪ね）」と言われて、彼はにこっと笑ってありがとうと言った。であった友だちに、僕の小学校のときの恩師だと紹介してくれた。「I君は勤勉な学生ですか。」と問うと、「もちろん！」と返してくれた。

I君といろいろな話をした。彼の日本語はかなりたどたどしくなって言葉を探しつつ語ってくれる。そのとき、彼が言ったのである。

「先生、ぼくは何人なの？」と。

彼の生まれは東京であるが小さい頃に両親とウイーンにきてずっとウイーンで育った。地元の幼稚園、小学校に通ったが、日本人学校ができたので日本の教育を受けさせたい、という両親の願いで小学校卒業まで通って、中学からは再び地元のギムナジウムに進学した。

彼には妹、弟がいるが家族の中での会話はドイツ語で、両親は日本語である。彼の日本語は家庭内での両親からと日本人学校に通学していた五年間で身につけたものである。しかし、大学生になった現在では日本語を話すことはほとんどない。しかし、たどたどしくゆっくりながらも、学校のことガールフレンドのことなどを話してくれた。そして発せられたのが「先生、ぼく何人なの？」であった。一瞬息を呑む思いであった。

「両親は日本人。日本人の両親から生まれたぼくは日本人。だけど、ぼくは小さい頃日本に行ったことはあるけれど日本のことは何も知らない。今日本語で話すことはない。ドイツ語か学校で習う英語で読んだり書いたりする。友だちもオーストリア人が多い。この友だちから見るとぼくは外国人であって日本人。ぼくはギムナジウムでオーストリアについての勉強をしてウイーン大学に入った。オーストリア国内も家族旅行であちこち行って観てきた。オーストリアのことはオーストリア人と同じように知っている。けれども、オーストリア人からは絶対にぼくのことをオーストリア人とは言われない。でも、日本のことはほとんど知らないのに、日本人と言われたら困ってしまう。日本のことを教えてほしいと言われても何も話すことはできない。」

「自分は一体何人なのだろうか」という彼の悩みは深い。

I君は今自己のアイデンティティがないという。この彼になんと言ってやればいいのだろう。どういうことをもって彼のアイデンティティを証明してやることができるのだろうか。私には、「何人であっても、あなたはI君よ。」としか言えなかった。

このときなんと言ってやればよかったのか。「あなたは日本人よ」と言えばよかったのか。「そのうち答えがみつかるよ」と期待をもたせてやればよかったのか。

彼とさよならの握手をして乗り込んだ空港行きのバスの中で、私はずっと考えに沈んでいた。今もまだ答えはみつかっていない。

秋の澄みきった空に真っ白いちぎれ雲が流れるように動いていく。しばらくみとれていた。

おーい雲よ
ゆうゆうと
馬鹿にのんきそうぢゃないか
どこまでゆくんだ
ずっと磐城平の方までゆくんか

（山村暮鳥『おうい 雲よ——山村暮鳥詩集』）

ふっとその詩が浮かんできた。磐城平がどこにあるのか、どんな所かは知らない。けれども丘陵の畑地帯の風景を思い描くことができて、のどかな気分に浸ることができる。日本で生活して見聞してしてきたなかで自分の中に培われた、日本人としてのアイデンティティをもっているから、その詩を理解することも容易なのであろう。I君は、オーストリアで育ち生活してきて、オーストリアのアイデンティティをはぐくんできたはずである。それなのに、自己の中のオーストリア人としてのアイデンティティに疑いを生じている。今まではそういうことを意識することもなく、別に友だちからも指摘されることもなくきた。学校に通い、ドイツ語で話し、買い物をし、オーストリア人と同じ生活をしてきた。そういう中で、はたと気づかされた自己の仮面性。オーストリア人という仮面をかぶってきた自分。そのなかみは日本人だった。しかし、いくら今様の若者として髪を黄色に染めても、顔はまぎれもなく日本人の形相である。日本人の仮面をかぶって、そのなかみはオーストリア人と同じ。オーストリア人と同じ、といっても両親は日本人。だから自分はオーストリア人ではない。

これは一体どういうことなのだろう。自己に対する不可解感が生じたのである。こういうことは青年期の自己を懐疑したりする特徴であると、心理学でよく言われることである。

I君のもっている明確な仮面は日本人とオーストリア人との二通りである。日本人の仮面とは、日本人の顔をして、その内面はオーストリア人としての心情、行動様式をもっているということである。他者から見れば、外面上はI君はあくまで日本人である。しかし、オーストリアの気候風土、衣食住環境、生活様式、規範意識などを身につけて心情も多くのオーストリア人と同様のもち方をしているであろう。日本のことは何も知らないという、I君。しかし、両親の話す日本語を聞いて育ち、小学校時代を日本人学校の子どもたちといっしょに過ごした。日本の祖父母との交流もあった。そういう中で、日本と全く無縁に育ってきたのではない。I君の中には日本というものがなんらかの形で納められているであろう。そういうことに、I君自身が今気づいたのである。

それはたいへん意味が深いことである。アイデンティティというものは、生涯にわたってずっと自己に問いかけながら形成していくもの。そのことに意味があるのではないか。

シューローラーで遊ぶ子どもたち――仮面をはがしあう

わが家の前の県道のバス通りから直角に脇道がある。この道はかなり幅があって、トラックもゆうに通ることができるほどの広さがある。少し坂になっている道の三十メートル奥には二、三年前に住宅が四軒建てられた行き止まりで、交通の危険性はほとんどない場所である。ある日の夕方、外出先から帰ってくると、小学生の子どもたちが五、六人遊んでいた。私も子どもの頃ここで遊んでいたものだ。自転車に乗った子がすいっとそばにやってきた。

「あっ、校長先生ここだったんですか。」

「あら、M君。あなた越してきたの？」

「いえ、ぼく、友だちのとこへ遊びに来たんです。」

「道路は危ないから気をつけてね。」

「まだ道には出ないけど、ここで乗ってるんです。」

そんなやりとりをしているところへ、ゴォーと軽やかな音を立ててシューローラー（裏底つま先の所にローラーがついていて、ローラースケートのように滑ることができるスニーカー）のKさんが近寄ってきた。M君と同じ三年生である。

「まあ、M君、なんね、あんた。ていねいな言い方なんかして。」

「だって……」と絶句するM君。

「あら、久しぶりにであったんだもんねえ。こんなに丁寧な言い方でお話しできるなんていいことよ。」と助け舟をだしてやる。

子どもは、友だちが人前でかぶった仮面をいとも簡単にすいとはがす。はがされた方は傷つくだろうが、このような遊びの場面では致命傷ほどのことはない。遊んでいるうちに双方ともそんなことは忘れるだろう。やられた、と根にもったらいつか相手に仕返しの仮面はがしをするかもしれない。子どもは子どもどうしでお互いの仮面をはがしあいながら、素面になりつつ成長していくのである。素面を見せてぶつかりあうから、小さい頃の友だちどうしというのは、なかまの絆が結ばれて大きくなってもつながっていられる。どんな仮面をかぶってみても、仮面の下の素面を知られている。この素面の見せあい、仮面のはがしあいが、お互いを社会化に導いて成長していくのである。もし、こういったかかわりあいがなされないと表面的な相手しか見ないことになる。

三十年前に『ちびくろさんぼ』の絵本が図書館や書店からもなくなったことがあった。ちびくろさんぼの物語が黒人を蔑視しているからということであった。一九七二年には放送、新聞などの報道機関はもちろん、落語界などまでも禁止語句や、言い替え用語などが提示された。もちろん、人権に配慮することは大事なことであるが、子どもたちにとってのゆきすぎた取り扱いが、反対に差別感を暗黙のうちに教えてしまっているのではないか。

子どもというのは、黒人に初めてであったらなんと言うであろう。もちろん、見慣れない人なので驚きもするであろう。しかし、興味しんしんである。

「わあ、まっくろ、どうしたの？」この言葉から、相手との対話が始まるのである。

「生まれたときからだよ。」

「へえ、どうして？」

「私の国ではみんなこんな色だよ。でも、よく見ると少しずつは違うけどね。」

「どこの国なの？」

さらにどんな対話が進められるだろうか。子どもにとってその黒人とのであいが未知の国や文化とのであいとなって開かれていく。子どもは、その率直な感情をありのままに出すということで、人とつながっていくことになる。それは、その人に仮面をかぶせないでありのままに見ることであり、自分も仮面の中から相手を見るのではなく、お互いの素面で対峙するということである。そういうことが子ども時代に必要なことであり、感性豊かな子にするということでもある。

売り言葉に買い言葉の喧嘩で、お互いに仮面をかぶせたり、はがしたりして成長していく子どもたち。子どもは気取って振舞う友だちの仮面性をみとり素早く反応していく。

思ったままを率直に表すことは、子どものある発達段階や場では必要なことである。にもかかわらず、感情を表に出さないように早々と包んでしまうことをよしとするように育てられることが多いように思う。幼児や小学校低学年児のもめごと、喧嘩などはすぐに周りの大人が止めに入る。双方に早々とごめんなさいと仲直りをさせてその場が収められる。思いっきりの感情がどの子にも出されているだろうか。もちろんひとつひとつの事象に喜怒哀楽を表出していては、本人も周りの者も疲れてしまう。しかしそれが出せる発達段階や場面では、それを大事にみていくことが、後に続く成長につながることである。

怒の章

民俗行事と仮面

子供神楽――舞う・演じる

広島県神楽競演大会を見る機会を得た。一度に十演目近くを鑑賞できるから何かの参考になればと、広島民俗学会々長の藤井昭先生が招待券をくださったのである。この神楽の競演大会は、今年は三十五回という歴史をもつ。友人と会場のサンプラザに着いたのは開場の十五分前。すでに五十メートル以上の長蛇の列である。座布団や毛布を抱えている人が大勢。私の後ろに並んでいる男性二人が話している。

「弁当とワンカップとつまみを持ってきたが、これだけありゃあ、よかろう。」

「こんだあ二階の席で見ようと思う。去年、よう見えたゆう話しじゃった。」

なんだか祭りにきたような気分になってくる。

「二列に並んでください。入り口が混雑しますので。」との、空色法被の世話係の言葉掛けに列が少しずつ動き出して中に入る。場内はいっぱいの人である。正面には神楽の舞台がつくられている。舞台の真上の天蓋には色とりどりの飾り、周りには提灯のようなものが下げられている。会場の前半分は床に座るようになっており、後ろ半分は椅子席となって、どこもほとんど埋まっている。

舞台では、お囃子の鉦の音にあわせて白い着物に空色の袴の男性二人が舞いはじめた。プログラムには「四方祓い」とある。舞が終わり、司会者の言葉があった。

「これで四方が祓われ、舞台も清められましたので、これから神楽を始めます。」

これが神社なら、神主さんのお祓いなどが行われるところであろうか。競演大会なので、優勝を目指して競う神楽が舞われるのであって、神社の宵宮とは異なるものである。しかし、神楽が舞われる場内には宴の雰囲気も漂っている。舞の最中も薄暗い場内の座席の間を人がさかんに行き交っているし、缶ビールを飲んでいる人も、弁当を食べている人も、と開放的ではあるが騒々しさは余り感じられない。毎年六、七千人もの神楽ファンが集うそうである。神社の宵宮の情景に近くなるように趣向が凝らされていることが伺える。

読者には退屈と思われそうだが、ここに長々と情景を述べたのは、神楽が演じられる、ということは、その情景、その場の環境が必要なことなのだ。


さて、肝心の神楽は一つの演目が三十五分間という、かなり長時間である。しかし熱の入った舞や囃子に魅入られた。何よりも驚いたのは、その衣装の豪華絢爛なことである。色鮮やかな刺繍の文様が施された衣装は、着用すると総重量が約二十キログラムにもなる。体力が必要とされる神楽の舞である。

どの舞も夢中になって見たが、最も心を打たれたのは子どもの舞った神楽である。ちょうどお昼時のプログラムで特別出演とあった。山県郡北広島町の苅屋子供神楽倶楽部で、演題は「塵輪《じんりん》」。あらすじは、塵輪という翼のある大悪鬼がわが国に攻めてきた時に、時の帝《みかど》である第十四代帯中津彦命《たらしなかつひこのみこと》が従者高丸《たかまる》と共にこれを征伐する、という物語である。

配役の三名、お囃子方ももちろん小学三年生から中学一年生の子どもたちである。神楽好きの子どもたちの「本格的に舞いたい」という願いから、平成十二年に結成されて、地元の神楽団や保護者によって指導されてきた。

エイッ、オッ、ハッ、という囃子の声に合わせてキュッと首を傾けたり、両肩を上げたり、といった動作をする大きな面の鬼。そのしぐさが小気味よく決まっている。囃子言葉に合わせる、というよりも、囃子の声にピシッと合っており、鬼そのものと掛け声とがピッタリと重なっている。それは、囃子の声を待っての動作ではなく、囃子の何秒分の一くらい寸前をいく動作のような感じである。

舞が終わって、全員が舞台に並び、会場からホオーと声が上がり大きな拍手が沸く。鬼を演じた子は大きな面を片手に下げている。意外に他の子たちよりも背丈が小さかった。演じているときはとても大きく迫力のある鬼であったのに。鬼の面が大きい、ということもあろうが、背格好全体が大きく見えていた。

この子どもたちの神楽が最も心に残った。舞が始まったとたんに客席から拍手が起こった。子どもたちだからというより、迫力がいきなり飛びこんできた、という感じであった。演じる、ということは、一所懸命さがそこに表れてくる。ここでは、「なりきる」ということよりは少し異なった印象を覚えた。「なりきる」よりもまさに「演じる」といったほうがふさわしい感じである。なぜなのか。


神楽は物語が演じられる。話の筋が決まっていること。配役は、帯中津彦命、高丸、塵輪とあり、お囃子、掛け言葉に合わせて舞うこと。この人員で決められた所作を演じるのである。そこでは、仮面の形式、役割、衣装、など様式全てが決まり事である。それに則って舞う。だからその様式から外れると、それは決められた神楽を舞うことにはならないのである。

それならばどういうグループが舞ってもみな同じものでしかないことになる。ところがこのような競演大会がもたれ、競われる。一体何によってその優劣が決められるのか。審査委員長を務められた藤井先生に伺ったところによると、舞、囃子、口上、衣装などに加えて、観客をどれほど感動させたかも考慮されるとのこと。これは競演大会の約束事である。素人の目には、どの神楽団もとても上手で舞いに迫力があり、衣装の絢爛さにも圧倒される。場内の祭りの雰囲気が漂うのもいいことだなあとひたすら浸っていたのであった。

特別出演の子供神楽団も小柄な子どもたちではあっても、大人と同様のお囃子を奏し、豪華な衣装に仮面をつけて舞う姿には、子どもだから、といった幼く見る感じは全くなかった。ただ、面の中から発する声が子どもで客席からも和やかな笑い声や拍手が何度も上がった。それらは、おや、そうだ、子どもだったのだ、と気付かされたような、そんな感じの笑い声であった。大人と同じように演じ、セリフを唱える。よく練習したのだろうなあ、よくがんばってここまで上手にできるようになったね、という拍手であった。

仮面の中で彼はどんなことを考えながら舞っていたのであろうか。練習してきたことを精一杯出したいと、ひたすらそれのみであったかもしれない。演じ終わって仮面を手にちょっとはにかんだ様子でみんなと並んだそのぎこちなさは、さっき演じていたのとはうってかわった様子であった。終わってほっと安堵もしたであろう。

彼は「なりきって」神楽を舞ったのではなく、ひたすら「一所懸命」だったのだ。上手に舞いたいとか、褒められたいとかではなく、ひたすら心を集中させて演じたのである。その、なりきるほどの余裕はないが、観客への媚などのない一所懸命さが見るものの心を捉えたのである。ここに演じるという意味があった。

ベッチャー祭り

「広島にも仮面の民俗行事がありますよ。」とベッチャー祭りのことを教えてくださったのは藤井先生である。行事の由来の文献や仮面についての資料などもくださった。とにかく行ってみようと、でかけたのは暑い七夕の日であった。

尾道駅前の広場に出ると、真正面の向こうに船のクレーンがいくつか見える。左手には商店街、右手にはガラス張りの建物がある。人通りはあまりみえない。後ろを振り返ると、駅舎に迫るように崖の家並みが見えた。タクシーに乗り、市役所へと言うと、「ここは小さい町だから歩いて十分でたいていの所に行けます。」と女性の運転手さん。人口はおよそ十五万人ですと聞いているとあっという間に到着。市庁舎の道路向かいの低い建物に観光課があった。予約なしに訪ねていったのであるが、課の宮澤さんが親切に手書きの文書などをコピーしてくださる。「昨年広報で使った残りですが。」と写真もいただく。

「面はなんという木でつくられているのですか。」と尋ねると、二、三か所電話された。正しくはわからないが、おそらく桐でしょうとのこと。さらに質問していると「氏子さんに直接聞かれる方がいい。行きましょう。」と言われ、道路を渡り本庁舎へ案内してくださった。

大柄な男性がカウンターの向こうの席から出てこられた。一宮《いちのみや》神社の青年部の吉田さんも突然訪ねて行ったにもかかわらず、温かく応じてくださる。

「十一月一日は神輿の渡御《とぎょ》。一年に一度神様が氏子の住んでいる町内を周っていかれるということです。商店街などところどころにあるお旅所《たびしょ》に、とまって休んで、朝から一日中かけて廻ります。十一月二日は奉納太鼓。囃子をもとにしたリズムで創作した神輿太鼓です。今年二十周年になります。三日が還御《かんぎょ》。朝七時頃出発して、町内や商店街などを周り、夕方六時ごろに一宮神社にもどってきます。神輿は明治三年に二代目が作られ、今年の神輿は一宮神社青年部でつくったものが出ます。」

吉田さんは少し誇らしそうに言われる。もちろん、全部自分たちで、前のを見ながらつくっていく。

「仕事の後で集まって三年くらいかけてつくっています。まあ、そういう人間がいてこそ続いてきたのでしょうね。祭りが好きで、ただ好きでつなげていく、という気もちです。」

面は、それぞれ面打ち師がつくっている。

「江戸時代から伝わっているものを昨年つくりかえました。手に持つ物は、毎年氏子がつくっています。ささらは竹、祝棒《いわいぼう》は樫の木に紅白の色の紙を巻くのです。ささらでたたいても痛くはないです。祝棒はたたくのでなくつつくのです。そりゃあ、小学校時代までは怖いもんです。震え上がるほど怖がります。一歳から三歳ぐらいは、ひきつけを起こすくらいとても怖いです。泣いていても、『ベタがくるよ、ショーキがくるよ』、と言うと、ぴたっと泣き止みます。ちょっと大きくなると子どもたちも、ベタやショーキたちとリズムに合わせて肩で押し合います。ショーキ、ベタ、ソバ三者の上下関係というのはありません。三者、獅子も入れて四者ですが、子どもにとっても親にとっても怖い存在です。

朝から夕方までずっと廻り続けます。鉦、太鼓は近所の子どもたちがたたきます。リズム感のいい子が子どもどうし教えて、女の子もいますよ。神輿、面は全て男です。この祭りに決まった食事というのはないです。」

本物の神輿の、木を組む、色を塗る、金箔を貼る、飾りをつけるなどのそういった作業をして、素人が寄り集まってつくっていくという。この祭りに掛ける熱い思いはなんだろう。ベッチャー祭りとはいったいどんな祭りなんだろう。

「ぜひ、十一月には来て見てください。」とお二人の笑顔に送られて辞した。

帰り道、商店街を歩く。『大和湯』と建物にはめ込みの看板がある。アーチの飾りもついている造りの古い建物。中は土産物売り場のようだ。軒の低い店々に町の古さが漂っている。人通りは多くない。商店街の脇の細い路地に入って、七十年配の女性に一宮神社への道を尋ねると、「ああ、いっきゅうさんね。」と親しみの感じられることばで返ってきた。教えられたバス通りに出てJRの線路沿いに行くがどこにも一宮神社という表示が見えない。線路の向こうの斜面には、天寧寺、信行寺、光明寺、などと表示が見える。線路の下のトンネルをくぐって向こうの石段へ行く道、階段を上がって線路の遮断機を通っていく道、あるいは線路の上を渡る横断歩道橋の道もある。いずれも線路を越えた向こうはみな急な石段のあるところに寺や家々がある。

バス通りに停まっているバキュームカーから、くねくねと長いホースが階段を上り線路を越えて向こうの石段を這っている。仕事をしている人に尋ねると、ホースのそばを通って石段をのぼって行ったところにあるとのこと。すみませんねと言われる。たいへんねえ、と思わず言った。息苦しくなる坂である。ランドセルを背負った男の子が階段を横切って歩いていく。ここの子どもたちは足が強いだろうなあと感心する。林芙美子も志賀直哉もこの石段を上り下りしたのかなあと思う。

一宮神社は宝土寺の境内の続きにある神仏習合の形態であった。神社に接して墓地があり、民家もあり、その間を人がひとり通れるくらいの細い道がつながっていた。神社にお参りをして、横の建物に貼ってあったベッチャー祭りのポスターをカメラに収めて、石段をゆっくり降りて行った。

○ 十一月三日のベッチャー祭り

朝十時頃尾道に着くと、駅前で法被姿の年配の方が二、三人パンフレットのようなものを配っておられた。ベッチャー祭りの案内はない。いま、ベッチャーはどこにいますかと問うと、午前中が西の方で昼には右手に見えている「しまなみ交流館」にくる。午後は東側の町や商店街に入ると教えてくださった。

今この駅前では特別な賑わいは感じられない。お祭りなのになあ。しまなみ交流館の裏側に行ってみると、あちらこちらに数人ずつ人が立っている。みな待ち顔をしていっせいに西の方を見ている。ここにいたら見られるのだ、と安心してコンクリートの杭のようなものがある所に腰を掛けた。やがてだんだんと人だかりがしてきて、私の前がふさがってきた。遠くに太鼓の音が聞こえてきた。道路のあちこちに警察官の姿が見える。なにやらリズミカルな囃し立てる声が聞こえる。が、すぐにまた聞こえなくなってしまった。

周りの人たちが「あっちからくる。」「いや、ここだろう。」と口々に言っている。上を見ると建物のまわりの通路、歩道橋になっているところもいっぱいの人だかりである。「あっきた！」と子どもが叫ぶ。太鼓と囃子声がふいに大きく響いてきて建物の横の道から神輿の一団が姿を現した。ドン、ドン、ドーンと太鼓。「ベッチャ！　ベッチャ！　ベッチャ！」マイクの声。大勢がそれに合わせる。「ショーキ！　ショーキ！　ショーキ！」「ショーキ！　ショーキ！　ショーキ！」「ソバ！　ソバ！　ソバ！」「ソバ！　ソバ！　ソバ！」わあーんとそこらじゅうにこだまするよ

ベッチャー祭り（広島県尾道市）

うな華やかな勢いである。神輿を担ぎ、取り巻いているのは、鮮やかな青色の法被、中は真っ白、足は紫がかった濃紺の地下足袋姿の人たち。百人以上はいるとみられる集団である。みんな笑顔。豆絞りの細い鉢巻をきりっと締めて、とってもうれしそうに笑っている。二十歳代から四十歳代にみえる。

ショーキ！ショーキ！ショーキ！

ソバ！ソバ！ソバ！

ベッチャー！ベッチャー！ベッチャー！

黒く光っている神輿の屋根には花のような紋が三つある。青い法被の背中も同じ紋だ。

神輿を担ぎ棒と繋いでいる朱色の太い紐に、大きな鈴が数個揺れている。とても立派な神輿である。市役所で話をしてくださったあの吉田さんもこの中におられるのだろうな。

ワーワーという人々の群れに押されながら私も移動する。肝心のベタもショーキもソバも皆目見えない。群れを抜け出て、急いで横断歩道橋に上がる。

「アッ、あれだ！」

群衆の中にちょっと目立つ朱と白と緑の着物姿が動いている。赤っぽい棒を振りかざすのが見えた。彼らはそれぞれにたくさんの人だかりの中にいる。歩道橋の手すりから身を乗り出すが、どの色の着物がベタやらショーキやらわからない。面も見えにくい。慌ててまた下に下りる。

人々の渦の中にもまれていく。キャーッという子どもの悲鳴。ワーンと泣き声。大人たちの笑い声。大人たちは子どもを肩車したり、抱き上げたりしている。目の前の母親に抱かれた三、四歳くらいの男の子がギャーと叫んで親の肩にしがみついた。人々の頭の向こうに角のある般若の面、ショーキだ！　振り上げられた祝棒の先の房が舞っている。だれもかれもみんな笑っている。

騒然とした熱気の渦を抜け出して、石の鳥居の脇に腰を下ろすと、隣りに青い法被のおじさんが立たれた。

「立派な神輿ですねえ。何キロくらいあるのですか？」

「二百五十キロです。重くて肩の皮が剥けます。」

「三年がかりであの神輿をつくったんですよ。」誇らしそうに言われる。

「十月にはいってずっと日曜もなし。」

少し赤い笑顔で話される。ちょっとことばがもつれ気味なのはお神酒のせいだ。

「若いもんがみな、面になりたがって。でも二十分もかぶられん。汗が出てかぶられん。三組で交代しているんです。獅子は四組。」

「太鼓は三体。今年三体にしたのは若い人の案です。十二月八日にベッチャー太鼓というのがあって、今年二十周年になる。これも若い人の案で始まったんです。」

「ベッチャーの最後は、一宮神社へ還る。夕方遅くに石段を上がるのはそりゃあたいへんです。狭いし、急だし、それに飲んどるしで、なかなかです。上で最後に神輿を回して納めるんです。」

じゃ、戻りますと、鉢巻を締めなおして集団の中に入っていかれた。しゃんとした足どりであった。

十二時頃、先回りをして商店街に入るとすでに大勢の人で埋まっている。商店街の両側には注連縄が張ってある。国旗も出ている。ああ、今日は文化の日だ。アーケードに一宮神社の紋が入った提灯と「ベッチャー祭」と書かれた大きな暖簾が下がっている。暖簾にはベタ、ソバ、ショーキの顔が描かれて、下に小さく、本町センター街とある。

「きた！ きた！ きた！」「こっち！」あちこちで声が上がる。どこが少子化かと思えるくらいに小さい子どもがいっぱいだ。赤ん坊や小さな子どもたちが、ベッチャーたちに向かって差し出される。はじめキョロキョロ周りを見ていたりする子がショーキに祝棒で頭をつつかれたり、獅子頭に頭をこつんと当てられると、どの子も一様におお泣き。あちこちで、ギャアー！　と悲鳴が上がる。「あっち！ あっち！」「かえろ！ かえろ！」と必死の形相で後ろを指し身をのけぞらせる。小さな赤ん坊でも、なにか異様なものが自分に迫ってくるのがわかるのだろう。「おねがいします！」と若いお母さんが赤ん坊を差し出す。お父さんが年中さんくらいの女の子をお母さんからひょいと抱きとり、ベタにお願いしますと差し出す。女の子は声も出せずお父さんにしがみついている。ベタが祝棒をちょこんと女の子の頭に当てると、女の子の体がぎゅっとちぢまった。ベタの方はちっとも見ていないのに、どこかでちらっとでもその姿を見たのであろうか。

みんなそれぞれ、ベタにもショーキにもソバにもさわってもらっているようだ。

ベタは朱色の着物を着ている。その表情は見えない。栗色の髪の毛がざんばりと顔全体にかかっている。みんなが取り囲んでわーわーやっていると、後ろからいきなりソバが襲いかかってだれかれなしに頭をたたく。人の群れが崩れる。ベタが飛び跳ねるようにして別の人の群れに襲いかかっていく。あちこちで笑い声が上がる。ソバは赤い鼻高の天狗である。シャッ、シャッと音がする。ささらを棒でこすり人の頭や体をたたいている。彼らにたたかれると病気が治り、健康や子宝に恵まれる、と言われている。

若い人が面になっていると思っていたが、ショーキの面の下に見える顎のあたりが四十歳代後半のようだ。ずっと囃し立てられ、飛び上がり、あちこち歩き走り回ってと、たいへんな動きである。二十分交代はもっともだと感じる。

青い法被の何人もの男の人たちの後頭部にそれぞれ、「ベッチャー、ベタ、ショーキ、ソバ、しし、絆、尾道」などとある。最初二、三分刈りの頭に墨で書いてあると見ていたが、近くで見ると、なんと髪の毛を剃り残した文字であった。今日までの数週間、どんなにか浮き立つ気分であったことだろうと思った。

十四時。くたびれ果てて商店街を駅に向かう。店舗一軒くらいの一面に「ベッチャーぬりえ展示」があった。カラフルにしっかり色が塗られているものに、赤いリボンが付いている。数人の人だかり。幼稚園くらいの女の子が指差してお父さんとなにやら話している。「吉備津彦《きびつひこ》神社」という幟と提灯のある一角がある。中には紅白の幕が張られている。ここがお旅所だ。

林芙美子ゆかりの部屋が展示されている喫茶店に入る。店内には林芙美子直筆の原稿が壁にずらっと貼ってある。放浪記を演じられた森光子さんの今年九月公演の礼状もあった。その店の奥が芙美子が住んでいた部屋。急な階段を上がると狭い部屋。ここで思索をしていたのだなあと思う。古い土壁の匂いがした。

コーヒーを飲んで、店の人に尋ねた。祭りで子どもたちが手作りのような祝棒を持っていたのは、幼稚園などで作ったものだろうか。しかし、年配の女性はこの土地の者ではないのでわからないということだった。

ベッチャー祭りの由来については、一宮神社の祭礼行事である、あるいは悪疫が流行したので平癒を願って行われた、など諸説ある。文化年間（一八〇〇年代）の始まりとされている。仮面については次のようにいわれている。

ベタは能狂言面の小武悪で、扁平なベタッとした顔からベタと呼ばれるのであろう。ショーキは高い鼻、赤い顔の天狗面。明治の頃、この面をかぶった人が庄吉という名前で、ショーキと呼ぶようになった。ソバは能の蛇面・般若面。明治の半ばにこの面をつけたのが、そば屋を営み、また顔にソバカスがあったといわれているところからである。

このようなベッチャーたちにたたかれ、つつかれて、健康安全、子孫繁栄、商売繁盛などがもたらされるという祭り。なんともおおらかで、ユーモラスで人々に親しまれて伝承されてきた祭礼行事である。二〇〇七年が二百年祭になる。またひときわ熱い渦に包まれることであろう。

この祭りでは、だれもが仮面仮装の内側に地域社会の見知った人物がいることを知っている。知りつつ演じられる神格者を真剣に受け入れている。こうした約束事のなかで、集団全体に興奮がつのり、やがて眩暈《めまい》、陶酔、恐怖、神秘がやってくる。まさに、カイヨワのいうように仮面は社会的紐帯として生きているのを感じたベッチャー祭りであった。（ロジェ・カイヨワ　多田道太郎・塚崎幹夫訳『遊びと人間』）

ナマハゲに会いに

ナマハゲは、村の家々を訪れて家人に訓戒や祝福を与えるという、男鹿半島の大晦日の行事である。「子どものころ、それはそれは怖かったです。押入れに隠れても台所の戸袋に隠れても、必ず見つかり引きずり出されて……。」と、秋田県出身のMさんは話してくださった。

ナマハゲは鬼ではなく、神の化身としての訪問者であると書かれている。ではなぜ、こんなに子どもを怖がらせるのだろう。迎える家の主人は正装してナマハゲを酒肴でもてなすという。それらを様々に想像してみるのだが、文献からは実感が伝わってこない。実際にナマハゲの行事を見てみたいものだ。しかし、民家での大事な年越し行事だから叶わぬものと諦めていたら、思いもよらず旅行社の案内でナマハゲの実体験ツアーがあることを知った。ナマハゲの行事は、本来は正月十五日の夜の行事であったが、いつの頃からか十二月三十一日の大晦日に行われるようになった。「ナマハゲに会える！」とわくわくして出発を待った。

ところが――、である。JR羽越本線で、突風による列車の脱線事故が発生し、復旧の見込みは立たないとニュースで報じている。我々のツアーは十二月三十日夜、やまびこ号で大阪を発って秋田に向かうことになっていた。何十年ぶりかの寝台列車も楽しみにしていた。ツアー担当者から電話が入り、日程を変更して、十二月三十一日朝、大阪から飛行機で仙台に飛び、そこからバスで男鹿半島に入るとのこと。「中止でなくてよかったぁ」とほっとしつつも、我々もあの線を走っていて同様の事故に遭ったかもしれないと、他人事ではなかった。北国の冬の、気候の厳しさやそこに暮らす人々に思いを致した。そしてこれからであう男鹿のナマハゲが冬の節の行事であることをきちんと見てきたいと改めて思った。

十二月三十一日　大阪空港。快晴。

「北陸、東北地方は大暴風の天気予報で、仙台からの飛行機は滑走路除雪作業のため遅れて到着します。それに従って、十時発の仙台行きは三十分遅れとなる見込みです。」とのアナウンス。

やっと機上の人になって、積雪の日本列島を眼下に眺めながら北に飛んでいく。山脈や田、段々畑などの形状が積雪によってくっきりと見える。雪が隠す、と表現されるがこうして見ると隠すというよりも、そのものの本質としての形が雪によって明確に現れているのがわかる。

快晴の仙台空港に着いたのは午前十一時四十分。屋根の庇からは雪解けの水がしぶきのように散っている。我々一行十六名が乗り込んだバスは、東北自動車道を北上し、北上市から進路を西へかえて奥羽山脈を突き抜けていく。トンネルを抜けるごとに雪が激しく降りだし深く積もっている。遠くに見える丘の団地の家々がみな同じ形に見える。積もった雪が屋根の形を現している。機上から見下ろした山脈などと同様の印象である。

横手市を通り、秋田自動車道を北西に行く。秋田杉の林が続く。杉の葉に雪がこんもりと積もっている。針葉樹にこのように雪が固まりついているのを見ることは珍しい。杉林の外側の方では、幹が大きく曲がったり、折れて白い木肌をみせていたりするのが何本も見える。行くごとに積もって深くなる雪に、岩手県に住んでいるという若いバスガイドさん自身も珍しいと話した。「この年の十二月中旬以来の降雪は、雪国の人にとってもいままでなかったことだ。十二月に屋根の雪下ろしをしたことはないのに、今年はもうすでに二回も下ろした。」とみやげ物売りの店の主人。

日本海に向かって拳骨をグイッと力強く突き出したような形の男鹿半島。広告の看板にナマハゲの絵があったり、ナマハゲの郷、と書かれている。橋の欄干にはナマハゲが立っていたり、包丁を振り上げたのが雪の中に上半身見えていたりする。いよいよナマハゲの棲むところにやってきたのだ。男鹿半島の拳骨の、親指の付け根のあたりに位置する真山《しんざん》地区に着いたのは午後四時を回っていた。

早めに夕飯を済ませて午後六時にバスに乗り、今晩のナマハゲ行事を見せてくださるお宅へ向かう。雪の壁を切り開いたような狭い道をバスはそろそろと進んで行き止まった。そこから家まで滑らないようにと足元に気をつけながら数分歩く。雪はやんでおり風もないので寒さはさほど感じないが、気温は零下であろう。鼻の先が冷たい。


訪問先のお宅の座敷に座ると、奥さんがどうぞと漬物やみかんをだしてくださった。漬物のおいしいこと。甘酒もいただくとぽっと身体が温もる。

座敷は仕切りを取り払った二部屋ぶんで、床の間にはお正月の掛け軸など、長押にはご先祖の写真や表彰状などが飾られている。先祖代々の息遣いの感じられるお家である。ご主人は着物姿で穏やかな笑顔で座っておられる。ナマハゲ保存会の会長さんが入ってこられて、今から始まるナマハゲについて説明をしてくださる。以下はその話である。


ここ真山地区はナマハゲの発祥の地であるといわれている。信仰のお山である真山（五百六十七メートル）からナマハゲは降りてくる。鎌倉時代から山岳信仰の対象とされ、それを祀っているのが真山神社である。ナマハゲはこの真山神社でお祓い、お神酒をいただいて初めてナマハゲとなって降りてくる。ただし今日は地区公民館や集会所で出発の儀式（安全のお祓いをし、お神酒をいただいて）をして、午後六時から二匹一組で各家をまわる。

先立ちがまず家に入っていいかどうかを問うと、家の主人がどうぞどうぞと言ってからナマハゲが入ってくる。家の主人は正装して迎え、二つの膳をだす。料理は正月料理で、魚はハタハタで、一番のご馳走である。そして、ナマハゲは、――嫁はカラオケにいった。主人はパチンコにいってる。子どもは勉強しない。――などあることないことを言って脅かす。それを主人はなだめて、酒を飲ませて餅を持たせて帰す。

「まあ、簡単に言えばこうです。昔はナマハゲになるのは未婚の男性だったが今はそうもいかない。外国籍の人もいる。ケラ（ゲテ）という蓑を着ているが、家の中を歩き回るときに藁が落ちる。この藁を痛いところに巻くと病気が治るという伝説があります。」

「ナマハゲというのは、怠けて火ばかりに当たるとナモミ（火あざ）ができる。それを剥ぎ取って真人間にしてやるというもので、約千年くらい前から行われている行事です。」

本当は家族でひっそりと、ナマハゲも鬼ではなく神様のおつかいとして迎える。ワーワー騒いで脅かすのではなく、ちゃんと作法がある。

ナマハゲは玄関で七回シコを踏む。

主人は座敷に上がってもらい、神のつかいなので膳を出す。

家の中を一巡し、シコを五回踏んで座る。

主人と問答し酒を飲む。

立って三回シコを踏む。

「大声を出すのは、脅かすだけでなく悪霊を追い出すのである。悪を追い出して、幸せをもたらすという意味がある。」

「ナマハゲは、その年に不幸のあった家、赤ちゃんが生まれたばかりの家、病人のいる家には入らない。こだわる人は三年間やらない。家の外からお祓いだけしてもらったりする。」

「ナマハゲは似たようなものではあるが地区によって違いがある。この真山地区では面に角がない。地区によっては出刃包丁と桶を持つがそれは観光用に持つようになったりしている。ここでは手には何も持たない。」

「面の赤青といったものはない。ただ男と女の別はある。神棚に向かって左側が男で、男の方が偉いとみたのか。二人で一組である。二組が二手に分かれて地区を回る。先立ちは二人で（現在は一人）で務める。釜担ぎと桶担ぎがいる。ただし今は、これは麻の袋にかわっている。悪い子や言う事をきかない子を入れて行く。子どもはついでに戒めているのである。ナマハゲは子どものための行事ではないから。」

「この地区には約五十戸あるが、ナマハゲを家に入れるのは十軒くらいだろうか。時代が変わりいろいろな考え方もあるし。」

そういった説明が終わり、午後七時十分過ぎごろ、玄関にこんばんわと声がして、主人が障子を開けるとジャージ姿の若い男性が入ってきた。この人が先立ちの人だ。彼は座敷に上がって玄関に近いところに座った。と、大きく開け放たれた玄関の外に、「ウオー！　ウオー！」と声が聞こえてきたかと思うと一気に座敷に上がりこんできた。

ナマハゲ（男鹿半島真山地区）

茶色い細長い顔、太い眉、目鼻は銀色。もう一匹は金色の目が光っている。黒い髪、鼻顎に鬚。面も大きくとても迫力がある。「ウオー！　ウオー！」と奇声を上げげつつ部屋の中を回り台所の方へも行く。

床の間を背に座った主人の前でナマハゲはシコを踏んで座る。朱塗りの足の付いたお膳には、刺身、ハタハタ二匹に切ったみかんが添えられている。豆、なます、ごぼうなども。

奥さんがお銚子をもってこられる。男の子二人（小学三年生と幼稚園年長）が主人（お父さん）の両脇に座る。お父さんに促されて、ナマハゲの盃に酒を注ぐ。ナマハゲは片手で面の顎を持ち上げてはお酒を飲んでいる。飲みながら主人と問答をしている。この問答は聞き取れなかったので、『真山なまはげ伝承会』のホームページから再現すると、次のようなものである。

先立　「お晩です。ナマハゲ来たすども……。」〈こんばんは。ナマハゲが来ましたが……。〉
先立・主人「お目出度うございます。」〈おめでとうございます。〉
主人　「寒びどご良ぐ来てけだな！」〈寒い所、良く来てくれました。〉
先立　「んだす。山がら来るに容易でねがったす。」〈そうです。山から来るには大変でした。〉
ナマハゲ「ウオー！！！」（玄関で七回シコを踏む）
「泣ぐ子いねが！！　怠けものいねが！！　言うごど聞がね子どら（子どもたち）いねが！！　親の面倒み悪りい嫁いねが！！　ウオー！！！」（家中を探しまわる）
主人　「ナマハゲさん、まんず座って酒っこ飲んでくだんしぇ。」（ナマハゲ、お膳に座る前に五回シコを踏んでから座る。）〈ナマハゲさん、座ってお酒を飲んでください。〉
主人・ナマハゲ「お目出度うございます。」〈おめでとうございます。〉
主人　「なんと深け雪の中、容易でねがったすべ。今年も来てけでいがったすなぁ……。」〈深い雪の中、大変でしたね。今年も来てくれてありがとうございます。〉
ナマハゲ「親父！　今年の作はなんとだった?.」〈今年の作はどうだった?.〉

主人　「お陰でたいしたいい作であったす。」〈お陰様で非常に良い作でした。〉

ナマハゲ　「んだが！　まだいい作なるいに拝んでいぐがらな！　子どら真面目に勉強してだが？」〈そうか！　またいい作になるように願って行くぞ！　子どもたちは真面目に勉強してるか？〉

主人　「おらいの子どら、真面目で親の言うごどちゃんと聞でいい子だす。」〈私の子どもたちは真面目で親の言うこと聞くいい子です。〉

ナマハゲ　「どらどら！　ほんとだが？　ナマハゲの帳面見でみるが。何々！　毎日テレビだのゲームばしやって何も勉強さねし、じぇんじぇん手伝わねって書であるど。親父！　子どら言うごど聞がねば手っこ三つただげ。へば、いづでも山がらおいで来るがらな。どら、もうひとげり探して見るが。」〈ナマハゲお膳を離れる前に三回シコを踏む〉〈どれどれ、本当か？　ナマハゲの帳面見てみるぞ。何々……毎日テレビやゲームをやって勉強しないし、ぜんぜん手伝わないと書いてあるぞ。親父！　子どもたちが言うことを聞かなければ手を三つ叩け。そうすればいつでも山から降りてくるぞ！〉

主人　「ナマハゲさん、まんず、この餅っこで御免してくだんしぇ。」〈ナマハゲさん、どうかこの餅でお許しください。〉

ナマハゲ　「親父、子どらのしじげがりっとして、えの者んーなまめでれよ。来年まだ来るがらな！」〈親父、子どもの躾をちゃんとし、家の者も皆健康でいろよ！　来年もまた来るぞ！〉

（真山なまはげ伝承会ホームページ　http://ww5.et.tiki.ne.jp/~haru228/）

男の子二人がそれぞれナマハゲに何度かお酒をすすめていると、ナマハゲが、「ちゃんと勉強しているか。」と言った。そこへ銚子のおかわりを持ってこられたお祖母さんが「どうも下の子が言うことをきかんのです。」と言われる。そうこうしてナマハゲは立ち上がってシコを踏んで、「帰るぞ！」といいざま、年下の男の子を抱きかかえて玄関に連れて行く。玄関のたたきのところでは男性が麻袋の口を広げて待っている。男の子はその中に入れられそうになる。お父さんが立っていき、その子を奪い返そうとナマハゲともみ合う。無事男の子はお父さんに抱き取られた。そして、主人は直径二十センチくらいの丸いお餅と祝儀袋を麻袋の男の人に手渡された。ナマハゲは「また来年も来るぞ。」といって去っていく。男の子は半べその顔で床の間の前にぺたんと座っていた。

我々見物人が辞すとき、主人と先立ちの若者がお膳をはさんで向かい合って座っておられた。この先立ち（先ふれ、とも言われた）の若者は一軒に一人ずつ行って、酒を飲んで話して帰るのである。その家のナマハゲ行事の始めから最後までの面倒を見るという大事な責任をもっている。

このようにしてナマハゲは家々を廻り終えると、ケラは真山神社の椥の木やお堂の柱に巻きつけられるとのこと。その後集会所で反省会をしてナマハゲの行事が終了するのである。

雪の降り積もった男鹿半島、真山地区。ナマハゲの年越しは、迫力があり、温もりの感じられるものであった。ナマハゲが、部屋の中を両手を大きく振って、ドシドシと足を踏み鳴らして歩く。その踏みしめるという動作の中に、災いや悪を懲らしめて新しい力を踏み込んでいく、という意味が見ている者に伝わってくる。それは威嚇する鬼ではなく、まさに神のつかいとして我々に福をもたらせてくれるものでもある。

「ウオー！」とナマハゲに迫られて、「うわぁ！」と思わず声を上げて、首をすくませて身をよじる。還暦をとっくに過ぎたような男性でも女性でも。そしてあちこちで大きな笑い声があがる。家のご主人も笑っておられる。

そこには、その場にいるみんなでナマハゲを共有している温もりがあった。本来は農家における年越しの、おごそかで大事な意味をもつ伝統行事である。それをこのようなかたちでみんなを包み込んでしまうナマハゲのおおらかさに感じ入った。

一人でも多くの人に、本物のナマハゲを知ってもらいたいと会長さんの言葉にあった。男鹿半島の真山地区の方々は、このようにしてナマハゲを大事にし、伝承していかれるのである。

鬼

男鹿のナマハゲは「神のつかい」ともいわれている。ナマハゲの発祥のころは鬼の面ではなかったのであろう。菅江真澄が絵に描いているナマハゲも鬼の顔ではない。この鬼の発生はいつなのであろうか。最初がどのようなものであったかはわからないが、時代とともに変化してきて現在のようなものになってきたのであろう。鬼について口伝えに人から人へと語り継がれ、絵に表されるようになるとだんだんと鬼の面のイメージが整ってくる。しかし、それは固定化するのではなく、語り手の意図や絵の作者の創造性が加えられて、様々に表されることになる。そこには教訓めいた事柄が入ったり、時代の思想がこめられたりしてくる。そうして、現代に近くなればなるほどバラエティに富んだ鬼が存在するようになってくる。殊に印刷物になるとさらに一般社会に広がっていく。鬼にまつわる話も多様性を増すことになる。したがって、ひとつの事柄のみによって鬼を「退治すべき悪だ」と決めつけるのは誤りであることは、いうまでもない。

ところで、幼児に親しみのある昔話や童話に善悪様々な鬼が登場している。例えば「一寸法師」「桃太郎」「大工と鬼」や「泣いた赤鬼」（浜田廣介）「おにたのぼうし」（あまんきみこ）などのほか漫画も多数ある。

私が子どものころ、現実の生活の中で鬼を実感していたのは夏の雷の鬼である。暑い昼下がりにはしばしば盥《たらい》で行水をしていた。

「いつまでも裸でいたら雷さんにヘソをとられるよ。」と言われたとたんに庭先が薄暗くなりゴロゴロと響きだす。あわてて両手でおなかを押さえた。

子どものころは夏の午後は家中で昼寝をしていた。午後一時から三時ごろのことであろうか。そして昼寝から覚めると鍋を持って近所の八百屋へ行く。カキ氷の機械に氷がネジで止められて、威勢よくまわされてシャッ、シャッ、シャッとみるみるうちにカキ氷が鍋に山盛りになってくる。そこに、赤、黄などの蜜が回しかけられるとわくわくしてきた。その情景を鮮明に覚えているのは、カキ氷などを食べさせてもらえるのは時たまのことであったからでもある。だから特にうだるような暑さの昼下がりを心待ちにしていた。

午後四時ごろから五時ごろにかけて夕立が降った。これは決まったようによく降っていた。降り始めに土の匂いが漂い、激しい雨音に先ほどまでのうだるような暑さがひいていった。やがて雷も遠のきぱあっと西日が差してくると、東の空に虹がかかった。何色見えると、数えあったりして消えるまで飽かず眺めたりもした。

鬼は我々の日常生活の中に共にあった。夏は雷として毎日夕方前に、青白く光る稲妻やゴロゴロ、バリバリという雷鳴とともに、秋になると神楽で舞われる鬼が、神秘的な華やぎのなかに現れた。秋の夕暮ははやい。遅くなると子取りにさらわれる、そしてサーカスに売られたり、鬼に食べられたりする、などと薄暗くなった道で近所の子たちと家路を急ぎながらささやきあったものだ。

そういう中でももっとリアリティのあるのは節分の鬼である。節分の夜、夕飯を済ませてから豆まきが始められる。豆を撒くのは大人の男に決まっていた。締め切った雨戸を一枚だけ開けて、「鬼はァ外！」と二、三回勢いよく座敷から庭に向かって豆を撒く。次に部屋の中に向かって「福はァ内！」と二、三回撒いてすぐに雨戸を閉める。各部屋も窓を開けたりして同じように回る。戸は直ぐに閉めないと出て行った鬼が入ってきたり、入った福が出てしまうと言われた。豆を撒き終わり、「さあ、もう豆拾いしてもええよ。」と言われてわっと畳に這いつくばって拾う。姉妹三人で競い合って拾った。

机の下や箪笥の間など思わぬ隅っこに転がっている豆を見つけるのが楽しかった。手にした広告の紙の中にいっぱいになった豆をお互いに見せ合いながら、歳の数以上に食べたり、明日のおやつの楽しみに残したりもした。

家の中には様々な災悪が溜まるのである。火事を始め、病気、事故、もめごと、心配ごとなど家中に溜まりに溜まった災悪を一年ごとに払い出す。これらの災悪は家には必ず存在している。事故などがなにも発生しなかったとしても、それはたまたま表にあらわれなかっただけのことである。災悪の芽は大なり小なり必ず存在している。こういう芽をもっているのが豆である。生の豆は水など条件さえ整えばどんなところでも発芽する。そこで豆が発芽しないように炒る。そしてあれこれの災悪を抱え込んで活動する鬼に向かって、「鬼は外！」と撒くのである。鬼には豆が目潰しとなって逃げていく。以上は節分の鬼と豆についての筆者の解釈である。

大豆は、醤油、味噌、豆腐、納豆などの原材料となり、畑の牛肉といわれるように栄養価の高いものである。かつては我が家でも祖母が味噌や納豆を作っていた。大豆を炒ったのを石臼で挽き、黄な粉にした。また炒った大豆は楽しみなおやつでもあった。日常生活に欠かすことのできない食の原材料としての大豆は、家の周りのちょっとした畑でも作られていた、ありふれた豆であるが大事な食べ物でもある。ごはん一粒でも茶碗に残したり畳に落としたりしたら厳しく叱られた。口にする者を粗末にすると罰が当たる、目が潰れると言ってよく注意されたものである。そのような大事な大豆である。それなのにこれを撒くということはどういうことであろうか。それは年に一度の節、けじめとしての重要な日の節分に用いることに意味があるのであろう。

また、豆は正月料理などに縁起物として用いられる。マメで暮らす、と元気を祈り、鞘にたくさん粒が入っていることから子孫繁栄を願うなど、数々の意味を含んでいることを改めて思いしらされる。

だからこそこの豆を鬼に向かって投げるということは、単に目潰しというのではなく、この鬼もまた憎い汚れたもの、といった意味のものではないように思う。鬼のことを退治すべき悪だ、とはいっていないように思える。

では、鬼とはいったいどんな性格のものであるか。国立民族学博物館教授の吉田憲司先生に話を伺った。

「オニということばは日本の文化のなかでのものといえる。オン（隠れたもの）からきている。すなわち異界のものである。外国でそれに相当するようなものは、キリスト教でいうサタンも異界の存在である。」

「本来鬼は日本でマイナスではなかった。荒神、すさぶる神ということで神とも習合していた。しかし、すさぶる、というところのみ焦点化して退治すべき存在の鬼となった。神楽にでてくるのは鎮めの鬼でマイナスではない。豆撒きの鬼はマイナスのイメージで追い払われると固定化された。しかし、豆は石つぶてではない。追い払っているのではなく、生命力を表したもの。現代では誤解されている。」

どうも鬼は一筋縄では捕らえられないようである。

アンガマを訪ねて

○ アンガマ

一年近く待っていたアンガマにやっと会える。

アンガマは八重山のソーロン（旧盆）に祖先の霊を供養する伝統行事である。グショー（あの世）からやって来たウシュマイ（翁《おきな》）とンミー（媼《おうな》）が家々を訪問し、踊りや問答をするという。文献を読んでも写真をみてもいまひとつ感覚がつかめなかった。実際にお盆を見たいと思った。

八月五日、博多から飛ぶ。石垣島が近くなり、飛行機が高度を下げていくと宮古島が見えてきた。島の周りはきれいなエメラルドグリーンで、サンゴ礁に当たった真っ白い波が濃紺の海との境界をつくっている。島は平べったく、まるでお好み焼きの薄皮を伸ばして広げたように ぺたんと青い海に浮かんでいる。石垣に着いて、タクシーで石垣市立八重山博物館に向かう。

今年一月に訪ねた折りには、学芸員の大浜賢二さんにアンガマに関する文献を教えていただいた。また石垣市のホームページで、今年の盆行事は旧暦の盆、八月六日〜八日に行われるとあったのをみて、大浜さんに電話すると、アンガマ行事の日程の詳細は直前に新聞に掲載されると言われた。日程の詳細とはどういうことなのだろうか。

大浜さんに来ましたとご挨拶する。

「今日の八重山毎日新聞に日程が載りましたよ。ホームページにも出ていますから。」とプリントアウトしてくださる。それは、各地区のアンガマの団体名、時間、訪問先の名前が書いてあるもので、地区は、登野城《とのしろ》、大川《おおかわ》、石垣《いしがき》、新川《あらかわ》、大浜《おおはま》、平得《ひらえ》、真栄里《まえさと》とある。それぞれの地区で団体が組織されて、三日間巡っていく家の名前が記されている。時間は早いもので午後二時から、多くは午後七時からで、最後の家は午後十時半からというのもある。

「こんなにたくさんあるとは……。どこのを見るとよいですか？」

「そうですねえ、まず登野城をご覧になるといいと思います。その他は石垣、新川もよいのでは……子どものアンガマもありますよ。」

「まあ！　そうですか、見たいです。」

大浜さんはマーカーで印をしてくださる。また、ここでは町名や番地の表示がありませんからと、地図もコピーして家を印してくださる。後でわかったが、印してくださったお宅は庭から参観することが可能な所であった。大浜さんはそういうお宅も把握しておいでだったのだ。

「アンガマは各地区の公民館で着替えて出発するので、最初から見るには、午後六時頃公民館に行くのが確実です。」

「それでよそ者がついていっていいのですか？」

「構いませんよ。」

「写真も？」

「大丈夫です。観光客もいますから。皆写真撮ってます。」

「あちこちでアンガマをやっていますから、音を頼りに行くということもできます。」

などと教えていただいた。

八月六日（日）。朝食堂に行くと宿泊客の男性三人が食事をしたり新聞を読んだりしていた。テレビでは広島の平和記念式典を中継していた。八時十五分に、私はテーブルを立って広島の方を向いて黙祷をした。

午後六時ごろ登野城の公民館に着くと、誰もいない。公民館は幼稚園の二階にあり、壁に登野城公民館と大きく書かれていた。園庭には軽自動車が六、七台停まっている。一階の入り口はシャッターが半分下りている。幼稚園の庭の隅にあるブランコで女の子がふたり遊んでいた。

「何年生なの？」

「六年。」

「どこの学校？」

「登野小。」

「私は違う学校。」

強化授業のため夏休みは七月だけという。

「国語と算数。毎日ではないけどね、午前中だけ。」

「行きたい人だけなの？」

「ううん、みんな。」

「六年生だけ？」

「一年も二年もみんな。」

「がんばってるんだねえ。」

六時過ぎに建物の上から曲が流れた。

「よい子はお家に帰りましょう、なのね。」

「うん。」

「泳ぎには学校のプールのほかどこへいくの？」

「カピラ！」

「アンガマ見にきたんだけど、あなたたちも見るの？」

「ううん、ただ遊んでるだけ。」

「見たことあるよ。いっしょに踊ろうといわれたけど、踊らなかった。」

「おやどうして？」

「だって恥ずかしいから。」

「夏休み、しっかりお勉強して、遊びも楽しんでね。」と二人にさよならをした。

二階の窓から携帯電話で話している男の人が見えた。電話が終わったその人に、アンガマを見に来たのですが、と言うと、八時からですとのこと。二時間先である。しかたなくホテルに戻る。十分くらいの距離である。この町はそんなに広くはなく、ちょっと歩くとうっかり通り過ぎてしまう。路地も城下町の、碁盤の目のように整っている。しかし、アンガマに会うのは容易なことではない。

午後八時前にホテルを出ると、賑やかな太鼓の音がして人だかりが見える。数人が店の前でエイサーを踊っている。路地に入って暗闇の中をとことこ歩く。街燈はない。遠くに太鼓の音が聞こえてきた。丁度公民館から行列が出発していくところに間に合った。四十〜五十人の人だかりである。ピンクの花飾りのついた笠をかぶった浴衣姿の行列の後ろにみんなといっしょについて行く。アンガマは見えない。前の方だろう。太鼓と三味線の音とともに暗い路地を行く。

最初の家に着いた。庭に入ると窓辺は既に大勢の人だかりである。しかたなく人の群れにはさまって、部屋から聞こえてくる声に耳を澄ます。裏声の甲高い声がする。仏壇の前でお祈りをしているのであろうか。三味線にのって花笠の人が数人踊り始めたようだ。前の人たちの頭の向こうに花笠が動くのが見える。そうこうするうちに時折り前の人が動いて後ろに下がったりするのに紛れてだんだんと前に行くことができた。ガラス戸が開け放ってある。お母さんに背を押されて小さい子どもが私の横にきたので、前の方に押してやる。

座敷の中では、二十人くらいの女装の子孫たち（ファーマー）が真ん中を開けて座って手拍子を打っている。花笠の下は白い手ぬぐいで頬かむりをし、黒いサングラスをしている。男性か女性か見分けがつかないが、踊る手や体格で男性だなと思う。男女半々くらいであろうか。上座になるところにアンガマ二人、その後ろにお囃子、太鼓、三味線の人たち。仏壇の横にこの家の男性らしき四、五人が座っている。仏壇には、果物や落雁のような感じの蓮の花模様が描かれているものなどが供えられている。盆提灯が両脇に立てられている。

アンガマは全て裏声で、甲高い声に聞こえる。ンミー（媼《おうな》）は、紺色の着物の下に白い襞のある袴かスカートのようなものを着けている。手には緑色のクバの扇、これは神の依り代だと書いてあった。「暑い」と、しきりに言っている。見物する方も汗がしたたるが、熱中しているせいか、さほど気にならない。問答が済んで座ったアンガマは、小さな盆に置かれたグラスを取りストローをさして仮面の口から飲んでいる。

グラスがふたつあるのは泡盛と水であろう。片方のグラスからもう一方のグラスを薄めながら飲んでいる。花笠の人が二人組、三人組になって踊る。手には赤い丸がかかれた扇、または鍬、鎌、鏝などを持って踊る。アンガマの方に向いて踊る。踊りが済むと、庭からタオルで頬かむりをした男の人が「ンミー！」「ンミー！」と呼ぶ。これも裏声。ンミーが立ち上がってこちらに来る。

「小学生の子どもの宿題で聞いてこいとあったのですが。」

「子ども、何年生？」

「小学三年生です。お線香を三本、十二本と立てるのはどうしてですか？」

「あなた土地の人？」

「はい。」

「それなら土地の言葉で言いなさい。」

「言えません。」

「三は大事な数ね、……十二は、ネウシトラウ、とあるでしょ、干支ね、わかる？」

「はいわかります。」

「干支を表している。だから……」

「ははあー。」と問答が交わされた。

また別の人が「ウシュマーイ！」と呼ぶ。タオルの間から少し見える顔は高校生らしき男性。

「八重山商工は優勝するでしょうか？」

「もちろん！　優勝まちがいなし！」見物人たちから拍手。

「ウシュマイも寄付しましたか？」

「もちろん、たくさん寄付した！　優勝間違いなし！」

「ウシュマイも甲子園に応援に行きますか？」

「盆の行事があるが行ってくる。朝、石垣発、那覇経由、甲子園へ特別機で行って、また夜には盆行事のために特別機で帰る。」

今度はウシュマイとンミーがふたりで踊る。空をなでるような手つきで、ゆるやかな動作。仰向き、横向きする仮面の表情は問答するときとは変わって、ゆったりと漂っている。なんとも風情のある表情である。

ウシュマイとンミーは交互に立って呼ばれた人の方に行き問答し、座るとお酒を飲んで、と忙しい。二人が踊るときに、家のご主人を誘う。ご主人の踊られる手つきが様になっており優雅でもある。囃子方や花笠のファーマー（子孫たち）は何も口にしない。踊りの手拍子を打つ。顔は頬かむり、足のスネは白い脚絆、白足袋で、全身をおってさぞかし蒸し暑いことであろう。ウシュマイはうつむいて面をちょっと浮かしては首にした手ぬぐいで顔をぬぐっている。ウシュマイもンミーも着物の胸の辺り、肩などが汗で濡れている。

神聖な盆行事だからと、写真を控えていたが、座敷には大きなビデオカメラ、外国人もビデオを撮っている。庭からもフラッシュが光る。問答が始まると庭から撮影のライトがまぶしく輝く。私も時折りフラッシュをたく。

一時間くらいたって、家を出て行く。ファーマーたちが先に玄関を出る。世話係の女性が玄関先の石段を懐中電灯で照らし「気をつけて」と小声で注意している。大太鼓、三味線の囃し方が先頭で、次にウシュマイ、ンミー、ファーマーが行列となって暗い小路を次の家を目指して行く。演奏の中で裏声で「ハーイ、ハーイ」と声が掛かると「ハイハイ」とファーマーたちが一斉に応える。「ホーイ、ホーイ」「ホイホイ」とも聞こえる。

次の家に着くと、門柱に「アンガマの到着の時間が九時頃に変更になりました」という貼り紙があった。庭には三十～四十人の人だかり。先ほどのお宅よりも庭が広い。小学生や幼稚園児のような子どもたちもたくさんいる。先のお家で見かけた外国の人やビデオ撮影の人が既に座敷で三脚を立てている。

ここでも私は、最初は人だかりの後ろに立っていたが、人の移動につれて座敷に近い縁側のところまで行くことができた。仏壇は、先のお家と同様な供物。盆灯篭は長いのが大小、天井から下げられていた。部屋は六～八畳の二部屋分が広げてある。座る位置は先程と同じようにウシュマイとンミーを上座に、その後ろに囃し方、仏壇側にお家の人、その向かいに座敷の真ん中をあけて子孫たちが座っている。見物人は、囃し方とファーマーたちの後ろ側である。花笠のファーマーたちの踊りは、囃子方に合わせて鍬や鎌などを持って、細かな足踏み、畑作業の動作などの単純なものである。

見ていて飽きることがないのはどうしてであろう。ウシュマイとンミーが汗を拭いたり、お酒を飲んだり、二人で肩を寄せて喋ったりしている。人間くささがいっぱいである。単調に見える踊りの途中で問答があるのは大きな変化である。ここのお家での問答の特色は、家の中の子どもたちであった。中学生の女の子ふたりが、顔を隠さず、普通の声でウシュマイに問う。

「吹奏楽のコンクールで優勝したいですがどうしたらいいですか？」

「優勝したい？」

「はい。」

「絶対に？」

「はい。」

「絶対に優勝する！と信じる。信じて努力する。どうかな？では迷いがあるということ。信じてがんばる。」

「ありがとうございました。」

タオルをかぶった高校生らしき男の子も普通の声で、

「八重山商工は優勝しますか?」

「優勝、間違いない!」見物人から拍手。

「オシムは好きですか?」

「ウシュマイはンミーが大好きだ。」笑いが起こる。

庭からも「ウシュマーイ!」「ンミー!」と呼ぶ。その声の中には前の家でも黄色いタオルで頬かむりしていた人がいる。世話役の一員であろうか。

「あの世にいくには、どんな心得が必要ですか。」

「先ず第一に、息をしないこと。第二は絶対にものを言わないこと。第三は風呂に入っていくこと。第四は絶対に後ろを振り向かないこと。第五は一人で行くことだ。これを守ったらあの世へいける。」

これは問答の基本のようなもので、前の家でもあった。他にも釣り提灯に下がっている房のひもは何本あるか、などの問いもあった。

午後十時過ぎ、そのお家を出て行列は囃子方に「ホーイ、ホーイ」と唱和しつつ小路を抜けて暗がりの空き地に集合した。ウシュマイの人が、「ご苦労さんでした。明日も頑張りましょう。」と言われて解散となった。子孫役の家族らしき人が写真を撮ったりしながら、またたくまにみんな暗がりに消えていった。

八月七日(月)は石垣子どもアンガマを参観する。これは七日のみで、午後六時から岡山稔世話人宅から始まり、最後のお家は午後九時からとある。子どもたちといっても大人と同じようにやります、と大浜学芸員さんは言われた。ぜひ見たいと思った。

教えていただいた、午後八時ごろからのお宅に行く。途中、三味線の音と裏声が聞こえた。おや、と思って見上げると、向かいのコンクリート建ての二階の部屋に、アンガマふたりの踊る姿と花笠の頭が見えた。ベランダのような所に六、七人立って見ている。

市立石垣中学校の近くの交差点で信号を待っていると、遠くに太鼓の音が聞こえて花笠の行列が広い通りを渡っていく姿が少し見えた。その地域は隣りの新川地区であった。十分前くらいに目指すお家に着いたが誰もいない。間違ったのかなと少し不安になる。町名番地の住所表示はよそ者のためにあるんだなあと改めて思う。そこに長く住んでいる者にとっては必要はなく、わかっていることである。表札は門柱などにあるがない家もある。また同姓が多く、さらに暗い中ではみえない。

家を間違えたかと暗い坂道をさらに上がって行くと、大きなお墓があった。家一軒分くらいである。ひやっとして通り過ぎるとまた大きなお墓が家に並んである。どきっとして思わず足が止まった。お墓は、昔は家の敷地内にあるのが普通であった。節《せつ》には、お墓の前で弁当を広げてお酒を飲み、謡ったり踊ったりする。ここでは亡くなった人たちがとても身近な存在なのだろう。

あわててもと来た道を引き返す。幼稚園児くらいの子ども二、三人と大人数人が立っているのが見えたのでほっとする。ほどなく太鼓の音が聞こえてきた。子どもが「来た、来た」と言っている。

ウシュマイとンミーが先頭になって家の中に入っていく。みんなが入っていくのに私もついて行く。庭には三十人くらいの人。ここでも、人に押されつつ縁側のそばまで行くことができた。周りは小学生低学年くらいの男の子たちばかり。みんな真っ黒に日焼けしている。赤ちゃんを抱いたお父さん、お母さんもいる。

ウシュマイとンミーが仏壇の前に座って、合わせた両手を頭の上から上げ下げして唱えごとを言っている。方言らしく、聞き取ることはできない。前日見てきた二人の動作と全く同じである。ただし、裏声ではなく普通の声である。面をかぶっているので声がくぐもっており、裏声のような感じもする。中学生か高校生の感じの女子である。囃し方、ファーマーたちは小学中学年以上、みんな女子のようである。

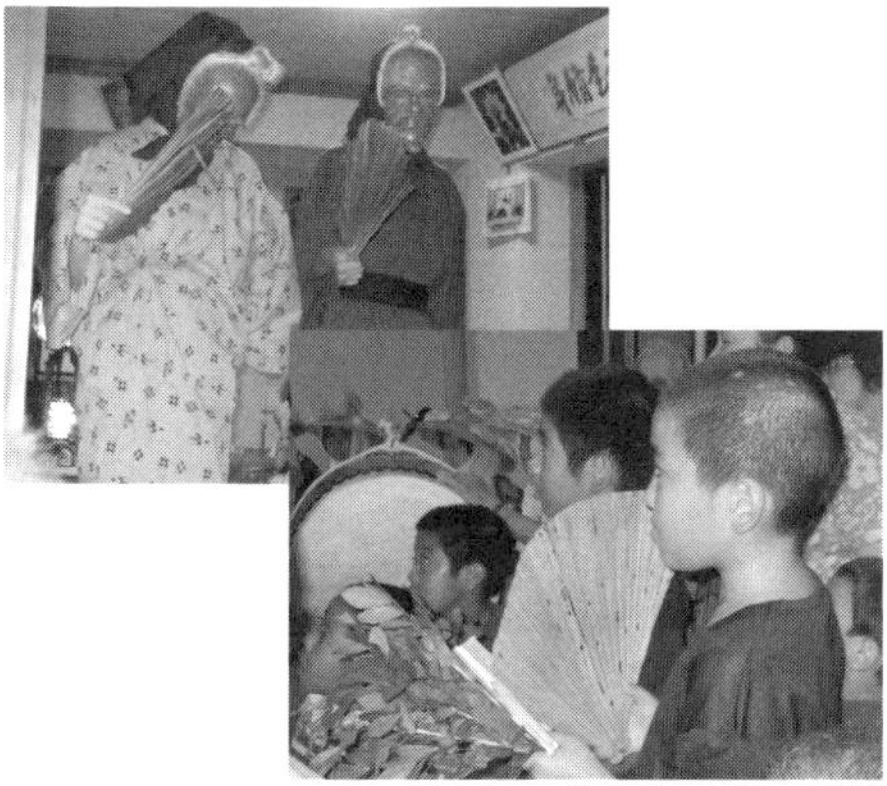

問答する子どもアンガマ（石垣市）

庭先で年配の男の人が、白っぽく変色し年季の入ったクバの扇で口元を隠しながら、ホイ、ホーイ、と合いの手のような掛け声を入れている。「ウシュマーイ！」と声がかかる。問答が始まった。くりくり頭の小学校中学年くらいの男の子がクバの扇、緑の葉の束で顔を隠すようにしながら、手にした紙を読み上げる。裏声を出している。うまいものだ。しかも方言である。答えるウシュマイも方言である。こちらにはまったくわからないが、時折り見物人から笑い声が起こるのは理解できる方言ということだ。

ファーマーたちが二人組や三人組になって踊るのは前日の大人と同じようである。すり足をしながら次々と踊る。私のそばにいる太った二年生くらいの男の子が先ほどの世話役らしい男の人に聞く。

「あの人何？」

「グショー、あの世からきたんだよ。」

「これは何？」

「クバの扇だよ。顔を隠してものを言わないと、鼻をひっつかんであの世に連れていかれるからね。」などと説明しておられる。その世話人と問答をする男の子は、向こうの窓の方や玄関先に移動して、数回アンガマと問答を交わした。

午後九時を過ぎた頃終わって外に出ると、大太鼓を棒で担いでいく大人二人がしゃがんでタバコを吸って話している。玄関先ではファーマーたちに紙パックのジュースがふるまわれていた。座敷での接待は、ウシュマイとンミーのふたりだけにコップに入ったジュースが盆に載せて置かれていた。

仮面をとりはずした女の子のンミーが顔を拭きつつ道に出てきた。これからもう一軒訪問するのである。がんばってねと心で言う。子どもアンガマは暗闇の道を太鼓の音といっしょに遠ざかって行った。

私は十三夜の朧月を見ながら、車も人通りもない大通りをホテルに帰った。

八月八日（火）新川青年会のアンガマに参加する。台風八号が夜に石垣島に最も接近すると報じていた。日中は激しい風雨であったが、夕方から晴れてきた。

午後九時頃となっている黒島さんのお宅に向かう。道に近所の人が立っておられたので、「アンガマを見せていただきに来たのですが。」と言うと「来なさい。」と玄関まで案内してくださった。「すみません、突然お邪魔して。」と言うとご主人が「どうぞ、どうぞ、いろんな人が来ますから。」と言ってくださる。

靴を脱いで上がり椅子に座る。床にパイプ椅子が八脚並べてあり既に四、五名座っておられる。六畳の間の二部屋が広げられている。玄関に近いほうに仏壇がある。部屋の周りが板の間で、ガラス戸が開かれている。

九時十分ごろ男の人が仏壇にのし袋のお供えをしてお線香を立てお参りされた。仏壇の内側は見えないが盆提灯やお菓子などのお供え物が前に置いてある。

ふいに太鼓の音がしてアンガマの一行が玄関に見えた。ご主人は玄関で迎えておられる。ファーマーたちは男女三十名である。花飾りのついた笠、黄色いタオルで頬かむりして黒いサングラス。脚絆には黒い筋が入っている。廊下、窓の外も人でいっぱいになっている。

みんなが座に着くとまずウシュマイとンミーが仏壇の前に立つ。立ったままでお線香をもった手を大きく後ろに振り、頭の上から振り下ろす動作を二、三回行ってお線香立てに立てた。今まで見てきた動作とは異なっていた。そして座って唱えごと。方言なので聞き取れない。

仮面は白っぽく、ニス塗りはしていない。二人の踊りは、両手を広げ、空をなでるようなゆったりとした踊りで、今までのと同様である。ファーマーたちの踊りも鎌、鍬などを手に足踏みをしたり、向かい合って両手を合わせたりして、似ている感じのものであった。

玄関の方で「ウシュマーイ！」と裏声の呼び声が上がって問答が始まった。フライパンで顔を隠した男の人である。

「お賽銭の使い道、教えてください。賽銭で飲んでるんじゃないかと、この噂は間違いないか？」

「……お賽銭の使い道は、ウラヤー（?）……天国にいけるか、地獄にいけるか、積立金がいる。地獄の沙汰も金次第。」

「あはー。」

「ヤイヤイ、ンミー！」今度は窓の方にンミーが立っていく。

「中学校の方程式、まだわからねえ。四次方程式まであるか？」

「ンミーは二次方程式わからね。ウシュマイもわからね。家内繁盛、……」

とンミーは踊りだす。問答は方言が多く聞き取りにくいが、答えるときにウシュマイなどが標準語に近い表現で繰り返すこともあるので、理解できる。

仏壇の横に座っておられるご主人も写真を撮ったり、手拍子を打ったり、お線香を上げたりとお忙しい。

「ウシュマーイ！ものごとがうまくいかね。家もガタガタ。先祖の名前がよくないのか？」

「例えば、ミヤザトヨウイチ、これだめ。名前変えねばあの世に落ちる。そのような名ではあの世にいけない。この世とあの世と名前を変えねばいけない。」

「愛人も？」

「ダメ！グショーの決まり守ってくださいよお。」

質問者がだれかウシュマイに見破られているのであろう。見物人たちから絶えず笑いが起こる。向こうの窓から声がかかる。

「ウシュマーイ！ウシュマイになって何年目かや？質問があります。南無阿弥陀仏はどういう意味ですか。」

「南無阿弥陀仏とは……」

「ウリョー、ウシュマイかー！あっちの話は……」

「お寺さ行って、和尚さんに習え！」

こちらの家での問答はあちこちからいろいろな人が声を掛けて、裏声であったり、普通の声であったりの珍問答で、笑いが多くあった。

船はぁゆく船はゆくう〜、と躍動感のある歌と囃子でファーマー六人が踊る。ご主人もいっぱい口ずさんでおられる。ウシュマイとンミーの前にはお酒と水のコップに、お皿につまみのようなものが載せられたお盆が置かれている。囃子方とファーマーたちにも飲み物が配られる。ウシュマイとンミーが踊りながらご主人を誘う。ご主人、奥様、娘さんも引っ張り出されて踊っておられる。娘さんはすぐに引っ込まれたが、奥様は三味線や太鼓の曲にのって伸びやかに踊られた。

十時二十五分を回った。

「チョトマテ、チョトマテ！」とウシュマイとンミーが立ってきてふたりの掛け合いが始まった。

「……もとをただせば梅の花。……二人離れていても……」

それが終わるとファーマーたちが立ち上がる。椅子に座っていた人たちが玄関に向かう。私も慌てて外に出る。十時三十五分、満月に近い月が高く輝いている。ウシュマイとンミーを先頭に、行列は太鼓の音とともに真っ暗な道の向こうに去っていく。送り盆の宵がふけていくのを味わいながら帰路についた。

＊＊＊

石垣島でアンガマを見に来ましたと言うと、どの人も、ああと笑顔になり、「裏声でね、おもしろい問答をして――」と話される。八重山の旧盆行事として古くから行われているものである。旧暦七月のソーロン（精霊。お盆）に後生からやって来る祖先神といわれているのがアンガマである。アンガマの調査は多くの研究者によってもなされている。たとえば、大城　学は『沖縄の祭祀と民族芸能の研究』で次のように述べる。

「石垣島市登野城では仮面をかぶった翁（ウシュマイ）と媼（ンミー）が、手拭いで顔を覆い、笠をかぶってサングラスをかけて仮装した多数の青年男女を引き連れて家々を訪れる。ウシュマイとンミーは遠い祖先神をあらわし、仮装した青年たちは近い祖先神をあらわしているといわれる。主人の招きで座敷に上がり、仏壇の前でウシュマイとンミーが口上を述べる。「無蔵念仏踊」の演唱でウシュマイとンミーが踊った後、ウシュマイとンミーを中心にして、庭にいる観衆と問答を交わしたり、引き連れてきた青年たちが舞踊を数演目踊る。」

また石垣市登野城に生まれ育った宮城文は『八重山生活誌』で、ウシュマイとンミーが仏壇で祖霊にあいさつする口上と見物衆との問答や仏壇の飾り、供え物、饗応などについての詳細を記述している。

登野城では現在でも古くからの様式を踏襲して旧盆、アンガマ行事を行っていることが伺える。しかし、アンガマといっても地区により、仮面、口上、動作、装束など若干の違いが見られる。例えば、翁と媼の仮面の皺が白く塗られていたり、笑った表情にも違いがある。装束も手拭いで顔をすっぽりおおっているが、サングラスをかけていない場合もある。また、石垣島のなかでもアンガマを行っていない地区もある。アンガマがいつ頃どこから八重山に伝承されたのかは不明である。宮城文は鎌倉中期の、一遍上人の念仏踊りの伝播とも関連があるかもしれないと述べている。ともかく不明ではあるが、翁と媼は、招かれた家の祖霊を歌や踊りでもてなし、また、祖霊に当家の守護、出産繁昌、富家繁昌、健康、息災をと願い祈るのである。そういう祖霊信仰が今日の島の人々に伝承されている。

公設市場で野菜、果物やお土産類を売っているおばちゃんは「楽しいよ。先祖供養だからね。でも頼んできて踊ってもらうわけだからお金持ちの家だけだ。それを近所の人が観に行くのさ。」と言う。タクシーの運転手さんは、こう話す。

「自分の父親はアンガマをやっていて三線《さんしん》も上手だった。自分は東京で仕事をしていたが体を壊してこっちへ帰ってきた。嫁さんは東京のもんだし、子どもは石垣で生まれたが方言がわからないので困っている。五人兄弟のなかで自分だけが三線もアンガマもやったことがない。親父は五年前に死んだが、三線を習っておけばよかったと、今は思う。」

＊＊＊

九日の朝、タクシーに乗ると運転手さんが昨日の晩は大変な騒ぎでしたと話す。甲子園に出場している八重山商工高校の試合があったのだ。

「第四試合で、その時間帯はこの通りも車や人はほとんどなかったです。石垣中のみんながテレビに張り付けになっていたです。あっちこっちの家からワーワー声が聞こえていました。おまけに盆だから親戚中が集まっているからね。昨日は遅くまで騒いだでしょう。」延長十回に、千葉経済大附属高校に九対六の逆転となった。それはたいへんなことであっただろう。公設市場の商店街、市役所、学校、銀行にも大きな垂れ幕や横断幕があるのを目にしていた。『八重山商工、がんばれ！』『チバリヨー！　八重山商工』また、『みんなで応援しましょう』『応援に行きましょう』などというのもあちこちで目にした。市役所のロビーでは大画面で放映中、とあった。

昨夜は台風どころではないたいへんな夜だったのだ。送り盆のアンガマについて、私設の観光案内ホームページには次のような八日付の記事が載っていた。

「今夜午後七時半開催予定の家の主が『アンガマがよ、八重山商工（の試合）が終わって行くからと電話してきたさー』と知らせてきた。八重山商工の勝利をテレビで確認した後でアンガマ隊到着。ウシュマイは野球のユニフォーム着用で、ほろ酔い気分。野球のユニフォームを着用したアンガマは後にも先にも初めてのこと。もう二度とはないだろう。」

思わず笑った。なんとおおらかで温かい石垣島のお盆行事であることよ。

○宮良殿内《ミヤラドゥンチ》

受付として縁側に座っておられた小柄なおじいさんは、大正九年生まれ八十五歳ですと話し始められた。インパール へ兵隊として行き、敗戦で捕虜となり、イギリス、フランス、オーストラリア、いろいろな軍に配属されて、その国の違いがよくわかったなどいろいろな話をしてくださった。

「沖縄の建物は、一年の四分の三が夏という暑さ、湿気、台風への備えを考慮されたものである。南向きの座敷、東西南北の四方から風が通り抜けていくように、屋根は平坦にし瓦を漆喰で塗り固める、一階建て。柱、縁の床、梁などの建具は、それぞれ松、栴檀など木の質によって使い分けた。全て白木でシンプル、それが理にかなっている。屋根の上のシーサーがお守りだと？　あんなのは復帰後の流行。昔はあんなものはなかった。この家の赤瓦屋根にはない。これがほんとう。屋根に物を載せていたら強風で飛んで迷惑をかけてしまう。」

とても博識で、歯のない口であったがきちんと聞き取れる勢いのある声である。見物客は、四人の家族、母子ふたり、などがぽつぽつと来られただけで、縁側に腰をかけて話していても邪魔にはならないようであった。

「さっきの人は大人三人とだれ？」と私に聞かれる。

「高校生と言われました。」

おじいさんは、広告の紙をはがき大に切ってクリップで止めたものに、鉛筆で記入される。

石垣島に来てそのような、資源を大事にする姿勢をいくつか目にした。博物館のトイレに入ると、使い済みの郵便封筒がたくさん箱に入れてあり、『汚物入れに使ってください』とあった。図書館や八重山平和祈念館でも同様だった。

「このお家でもアンガマはなさったのですかね。」

「いや、あれは下品だから見てはいけないと子どもの頃親に言われていた。アンガマは姉ら、という意味。みんな女装で農家の芸能だった。昔は士族と農民とがあって、農家のやるものといわれた。今はそういう時代ではないが。」

「自分が科学に目覚めたのは昭和十一年に農学校へ行っていた友だちに教えられた、宮沢賢治にであってからのこと。文化というものは風土によって育てられてきた。歌舞伎がどうのこうのといってもつくりものでしかない。沖縄の文化はここの風土によって培われてきたものである。人の住まい方、ものの考え方、人間としての生き方、みなそうである。」

帰り際に、失礼ですがお名前を教えてくださいと言うと、

「名のるほどのことはないが……宮良《みやら》といいます。」

なんとご当主であった。しかも、国の重要文化財の家に今も住まわっておられるのだった。

「壊して畑にしてもよかったが、それでは子どものためにならないと、国の指定を受けた。まあ、そうしたら残るから。」人の気配がして仏間の奥の襖が閉められた。お参りをされるのであろうか。

「お元気で。」と辞したが、私の方がいたわられているような迫力のある方であった。

宮良殿内は、一八一九年八重山の頭職、行政官であった親雲上当演が琉球の貴族屋敷を模して創建したもの。一八七四年に茅葺に改めさせられたが廃藩置県後現在の本瓦葺にもどした。イヌマキ造りの寄棟平屋、庭園とともに近世沖縄における士族階級の住宅様式として国の重要文化財となっている。

○　石垣島

陽差しはきつく、汗も流れるが、意外とさわやかさを感じる。蒸し暑さはない。石垣の最高気温三十二度。広島は三十五度と天気予報でいっていたが、亜熱帯のこちらの方が涼しいのはどうしてだろう。

サトウキビ畑はあちこちで目にするが、稲作はどうなんだろう、とタクシーの運転手さんに聞くと、八重山民俗園へ行った帰り道に水田のある所を通ってくださった。海岸に近く小さな水田がいくつかあった。ここが小さな島であることに改めて気づかされる。三十センチ弱の稲が育っている。

「三月に植えた第一期の稲刈りは六月下旬に終わって、これは二期目のもの。三期作をするのはこのごろ少なくなった。米が必要でなくなったし、土も弱るからね。」と言われる。

石垣の産業の割合は、農業十一％、漁業二％、二次産業二十二％、三次産業六十五％と市のホームページに載っていた。三次産業の割合が圧倒的に多い。石垣の人口が約四万人に対して、来島者が約四十三万人という数字が納得できる。

八重山平和祈念館でタクシーを降りる。

今年一月に初めてここを訪れて、マラリア犠牲ということを知った。第二次世界大戦中、石垣島は戦場とはなっていないのに、空襲の被害が大きかったのかなと思いつつ行ったのであった。

沖縄戦のとき強制的に疎開を命じられた八重山の人々が、マラリアによって多数犠牲になった。一九四五（昭和二十）年七月にはマラリア患者一万六千八百八十四人（八重山の人口比五十三、八二％）、死亡者は三千六百四十七人となった。薬もなく、食料難による栄養失調で多くの人がマラリアに感染し倒れていった。「戦争マラリア」と呼ばれる実相を後世に伝えるために、そして平和へのメッセージを世界に伝えるために一九九九年に開館したものである。（八重山平和祈念館『マラリア関係　略年表』）

一九四四（昭和十九）年、八重山諸島に日本兵の駐屯が始まり、翌年には島の沿岸部は軍の駐屯地となり、石垣島住民は軍命により山岳地帯に退避させられる。また他の島に強制疎開もさせられた。そこはすべてマラリアの汚染地帯であった。治療薬のキニーネは少量しかなく軍部のためのものであり、マラリアに犯された住民はよもぎの汁を絞って飲んだりするしかなかった。マラリアは菌によるものではない。マラリアを媒介するコガタハマダラカが患者の血を吸って自分の体内に取り込み、その後その蚊が人の血を吸う時人の体内にマラリア原虫を送り込む。マラリア原虫は赤血球に寄生して、高熱、悪寒、発汗などの症状がおこり、高熱と栄養失調などで体が衰弱してしまい、人を死に至らせることになる。一九五七（昭和三十二）年に米軍医学総合研究所のC・M・ウイラー博士（昆虫学）によるウイラー・プランによって、マラリア撲滅対策が行われた。そして、一九六二年以降患者発生数ゼロ人となり翌年終息宣言となった。

八重山における戦争による一般住民の犠牲は空襲のほか、学童疎開船「対馬丸」が米潜水艦の雷撃を受けて沈没し、千四百八十四人（内学童七百三十七人）が犠牲になっている。

戦争のもたらしたものについて、八重山の青い海を見ながら考えさせられた。

○　台風八号

八月五日に石垣島に到着後、相次いで発生した台風八、九号が南西諸島を目指しているようだ。

台風情報がホテルのロビー、バスターミナル、商店にも貼り出されている。警報が出ると会社も店もどこもかも閉まるので、食料は早めに買うようにと、観光ガイドブックに書いてあった。スーパーで品薄になることもあると。

八日、午前九時三十分〜午後二時の観光バスに乗ることにした。昼食付きで四千三百五十円、石垣島をほぼ一周するコースである。雨、風があるなかでどうだろうかと思いつつバスターミナルに行くと発車するという。観光客は十五名。

時折り激しく雨が車体をたたく。前の乗用車が大きく水しぶきを上げて走っていく。島を一周するといっても、市街地から北部までは車で三十分もあればいける距離である。島の西側は東シナ海、石垣島から二百七十七キロメートル先が台湾である。福岡までは千四百四十七キロメートル、東京へは千九百五十二キロメートルの距離。外国の台湾がとても身近に感じられる。石垣と台湾の基隆を結ぶフェリーが週一回出ている（所要時間は約六時間）。ちなみに石垣から那覇までの船便は約十四時間である。

北部の玉取崎展望台に着くと太平洋側である。バスを降りると、雨は降っていないがとても強い圧力の風が押し付けるように吹いてくる。立っているとふらつく。歩くこともやっとである。ここは平素でも風のきつい所だそうである。分厚い雲の間から薄日が差す。激しい雨風が時折り襲ってきて、太陽も見えたりと、こういうのがここでの台風だとガイドさんの話。

米原でヤエヤマヤシを見に原生林に入っていったら、途中で激しい雨が降りだしてゴオーッと林がうなり声を上げて風が吹いてきた。傘などさせるような状態ではない。急いでバスに戻り、しばらくすると雨は止んだ。なんとも不思議な台風である。

ガイドさんは中年の男性で、沖縄のミンサー織りの模様の入ったシャツを着ている。三線を弾きながら沖縄民謡を歌ってくれる。

市街地に戻ると風雨は止んでいる。台風でホテルに閉じ込められた場合の備えに、コンビニ風の店でインスタントの焼きそば、ヨーグルト、水などを買う。商店はシャッターが下りている所が多い。お盆休みということもあろう。店の人が、背の高い観葉植物を紐で結んでいる。植木鉢を家の中に運んでいる姿も見える。また、図書館、ホテルなどの総ガラスになっている所には、軒下から地面に向かって、サッカーゴールのような緑色のネットが広く張られている。なるほど台風対策は万全である。

午後七時過ぎ、風は全くなくなり、夕陽がまぶしい。今日の十五時から石垣島は台風圏内だと報じていたが、台風はどこへいったのだろう。観光中のがそうだったのだろうか。テレビを見ると、台風九号は沖縄から進路を西南に変えて進んでいったといっている。そして、八号は宮古島、石垣島に向かっていると。しかし、結局八日の夜は十四夜の月がのぼっているなかでアンガマの行事も無事行われたのであった。

翌日九日も終日、激しい雨が降っては止む。風はさほどきつくはない。夜半に石垣島は台風八号の暴風圏内に入るとのこと。図書館の帰り、市場に行って、明日帰るのでお土産を買いに来るからと言うと、

「警報が出たから明日は店を休むよ。」とおばちゃんが答えた。

「そんなに台風は怖いの?」

「何が飛んでくるからわからないからよ。台風なんて家にいたらなんともないさあ。でも六十、七十メートルの時はきつかったね。それでもびくともしなかった。」

客の年配の女性も相づちを打って言う。

「前に内地に行ったとき、家見てこれではだめさあと思ったね。」

「そうそう、内地はすぐに水につかる。こっちではそういうことはない。みんな海へ流れて行くからさ。水につかるなんて聞いたことない。家も大丈夫だしさ。びくともしない。」

台風がたびたび襲来する地域だからこその備えは、昔から万全になされていることをつくづく感じさせられた。広島に襲来する台風の怖さは、根本的な備えの問題でもあろうと思った。

夜中に時折り目覚めて、カーテンを開けて外を見たが、雨が降っているだけで台風の気配は感じなかった。緊張しつつ待ったが夜が明けると真夏の太陽が照っていた。

十五時頃空港に着くと、先日来の台風の影響は飛行機便にでていて、欠航もあったりした。私の乗る博多行きの便は一時間遅れで搭乗開始となった。

こうして、私の石垣島の旧盆を訪ねる旅が終わった。

ニコロ・シュピーレ——民間信仰行事

ウイーンの国立民俗学博物館で、日本のナマハゲによく似た仮面を目にしたのは二十六年前のことである。いつかその行事を見てみたいという、長年胸の奥に眠っていた夢が叶えられる時がやってきた。

ニコロ・シュピーレというその行事は、オーストリアの中央部シュタイヤーマルク州の山間部にある、バード・ミッテルンドルフという小さな村で十二月五日に行われるという。東京のオーストリア大使館観光局にメールで問い合わせ、村のホームページからの情報をもとに出かけて行った。

暖冬の日本を発って十二月二日夕方ウイーンに着くと、道端や街路樹の枝に薄く雪が積もっていた。西駅で切符の手配をして四日にウイーンを出発する。まず最初の目的地オーバーエステライヒ州のシュタイヤーという中世の町並みの残る小さな都市に行く。が、なんとここでのクランプスの行列は前日の三日に済んでおり、次は六日に行われるとのこと。日本で得た情報の不正確さを思う。しかたなく、ランベルク城、市庁舎広場のクリスマスマーケット、博物館のキリスト誕生を表した人形模型の特別展示などを見て回る。その夜はリンツのホテルに泊まる。

翌五日朝、雨の降るリンツの町を発って目的地バード・ミッテルンドルフへ向かう。リンツからさらに西へ四十分のアットナング・プッヒェンハイムで二両編成のローカル線に乗り換えて、列車はアルプス山岳地帯に向けて南下していく。いっぱいだった乗客がアットナング・プッヒェンハイムでみんな下車したので、あわててホームに降りて車掌さんに尋ねると、大丈夫、座っていなさいとのことで座席に戻るが少々不安になる。目的地はここからさらに二時間二十分の所である。

かつてのミッテルンドルフという村の名前にバードという名が付け加わった通り、温泉が発掘されて夏は水浴、冬はスキーと、たいへん賑わう地になった。そして、ニコロ・シュピーレは三千人もの観光客が訪れる有名な行事だと、バート・ミッテルンドルフのホームページにある。しかもその当日だというのに、とんと観光客らしき人もみえない。山間地帯に入るにしたがって雪が深くなり、激しく降っている。駅舎の屋根の雪下ろしをしている。学校帰りの子どもがひとり下車して雪の道に入っていく。

コンパートメントに婦人が入ってきた。どこへ行くのかとの問いかけに目的地を告げると、自分もニコロ・シュピーレを見たことがあるといってくれたのでほっとした。携帯電話の着信音がけたたましく鳴っておばさんは賑やかに話をして次の駅で降りていった。

十三時ようやく到着。小さな駅舎の表示を確かめて下車しようと扉を開けると、ホームがない。車両の高い段から雪の降り積もった所に飛び降りる。私一人の下車である。駅員さん（帽子に赤い色が入っているから駅長さんだろうか）にニコロ・シュピーレを見に来たのだがと尋ねると、そんな行事はないという。プリントアウトしたホームページを見せたが知らないと言う。えー、そんな！　世界的に有名な行事だと書いてあるのに。

彼が向こうで休んでいる除雪作業風の若い男性二人にニコロを知っているかと尋ねたら、なんとふたりとも知らないと首を振る。そして、駅員さんはさっさと駅舎のなかに入ってしまった。今来た列車がまだ止まっており、車掌さんの姿が見えたので雪の線路を越えて彼の所へ行って、ここはバート・ミッテルンドルフに間違いないかと確かめると、そうだと言う。

雪の中に埋まってしまいそうにポツンと立つ小さな駅舎。激しく降る雪の中でまるでどこかへ迷い込んでしまったような思いになる。歩いていけばどこかに尋ねるところはあろうとしばらく歩いて行くと、バウハウス・マルクト（建物類店）と表示のある建物が見える。レジの女性に尋ねると、自分は知らないがと店主を呼んでくれた。彼は「ああニコロ・シュピーレね」と言ってくれる。やれうれしや！　宿をこれから決めたいのだがというと近くのホテルへの道を教えてくれる。間違いなくここはバート・ミッテルンドルフ、と安堵しつつ雪の道を行く。家がポツン、ポツンと見える中を一キロメートルくらい行くと除雪された車道に出た。向こうに狩人宿舎と表示のみえる大きな木造のホテルが見えた時は、思わず「ワー、アッタ！」と声が出た。宿の中に入るが人がみえない。ふいと横のキッチンから若い男性が出てきた。

こうして、なんども首を傾げつつたどり着いたバート・ミッテルンドルフ。いよいよ、ナマハゲにあえるのだ。

上演時間

17：00　Landhotel Kanzler
18：00　Gasthof Neuwirth
19：00　Jagdhof Hübler
19：45　Hotel Grimmingblick
21：00　Dorfplatz Bad Mitterndorf

（バード・ミッテルンドルフのホームページ）

ニコロ上演一行は、バード・ミッテルンドルフの村の中心部から東に四キロメートルくらい離れたクルングルという所から十七時にスタートして、各地点で上演しながら巡行し最終が村の中心部で二十一時である。

私の泊まった宿では十九時の上演で、宿の主人の勧めで十七時に夕飯を済ませて待った。雪は小降りになった。雪国の建物は暖房がゆきとどいておりとても暖かい。部屋の中、トイレ、手洗い場など、いたるところにスチームが設置してある。外ではしきりに除雪車の音がしている。バス通り、宿の広い駐車場、ゲートがあってアルプス通りという山に入っていく道など、除雪車がゴーゴーと地響きを立てて何度も行き交っている。道路わきには雪が一メートル以上に押しやられている。

十八時ごろになると宿前の広場に人が集まってきた。女主人が出入り口に滑り止めの塩を撒いている。そこでは鍋の温かいスープをサービスしている。小学生低学年くらいの子どもと親たちが次々に宿に入っていく。人の群れは百人近くにもなっただろうか。向こうの通りから数人がこちらへ駆けて来る。いよいよやってきたのだ。

暗闇にパチパチという鋭い小さな音とともに全身麦わら装束の妖怪の姿が見えた。あれがシャープだ。ひとつ、ふたつ……十人以上が並んで次々にやってきた。頭の上には背丈くらいの細長い角が伸びている。手にした鞭のようなもので地面をたたき、パチパチと花火の弾けるような乾いた音が響く。その後ろから突然、体中黒い毛の猛獣のような鬼が現れてきた。怖い形相、頭には牛のような角の間に、さらに曲がった角がある者もいる。その鬼がいきなり見物人に襲いかかり、男の子や女の子が地面にころがされた。鬼は二十匹もいるであろうか。鬼にはさまれて、白い馬に乗った（人が馬の背に乗ったような格好）神、背中に白い羽の天使、神父、赤いマントに白いひげの聖ニコラウス、その他におまわりさん、狩人など（これらも仮装の一行）が続いて宿に入っていく。

入り口には毛むくじゃらの鬼たちがたむろし、麦わらの妖怪が円陣を組んで鞭をパチパチと鳴らす。宿の窓の明かり以外は真っ暗で、カメラのフラッシュを光らせるのは私のほかにほとんどなく、何かはばかられるような感じがする。昼に宿の主人が、たくさんの人だから外で写真を撮ったら急いでレストランに入るようにと言ってくださっていたが、外の人の様子も見たいのでそのまま見守ることにする。幸い雪は止み、風もなく、さほど寒さは感じない。広い駐車場のあちこちに人がかたまりになって立っている。鬼があちこち動き回って逃げる人を追いかけたり、手にした小枝の束で見物人の足をたたく。鬼は大きな声を上げるのではなく、ウー、ウー、と低く唸るような声で迫ってくる。私も数匹の鬼たちに何度か足をたたかれたが、痛くはない。写真を撮っていたらふいに頭の上から唸り声がして二匹の鬼が覆いかぶさってきた。「うわぁ」とびっくりしてかがむと近くにいた婦人が背中をかばって囲い込んで助けてくれた。

黒い鬼が小学生中学年くらいの女の子のところにやってきた。両親が女の子から少し離れた。鬼は女の子の顔を覗き込む。彼女は固まったようにうつむいている。鬼はひざまずいて女の子の腕に手をやり、なにやら話しかけている。女の子は泣き出した。鬼はあくまで優しくはなしかけている。ひざをつき、目線を彼女に合わせてやっている。しかし、その顔は大きな恐ろしい形相をしており、つかんでいる腕も身体も猛獣の毛むくじゃらの鬼である。女の子にとっては、それはそれは恐怖心ばかりである。そばにいるはずのお父さんもお母さんも近寄って助けにきてくれない。ふと見るとお父さんは女の子の後ろから写真を撮っている。きっと、「これからもいい子でね。」と鬼と約束をさせられたであろう。怖さに震えながら夢中でうなずいたであろう。しばらくすると鬼は女の子の顔を優しくなでて離れていった。女の子はお母さんにわっとしがみついて激しく泣き出した。お母さんは女の子を抱きしめて背中をなでてやっている。

立っている足元を、しゃがみこんで金槌でコツコツたたいて回る男がいる。鍛冶屋さんである。靴をたたかれて逃げる男の人もいる。シャープと男性が話している。そして、シャープの口元に火のついた煙草を差し込んでやっている。誰かはさっぱり見えないが当人どうしはよくわかっているのであろう。狩人がワインの瓶を見せながら鬼と話している。役割りを演じる人たちと村の人たちとの、祭りの宵である。

十五分もたったであろうか、広場の中央にラッパのメロディが響き渡った。狩人が二度吹き鳴らした。それを合図に宿から先ほどの神々や聖ニコラウスなどが出てきた。そして、シャープがパチパチと鞭を打ち鳴らすのを先頭に足早に去って行く。その後ろを今まで見守っていた見物人たちもみんなついて行ってしまった。私は静まり返った暗闇に立ったまま、今眼にしたのはほんとうのことだったのか、何か不思議な気分に包まれていた。

ところで、レストランの中ではどんなことが展開されていたのであろうか。以下は翌年に見た内部の様子である。

午後六時半ごろレストランの席に着く。

「グーテンアーベント！（こんばんは）」と客が次々に入ってくる。子ども連れの家族は、小さい子は小学生高学年くらいの男の子。中学高校生くらいの子どもたち。大人の男女など。ウエートレスさんが席へ行って注文を聞いては、ジュース、ビール、ワイン、またソーセージなどの食べ物類も運んでいる。女主人もレジを打ったり、食べ物の皿を運んだり、灰皿を取り替えたりと、動き回っている。客はいつの間にか百人を超えている。

七時。突然「グリュースゴッツ！（こんにちは）」と三人の寺男（白い服、赤い小さな帽子）が入ってきた。献金を集める袋をもって客席を一巡して、前のカウンターに行く。女主人からビールをもらって、三人でグラスを掲げて乾杯し、そのまま手にして外に出て行った。と、突然部屋の後ろの窓ガラスをたたく音。暗い外にクランプスの角が動いている。「キタッ！」と男の子が叫んで走ってテーブルに着く。お巡りさんが入ってきて、「こんばんは、ニコロの夜です。」と挨拶をする。

聖ニコラウス、牧師さんも入ってきて、みんなになにやら言っている。背中に白い大きな羽のある天使、白馬の騎士も次々に入ってきて、中央の広く開けてある所を一巡してカウンターの前に並んで立ち、直ぐに出て行った。今度は汚れた服の男とおどけた表情の仮面の男が問答をはじめた。酒を飲んで働かない、遊んでばかりいる怠け者である。ふたりが話すのを聞いて、みんなから笑い声が上がる。

そこへ、大きなクランプスが二匹の小さなクランプスに腰の所を鎖でつながれて入ってきた。大きいのがお客の方へ行って襲いかかろうとすると、後ろから小さいのがジャラジャラと鎖を引っ張っている。怠け者を諌めることを伝える内容であろう。牧師さんが座っている子どもに、お祈りのことばを尋ねたり、親の言いつけをきいているかなどと尋ねている。子どもがきちんと答えると、みんなから拍手が起こった。そして、警官がピーナツやキャンデー、みかんなどのおやつが入ったビニール袋をプレゼントしていく。小さなぬいぐるみの人形をもらう子もいる。

なんと、私にもおやつの袋と白い毛の動物のような人形が、警官のウインクとともに手渡された。

「ありがとう！」うれしくなった。きっと、女主人の心配りであろう。

喜んでいると突然、靴先をたたかれた。びっくりして見ると、テーブルの下を金槌を手にした鍛冶屋のおじさんが這っている。

突然ガタガタと激しく窓が叩かれて、横の扉からクランプスが五、六匹、ドッと入ってきた。クランプスの仮面の表情はそれぞれ違っていて、体の毛も真っ黒いのや白いのが混じっているのや様々である。あちこちで、「オー！」「エッ！」「ワオー！」などと驚く声が上がる。

子どもの悲鳴などはない。だれもかれもがクランプスに小枝の束で肩や腕、体をたたかれている。小学生の男子がクランプスの肩に抱き上げられて、腿のあたりをたたかれている。カウンターの横の椅子に座らされた。クランプスが顔を近づけてなにやら言っている。子どもは泣きはしないが少し笑った顔がひきつったようにみえる。頷いたり首を振ったりして何か答えている。しばらくして解放されると急いで席にかえっていった。

クランプス
（バード・ミッテルンドルフ）

レストラン入り口のところでラッパが鳴り響いた。クランプスも夜警もみんな出て行った。拍手などはなかった。それは、寸劇が演じられたといっても、ショーなどではなく、民俗行事だからであろうか。

このニコロ・シュピーレは、キリスト教が入ってくる以前からこのバード・ミッテルンドルフで行われてきた民間信仰行事である。この地に住み生活していくには農耕、収穫は重要なことである。殊にアルプスに近い山岳地帯は一年の半分以上は厳しい寒さや雪に閉ざされてしまうという自然条件の中にある。短い夏の暖かい陽差しが豊かな実りをもたらしてくれるように、そして長く厳しい冬を無事に越すことができるようにと、ひたすら願い祈るしかない。民間の素朴な祈りから信仰へと発展していったのであろう。

生きていくために人々は自然と闘うこともあろうが、それよりも自然を受け入れ、自然と共に生活していくところから様々な智慧が育まれて営まれてきたものである。夏、秋の収穫は次の年の実りへの祈りがあり、太陽のない冬は怖い悪の季節である。しかもその厳しさがあるが故に、次に来る春に結びつく。よい春がめぐってくるようにと冬の悪を追い払わねばならない。だから悪を祓うとともに恵みへの希望を託す。やがて雪解けとともに一斉に花が咲き、春がやってくる。待ち望んでいた季節を喜びいっぱいに迎え、種まきが始まる。豊かな実りへの祈り、感謝とともに、誠実に働くのである。

シャープの全身麦わら姿は、麦わらという収穫物の精、または植物の化身という意味をもつ。行列の先頭で地面を鞭打つのは後から来る行列のために、地表の悪を祓うのである。音を立てるのも道の奥にも潜んでいる悪疫をすべて追い立てるためであろう。

鬼が白樺の小枝の束で人をたたく。これもたたいて痛い目にあわせて人に罰を与えるものとしてたたくのではない。白樺という植物、樹木の小枝には新しい芽吹きが潜んでいるものである。だからそれでたたくということは、悪を追い払うということとともに新しいよい芽が身につくようにという意味がこめられている。だから人々はたたかれてもだれもいやがらないし、笑って喜んでいる。

このような行事はゲルマン神話に基づいたもので農耕収穫祈願として行われてきた。そこにキリスト教が入り、村人たちに受け容れられ、融合して今日のように発展してきた。だから、ニコロの行事の中に神話にもとづく神々がいるし、キリスト教の神父や聖ニコラウスなどもいて混在しているのである。この村で今日もニコロ・シュピーレの行事が十二月五日に伝統として行われており、年が新たになるのはこの日からであるとされているのは、村人の誇りの表れであろう。

三十年前の行事の書かれた芳賀日出男の本を読むと、現在とほとんど変わりなく行われていることがわかる。しかし昔は村人の、無礼講の祭りの感じが強かったことが伺える。その時代にはこうした行事こそが楽しみ喜びを発散させるものであった。だから若者たちの無礼講が許され、だれが扮しているかも絶対に秘密にされていた。そして、彼らが各民家で暴れて家具類を傷つけたり、食器などを壊したりしても、村人は「これは何年にクランプスがつけた傷だ」、などと言って自慢していたりした。しかし、やがて各民家に入り込んで暴れるのではなく、集会所になり、今日では決められたホテルで行われるようになった。暴れる鬼がすっかりおとなしくなってしまったのも時代の流れであろう。

しかしながら、小さな子どもたちにとっては、鬼は限りなく怖いものであることには変わりない。そして、クリスマスにはサンタクロースがプレゼントをもってきてくれるか、クランプスという鬼がきはしないか、ということは一年の終わりの大きな関心行事となっているのである。

聖ニコラウスは、サンタクロースのことであり、プレゼントをもたらしてくれる。鬼のニコラウスは懲罰を与え鞭打つ怖い存在である。しかし、サンタクロースはいつもすてきなプレゼントをもってきてくれるとは限らない。子どもが不実な行いをした年であったならばプレゼントはない。ないばかりか、台所のごみなど汚れたものをプレゼントとして置いていく。だから子どもたちにとっては今年、サンタクロースがうちに来てくれるか、どんなプレゼントがもらえるのか、ということは最大の関心事となる。十二月になるとアドベンツカレンダーを一日毎に開けながら、わくわくしながらクリスマスの日を心待ちにする。クリスマスの時期が近づいてくると、どの子たちも、とてもよい子になるのである。

哀の章　文化と生活の中の仮面

仮面と芸術

人間には仮面のない生活はあり得ない。

人は生まれて死ぬまで、幼児期、児童期、成人期、老人期などとそれぞれの過程でそれぞれに必要な仮面をかぶり分けて、死んでいくときにも死という仮面とともに彼岸へ旅立っていく。その時期ごとに社会生活を送る上でも、社会的人間としての様々な対人関係の仮面をかぶり分けて、家庭生活、学校生活、地域社会生活、職業人生活などを営んできているのである。人間が社会的人間として自己を生きるために、仮面は必要不可欠のものではないか、ということを改めて考えてみたい。

ほんとうに人は全て仮面なのだろうか。仮面のない人はだれひとりとしていないのか。赤ん坊でさえも、社会的人間関係を意識できるようになったら、赤ん坊の仮面をかぶるようになるとすると、この赤ちゃんの笑顔に思わず引き込まれていくのはなぜであろうか。

それが純真で混じりけのない顔だからである。この純粋さがそのまま表れている子どもを、障害のある子どもの瞳に感じたことを覚えている。彼は自分のことを人からよく見てほしいとか、自分はがんばっているんだよとか、そういった気負いなどまったくなく、いつ顔をあわせても、いつも同じ澄んだ瞳でみつめ返してくれていた。障害児学級に行ってはS君に話しかけて、その瞳にみつめられて自分の心が素直になっていくのをいつも感じていた。このS君は仮面をかぶってはいなかったのではないか。正確には、その瞳には仮面性はなかったということであろうか。

仮面をかぶっているのか、いないのかと、考え込まされるもうひとつの例は、まさに「仮面」からのことである。それは、彫刻家・面打師の大塚亮治先生の写真集にある、童子の笑った表情『にっ』の仮面である。なんともいえないそのあどけなさ、すがすがしく純真な表情にひきつけられる。なぜであろうか。その仮面にはいったい何が込められているのであろうか。製作された仮面でありながら、それが仮面であるということが意識から打ち消されて、ただただひきつけられていく。

かつて東京銀座で開かれていた大塚先生の創作面の展覧会をたまたま目にされた狂言師和泉元秀氏は、この『にっ』にひかれて、その後、狂言面の製作を依頼されるようになったとのことである。なぜこのようにひきつけられるのであろうか。それを言葉で形容することは難しい。表現してもしきれないもどかしさも残る。ここには仮面のもつ芸術作品としての価値につながるものがあるのではなかろうか。面を「打つ」という表現があるように、単に仮面を作る、といったこととは異なるものがあるのではないだろうか。

『にっ』
（大塚亮治『面の世界―伎楽面から創作面まで』より）

科学文明の進んだ現代社会では、物事は科学性をもって解明され説明がなされ、追究されていくことがよしとされる。しかし今日においてもなお、ことばでは説明しきれないものも確かに存在している。あるものを見て、強く心を動かされたりするのは、何かが伝わるからである。その何かというのはなんだろうか。そして、なぜ伝わるのであろうか。科学的に分析して価値を説明してみても、不可視的な精神性を解明できるというものではないであろう。

私もたまたま入手した写真集の『にっ』にであってひきつけられた。そして時を得て京都の面打ち教室の後で大塚先生にお話を伺うことができた。大塚先生は、草創期の能面は当時としての最高の前衛だったでしょう、と言われる。

「能が生まれる時代には手本というものはない。能面に思いっきり個性を出し、技術を生み出し、厳しくほんものを求めている。昔の仕事をみると、命がけの、瞬間、瞬間の意気込みがみえる。江戸時代に入ってからは守りの世界になり、様式化していき、新しい面を生み出す力を失っていった。それと同じように人はいろいろと知識をもつと、その膜をとおして見るようになる。素直にものを見る人は知識に惑わされない。」

『にっ』はそういう無心の笑顔なのだ。まさにその時の瞬間表情である。大人になるとそういうまじりっけのない子どもの表情にはもう戻れない。大人になると能面の中間表情になる。自分を取り繕い、構え、その時の感情を押し隠している。しかしこの中間表情というのはとても複雑な深い意味をもったものだともいえる。

芸術的な価値はまったくわからないような子どもたちの作品にすばらしいものがある。人によくみられたい、うまく仕上げたい、などの思いはなしに、ただ作りたくて没頭したことが伝わってきて感動を覚える。どんな子どもだろうかと表情を想像する。その子はひたすら作ることにひたりきった仮面をつけていたのであろう。

人が感動を覚えるのは芸術作品だからということではなく、作品から伝わってくるものに対してである。そういうものをうみだす人がほんものの芸術家なのだろうと思う。

「笑点」の司会者——言葉の仮面性

日曜日の夕方、パパヤパヤ、パパー……と軽快なリズムで始まる「笑点」というテレビ番組がある。大喜利で落語家の当意即妙の答えが楽しい。ある日のこと、いつもの司会者席に円楽師匠ではなく、楽太郎さんが座られたので、おや？　と思った。そして、各メンバーの挨拶ではそれぞれの師匠が、

「こんなんが司会だなんてやってられないよ。」

「円楽師匠に盛ったな。」などと司会者をさんざんけなしていた。

後日知ったのだが、円楽師匠はご病気になられたということであった。

今から始まる大喜利の大事な司会者をこき下ろして、笑いあって番組は進んで行ったが、その時ふと思った。長く続いてきた人気番組の司会者が突然変更になるということはたいへんなことであろう。それを、いつもの出演メンバーの誰かが司会を務めるというのは、出演者、見る者、双方にとって少なからぬ戸惑いが感じられることであろう。それを新たに司会者席に座った人をさんざけなすことによって、絶妙なバランスがとられているのである。落語家の人たちだから当然の毒舌などであろうが、さすがだなあと感心させられた。みんなの笑いの渦の中に違和感など呑み込まれていって、いつもの通りに賑やかに楽しく番組は展開していった。この時、落語家の人たちの言葉には仮面性があったのである。

番組の看板ともいえる司会者の変更である。それを、新たに司会者席に座った人をこき下ろすことで、その場に居合わせる出演者、観客、テレビの前の視聴者など、みんなの戸惑いを笑い飛ばしたのである。そうすることによって全体が救われるというバランスがとられている。それは、落語家の世界だからこその、言葉の仮面性である、といえよう。

言葉の仮面性を感じるもうひとつの例は、「がんばる」という言葉である。

以前、オリンピックに出場する若い選手が出発に際して「楽しんできます」と言ったのが批判されたことがあった。国の税金を使って出かけていくのに、楽しんでくるとは不謹慎ではないか、ということである。選手にとってはもちろん物見遊山などの気もちはないであろう。見送る人たちも、「重圧に負けないでリラックスしてがんばっておいで」、「競技を楽しんできなさい」と声を掛けたことであろう。しかし、あのような場面で選手当人が「楽しんでくる」と言うのには、それを聞く者はすこし違和感を覚えたのであろう。「がんばります」と力を込めて繰り返されると、「まあ、そんなに力まないで肩の力を抜いてリラックスして」と言いたくもなる。もっとも、オリンピックはスポーツの祭典といわれるとおり、祭りである。祭りだから競うことも応援することも含めて参加することに意義がある楽しいものなのである。それぞれの人がスポーツの祭りに純粋にかかわることができたら、楽しむゆとりも生じるのかもしれない。言葉もいろいろな仮面性をもっているようである。

「がんばる」という言葉はいろいろな場面でしばしば発せられている。運動会などで、小学生の子どもに「がんばれ！」と声援をおくるのは、愛のこもった激励として熱くすがすがしく響く。子どもたちもその「がんばれ！」の熱い声援に精一杯応えて、走り、競い合う。その姿に観客も感動してさらに「がんばれ！」のコールが運動場に渦を巻いて燃え上がっていく。そこには子どもたちを中心にして応援する者もみんなの一体感をもった場がつくりあげられていくのである。

「がんばる」は力のこもった言葉である。だからこの言葉を、心身の弱っている人、特に精神的に落ち込んでいる人に向かって励ましとして言うのは逆効果でしかないといわれる。

かつて小学生の時に不登校になっていた子が、「あの時、担任の先生や友だちにがんばってくださいと言われるのがとてもいやだった。」と話したことがあった。自分だって学校へ行きたいと強く思っていた。毎晩明日の時間割を確かめてランドセルに入れて、明日は学校へ行こう、と思って布団に入った。でも朝になると起きられなかった。自分でもなぜなのか、わからなかった。母親からもがんばろうとする気もちが足りないからだと言われた。自分では毎晩、明日こそはと自分に言い聞かせてがんばっていたつもりなのに。

彼は精一杯がんばっていた。それなのに朝になるとどうしても布団から起き出すことができなかった。「がんばる」ということがわからなくなってしまった。でもまわりからは「がんばって」と言われ続けたのであった。

その頃、どんなことがうれしかったのか問うと、幼稚園の頃から時々遊んでいた友だちが来て、いっしょに公園でボール投げをして遊んだことだとのこと。

「そういう時はどうってことなく遊べたの？」

「うん、普通にいっしょに遊んで楽しかった。」

彼にとっては普通に遊ぶことはできたのである。遊ぶという普通のことは心安らぐことであったのだ。担任の先生や級友の「がんばってください」の手紙は、家でがんばっている彼にとってはいやな言葉でしかなかった。

今日でこそ、このような不登校児童生徒、身体障害者などの人に「がんばって」は心ない言葉であると、一般に認識されるようになった。しかし二十年前は、不登校についての研究も途上で、対応も手探りでしかなかった。不登校児童、生徒に対応する学校現場では、子どもの甘えだから小さいうちこそ引っ張ってでも学校に連れてくるようにとか、母子分離がうまくできていないのだから、学校の友だち関係を充実させるようになどと言われて対処を行ったりした。そのうち無理強いはいけないことだ、子どもにあまり関わらないように、と言われたりして混乱が多々生じた。また、不登校の原因をさぐっても意味がない、現状を受けとめていくようにと言われて、ますます理解に苦しみつつ、あれこれ手を尽くしていくしかない状況であった。

それが効果があった場合もそうでなかった場合もあった。まだ研究の途上であったり、学校現場での認識にまでなっていなかったりのこともあるが、研究が進み対応についても考慮されるようになった今日においても事態は改善されたとはいいがたい。減少しつつあるとはいえ、二〇〇五（平成十七）年度に不登校で三十日以上学校を欠席した小学生は二万二千七百九人、中学生は九万九千五百七十八人いる。この子たちひとりひとりに応じた検討が必要なのである。いずれにしても「がんばって」という言葉は、担任の先生や級友も、なぜ彼が学校に来ることができないのかわからないままの戸惑いの「がんばって」であったのかもしれない。

「がんばって」の言葉に込められた思いは、「いっしょにサッカーしようね。」「図工楽しいよ。」「待っているからね。」「早く学校にきてほしいよ。」など、彼への呼びかけであったであろう。

親からの「がんばれ」も戸惑いが滲んでいる。なぜこの子は普通の子と同じようにできないのか、なぜ突然学校へ行くことができなくなったのか、親としての自分を振り返ってみても原因が見あたらない。いつになったらこの子は登校できるのか、一体どうしたらいいのかわからず、子どもに対して、自分の弱い心に打ち勝て、がんばれ、と言うしかなかったのである。その時点ではそうすることが精一杯のことだったのである。

「がんばれ」という言葉は、それを言う人、その言葉を受ける人、それぞれによって込められたメッセージは異なっており、様々な響きをもって飛び交っていく。だからそれによって、大いなる励みになったり、ますます落ち込んでしまったりすることになる。

言葉はまさに多様な仮面性をもって行き交っているのである。

ぼくは「鼻毛」じゃない——名前の仮面性

仮面はたいていその役柄が決まっている。特に明確な役柄をもっているのは能面である。能面はひとつひとつその特徴や面が使用される曲目など、すべて決まっている。例えば、翁系の面はお正月や特殊な催しの時の『翁』という曲のみに用いられるものである。その他に使用されるということは決してない。

この能面のように約束事が強く定められているわけではないが、仮面にはそれぞれの仮面のもつ約束事がイメージされる。例えば、ウルトラマンは変身であり、えくぼのある笑顔のお多福は、福がもたらされることであり、口を横にとがらせたひょっとこからは、滑稽さが漂ってくる。

仮面から受け取るイメージは精神的な作用である。それを仮面性ととらえて考えてみることにする。

仮面性というのは、仮面という物体をさしているのではない。仮面に関わる、人や物、はたらきなど諸々を含めた仮面の総合体としての意味である。仮面性はまず、仮面のもつ機能からとらえられる。それは、隠すものであり、表現するものであり、祈るものであり、標識や象徴であり、保護するものである。これらの仮面の機能が認められるものや事柄について具体的にみていく。

まず、人の名前の仮面性についてである。

かつて武士は名誉を重んじて「名を惜しみ」、「名に恥じぬように」行動した。人は世間に高い評価を得ると後世に「名を残す」ことになる。このように名前というものは、その人物の拠って立つものであり、その人物を固定して示すものである。

親が、誕生した子どもにあれこれ思案して名前をつけるのも、誰かにあやかったり、何ものかに因んで、健やかに、幸せに育ってほしいという願いがこめられている。その年に生まれた子どもに付けられた名前のランキングが報じられるのを見ることがあるが、活躍したスポーツ選手、有名人、タレントなどに因んだ名前が多く見受けられる。子ども自身も自分の名前には愛着をもち大事に思っている。だから自分の名前をけなされたり、悪くもじってあだ名を付けられたりしたら、傷ついたり腹を立てて喧嘩になったりもする。このように名前の「あやかる」、「因む」というところに仮面性がみられるのである。

子どもたちがあだなや名前について考えた道徳の授業の事例がある。

資料名『ぼくは「鼻毛」じゃない』四年生道徳副読本（大阪書籍）

主人公の伸幸は「鼻毛」というあだ名を付けられている。以前に髪の毛が鼻の頭についていたことがあり、長い鼻毛だと言いふらされたのが始まり。最初はいやだったが、たびたび「鼻毛」と呼ばれるうちにいつしか気にならなくなった。そんなある日、学級の友だちが「やせがえる」、「ぶた」とお互いに言い合って喧嘩をしているのをみる。仲幸は家に帰って、親に自分の名前に込められた意味を聞いて考えた。

子どもたちの中には、仲幸と同様の経験をしている子も多くいた。その子たちは、

「私もリップって、イヤなコトを言われることもあります。」

「自分にも言われていやなニックネームがある。」

「まーちゃんとよばれていて、あまりそのニックネームは気にいっていません。まさみちゃんとよんでほしいなと思っています。」

「自分も名前をかえられたりしたり、いやなことをゆわれたりしました。」

いやだなあと思ったり、気になってはいても言えないままにきていたのである。

学習後の感想に次のように書いていた。

「ニックネームと言っても大事なんだなあ。」

「初めはいやなことがあるけど、そのうち気にしなくなったことも自分にあったことがわかった。」

「こんどからは、ちゃんと、ゆうくん、とよんでもらおうと思います。」

「いやだったら、ちゃんといやだからやめて、などと言って返そうと思いました。」

「ぼくは、くぼでいいけど、ブタとかガリとかはな毛とか言われたら、ちゃんとやめてと言おうと思います。」

「わたしものぶゆきと同じようにいえなかったけど、この話を聞いて勇気を出して、もうそのニックネームでよばないでといいたいです。」

「今日初めて名前のことを考えました。いつもはふつうによったんとか、ちー子とか言ってたけれど、相手にはいやなよび方もあるんだなと思いました。」

「自分の名前をお父さん、お母さん、おじいちゃんやおばあちゃんがしっかり思いをこめてつけてくれたということを、お父さんに聞くまえはわかってなかった。」

ふだん何気なくニックネームで呼び合ったりしていても本当のところはいやな思いをしていることもある。そういう自分の名前への思いを改めて考えることができた学習であった。

名前は固有の、その人を指し示す意味のある仮面性をもったものである。

このことはまた、地名や駅名についてもいえることであろう。

平成の大合併といわれるように、町村合併が進められている。行財政上しかたのないことであろうが、長年その土地で暮らしてきた人々にとっては、自分の住んできた地名がなくなってしまうことはとても寂しいことである。その土地の名前は、その地域の歴史やいわれ、地形などの意味をもつているものである。

ＪＲ山陽本線の広島駅から西へ二つ目に西広島駅がある。この駅名の地名はない。かつては地名の通りの己斐駅であったが、一九六五（昭和四十四）年に改称された。広島の西玄関口としての繁栄を願ってのことであったであろう。確かに、己斐は古くから旧西国路の街道松もありＪＲ、市内電車、宮島電車、バスなどの発着地点として交通の要衝である。これからの発展にともなう改称は自然の成り行きであろう。しかし、この地名に慣れ親しんできた者にとっては、西広島といわれてもピンとこない。華々しい発展をみた町になっていたらまた違う印象をもつのかもしれないが。人と会話していて、何かの折りにその人が「己斐駅」と言われたら、地元を知っておられるのだろうかと、なんとなく懐かしい気もちがかよう。

己斐という地名の由来は地域にある旭山氏神八幡社の縁起に書かれている。山陽本線沿いの小高いところにある旭山神社は、古くはふもとまで波打ち際となっていた。その昔、神功皇后がこの小高い山に立ち寄られた折りに、当地の県主が大きな鯉を献上した。皇后はいたく喜ばれ「鯉、鯉」といわれたのをもって、以後この地を「こいむら」と称するようになった。

また、己斐は盆栽の町としても名を馳せてきた。現在は公民館に根株が残されている、樹齢二百年は越えると言われた街道松にも、植木づくりの知恵が込められていた。一六一九（元和五）年に紀州から広島入りした浅野長晟に従ってきた、植木屋次郎右衛門という人が己斐の植木屋の第一代である。そして、植木、盆栽の伝統が植木職人に引き継がれてきたのである。

地名はこうした地域にまつわる、伝承、産業、歴史を織り込んでいるものである。その土地のいわれ、生きてきた人々の歩み、姿などを象徴している、仮面性をもっているのである。「名は体を表す」といわれるように、地名もまた人の名前と同様に、その内容や性質を反映しているのである。

旭山神社の神楽（広島市）

『およげなかったカバ「モモ」』——人間と動物の仮面

この児童書『およげなかったカバ「モモ」』は、長崎バイオパークで、日本で初めての人工哺育で育てられたカバの子、モモの成長記録である。飼育係の伊藤雅男氏が、モモの誕生からつきっきりでミルクを与え、泳ぎ方を教えて、と感動の物語がユーモラスに展開していく。

体の大きなカバは水中で出産し、赤ん坊に乳を与えるのも水の中。モモの母親は千五百キログラム、父親は二千百キログラムもあるので、万一赤ん坊を踏んだりしたらひとたまりもない。このモモは陸場で生まれたために、水の中を知らないで育ったのである。生後二カ月たったとき、モモに水泳の特訓が始められた。シャワーを浴びることはあっても池の中を泳ぐことを知らないモモは、水を鼻から吸い込んでむせたり、いやがって池にはいろうとしなくなったりした。それでも特訓の成果が現れて、カバは派手にザバーンと水しぶきを上げてのバタフライで泳ぎを習得していったのである。

大いに笑ったのは、モモとムーとの結婚の挨拶はがき。二頭が睦まじく寄り添う写真に次のような文面が書かれていた。

「私たち結婚しました。
　二人で力を合わせて幸せな家庭を
　築いていきたいと思います。
　これからもよろしくお願いいたします。」

前のページには「花嫁姿のモモ」、と頭の上に赤紫色のブーゲンビリアのような花が飾られている写真。それはまさにカバが人間の仮面をかぶっているものである。物理的な現実の仮面ではなく、人間として「見立てた仮面」といえるものであろう。

やがて、モモとムーに新しい命が誕生することになる。飼育係の伊藤氏はまたもや不安に陥る。母親に育てられたことのない、人間の手で育てられたカバが、果たして普通のカバと同じように出産することができるのか。そうした心配をよそに、モモは無事に水中で赤ん坊を出産し、乳も与えることができた。自分自身は経験していないのに、このようにできるという、カバの本能の不思議さに心を打たれる。

動物園ではいろいろな事情により、人工哺育せざるを得なかった場合に、その動物が育ってから仲間の群れに帰ることがとても難しいといわれる。命を救うことの尊さとともに、その動物本来の生活にもどしてやることの厳しさが重要な問題である。

人間が育てて心を通わせても、カバはカバであって、人間ではない。心を通わせることができたのは、人間の仮面をカバにかぶせていたからである。また、カバをカバにしてやるための特訓の場面では、カバの習性に合わせてカバの仮面を人間がかぶっているのである。

カバに人間の仮面をかぶせて、人間と同じように心を通わせていき、またカバをカバに戻してやるには人間がカバの仮面をかぶってカバを演じているのである。それによって、カバはカバの親と同じように愛情いっぱいの中で育つことができた。そして、またカバの本性の生活に戻っていくことができたのであろう。

もうひとつノンフィクション児童書『鶴になったおじさん』がある。

北海道釧路市に丹頂鶴自然公園がある。そこで高橋良治氏が丹頂鶴の人工ふ化、人工飼育に世界で初めて成功した。といっても、人工ふ化はせっかくひながかえっても育たず、最初は失敗続きであった。思い至って一から出直すことにした高橋氏は、

「タンチョウをもっとよく観察して、徹底的にまねするのです。ぼく自身が、タンチョウの親とおなじ気もちに

なってひなをそだてなければ、じょうぶなひなはそだたないにちがいありません。」

タンチョウのくちばしの代わりに小さなピンセットを使い、餌を食べなくなったらなぜだろうと、自分もドジョウやヤチウグイを生のまま食べてみる。これらは単にタンチョウの仮面をかぶるというより、タンチョウになりきっていく姿である。

自然の中で育ったタンチョウの親子の様子を見ると、親が子を守り育てる情の通じ合いのようなものは、どうしても真似できないものがある。それでもそれらの一つ一つを細かく観察していく。ヘビやハヤブサなどの外敵が近づくと警戒の音を出したり、草むらに身を沈めて隠れることを子どもに教えていく。

いよいよだいじなことは、飛ぶことを教えることである。空を飛べない人間が、両手を高くあげて、上下に振り動かしながら羽ばたきを教えて、風に向かって必死に走っていって、ついにタンチョウを宙に飛び上がらせていったのである。

高橋氏は自分自身がタンチョウの親になりきってひなを育て、自然の中にひとり立ちさせてやったのである。タンチョウの仮面をかぶったまま、タンチョウになりきったからこそタンチョウの生態も深く研究することができたのであろう。氏は次のように言っている。

「タンチョウというのは、知れば知るほどふしぎな鳥だという気がします。タンチョウのオスとメスは、鳴きあいをかわして夫婦となった日から、あいてが死ぬまで生涯いっしょにくらします。あいてが死んでも、死体が自分の目に見えるかぎりはそのそばをはなれません。キツネやカラスをおっぱらっては、死体をまもり、白骨になってもはなれていかないのです。子どもをかわいがることもたいへんなもので、ひなのいいなりになって、あまやかすだけあまやかしています。それほどかわいがって子どもをそだてるくせに、求愛の季節がめぐってくると、きびしく子どもをつきはなします。あまえてよってくる子どもを、おいたてて、ときにはけがをするくらいにまではげしくつきはなすのです。」

タンチョウの情愛の深さに心が打たれる。そして、たっぷりの愛情で育てたひなを厳しい自然の中にひとり立ちさせていく。自然界に生きていくタンチョウの営みに厳粛な思いを抱かされる。

「タンチョウの生きかたをみていると、ハッとすることがよくあります。ぼくたち人間がわすれそうになっている、ほんとのやさしさやきびしさをタンチョウがおしえてくれているような気がするのです。」

この高橋氏の言葉にタンチョウの仮面の中から見えてきたことが、凝縮されている。仮面をかぶりきってタンチョウを育て、タンチョウとともにあったからこそ、タンチョウの生態が見極められ、生きることの優しさ、厳しさを読み取っていくことができたのである。それは、仮面の内側にあるものといえることがらであろう。

聞き取り調査の子ども――はがれた仮面

子どもは子どものいろいろな仮面をもっている。その仮面をつけたり、外したりして、場面に応じて取り替えて自己をその状況に適応させたり、また自己の中から何かを引き出したりしていく。

仮面の着脱は子ども自身による意思的なものである場合と、子ども本人の意思によらない他者からの働きかけによる場合とがある。ここでは後者の、他者から仮面を着脱させられる場合についてみていくことにする。そのことが子どもにとってどんな意味をもっているのかを考えてみたい。

四年生の総合的学習の時間に、子どもたちに昔の地域について全般的な話をしてほしいと、学年主任の先生から電話があった。

話を聞いた後、子どもたちは各自がみつけたテーマ毎に小グループをつくって、地域に出かけて調査活動を始めた。十月下旬のある日、筆者の家にも聞き取りに来ることになった。

チャイムが鳴って玄関を開けると八人の子どもたちがいっせいに頭を下げて、

「よろしくお願いします。」と挨拶をした。

「よくいらっしゃいました。どうぞ。」に、わあっと声をあげながら入ってきた。

あせったように靴を脱いで上がっていく。

「ちゃんと靴、並べんにゃあ。」

と一人が注意すると、二、三人がみんなの靴を揃えた。畳にお行儀して座ると顔を見合わせながらまたいっせいに、

「よろしくお願いします。」と言って頭を下げて挨拶をしてくれた。

そこで子どもたちの顔を見ながら、

「あめ玉、食べる?」と袋をみせると、

「うん、ハイ、ワーッ。」と歓声を上げて、さっきの笑顔がもっと柔らかくほころんだ。

それぞれ口にあめ玉を入れている中で、一人U君はいらないと言った。それからインタビュー開始である。質問

は、

「バスが通る道は前と今ではどこが違うのですか」、「バスの料金はいくらでしたか」、「家のまわりはどんな様子でしたか」など、一人二、三点ずつ聞きワークシートに書き留めていった。

筆者に答えられないことはバス会社に直接尋ねてごらんと返した。質問の終わった三人が「ありがとうございました。」と立って隣の部屋の書棚の方へ行った。すると「オレ、ウンコ。」とH君。代わるがわる三人がトイレに行った。水曜日の給食はごはんで、午後の学習のこの時間はちょうどもようしやすいのである。

「あ、『ズッコケ三人組の卒業式』、ぼくも持ってる。」

T君と並んで書棚を見ているU君。さっきはあめ玉はいらない、と言っていたのにいつの間にか口の中でころころさせている。

「こんどまとめたら発表会をしてお家の人に見てもらうの？」

「ハイ。きてください。」などと話して、

「もっといたいなあ。」と言いつつ子どもたちは、「ありがとうございました。」と丁寧におじぎをして学校に帰っていった。ほのぼのと楽しい一時間であった。

三年生くらいまでは、肩が当たったなど、些細なことですぐにいさかいが起こるが、四年生にもなると子どもはぐっと落ち着いてくる。今回の訪問について、先生に教えられたであろう礼儀作法もきちんと守り、身についている。グループでの行動でお互いにカバーもできる。気もちが逸って靴を脱ぎ散らかして上がってしまうという、顔にかぶったよそゆきの仮面がずれてしまうのも愛嬌があった。

子どもはちょっとした小さなものにも喜びをもつ。この日のあめ玉もそうである。小さなあめ玉であるが、子どもの形相がころっと変わる。初めはいらないと言っていたU君は、もしかしたらよそでいただきものをしてはいけないと家で言われているのかもしれないし、歯の治療中だったかもしれない。でも友だちが口にしているのを見たらやっぱり自分もほしくなったのであろうか。

帰りがけに、残っていたあめ玉を、「他の人にはないしょにするからちょうだい。」と二人の子が言った。「ないしょなんてだめだよ。」思わず笑って手を振った。

ありのままの思いが出せるのが子どもの憎めないかわいいところである。聞き取り調査中の学習仮面などはいつのまにかどこかにいってしまっている。そんなことは気付きもしないで、バイバーイ、と大きく手を振って帰っていった子どもたち。迎えたこちらも、あめ玉に別に意図などはなく、かわいい子どもたちに、よくがんばっているね、と力づけてやりたかっただけである。

学習活動により、子どもたちはいろいろな場面の仮面をかぶることを学ぶが、その仮面の下には、子どもの素面がいつも見えている。

姪とおば——はがされた仮面

墓参のために京都から帰郷した姪と昼食の約束をした。彼女に会うのは十数年ぶりのことである。小学校高学年のころに少しだけ勉強をみてやったことがあった。母親ではどうしても感情的になって教えることができないということで、日曜日に家に来ていた。その後高校生の頃ちょっと顔を見て以来である。約束の場所に立っていても出会えず、結局携帯電話でやり取りをして会えた。五月の連休中の、大勢の人出と久しぶりなのとで識別できなかったのである。美しい娘に成長していた。

ホテルの二十数階のレストランで、昼食をとりながら長時間話をした。彼女は京都の大学に進学して以来ずっとその地で生活して、社会人として自立している。高校時代の出来事、恋人のこと、仕事のことなど、まだ三十代なのに、その人生の波乱万丈の歩みに聞き入った。

時間も下がり、手洗いからテーブルに戻って、さて勘定をと計算書を探す。

「あ、もう済みました。」と姪。

「えっ。まあ、今日は私がご馳走するのよ。」とおば様。

「ま、いいです。いいです。私も仕事してますから。」と姪に背中を押されつつレストランを出る。ロングのストレートの髪につばの広い帽子が背の高い彼女によく似合っている。

「まあ、ごめんなさいね。Mちゃんにご馳走してもらったよ。ありがとうね。」

ちびっこのおば様はかたなしである。久しぶりに会った姪に、おば様の仮面は見事にはがされてしまったのである。ありのままの自分の来し方を語った姪は、ずい分と辛い思いもしてきたはずである。それらを全て自分の内に栄養として取り込んだのであろうか。

「私もいい勉強になったと思います。なんでもひとつひとつが勉強で身につくと思います。」

と笑顔でさらりと言うのに、ただただ圧倒される思いであった。辛いこともあったがいい人生勉強をしてきたと言う若い姪に、勘定までもたせてしまって、ひたすら参ったなあと感じ入りつつさよならをした。

姪と会った私の、おば様という仮面は、彼女のしなやかな手でいつのまにか外されてしまっていた。では、彼女は姪の仮面をかぶっていなかったのか。かぶっていたはずである。かつて小学生のときに勉強をみてくれたおば様に会うという姪の仮面で、おば様の前に座ったはず。しかし彼女の姪という仮面性が私には感じられなかったのも事実である。では、彼女はほんとうは仮面をかぶっていなかったのであろうか。

彼女は姪という仮面ではなく素面であったのではないのか。それは、姪ではなく一人の女性としての素面である。なぜ一人の女性としての仮面ではなく、素面と表現するのか。

仮面はその仮面に備わっているある約束事によって存在している。素面は仮面をつけていない顔のことである。だから素面には仮面のような約束事はない。そこにある顔は、その人物の在りようのままが表されているのである。

顔にその人物の在りようが表れる、ということについて次のように考える。

人は、たくさんの涙を吸った人ほど優しくなれる、また、涙を流した量だけ強くなれる、などといわれる。人は悲しい涙、うれしい涙、驚きの涙、などいろいろな涙を流して人生を送っていく。様々な経験とともに流されてきた涙は、その人の心を洗い、豊かに潤して、人間を成長させている。だから、そういう人は、人に対してその見る目も深く、その人の立場になって思いを寄せることもできるであろう。優しさ、強さ、厳しさ、などを含めたものをもっている人になっているということである。

三十代そこそこで、そこまでの深みのある人生を経験してきたとはいえないかもしれないが、姪は彼女なりの修羅場をくぐり、喜怒哀楽を心身にいっぱいためてきた。それらの諸々の出来事の話は、姪としてのというよりも一人の女性の語りであった。その彼女のこれまでの経験が彼女の内面性をつくり上げ、素面の清々しさとなっていたのであろう。

素面も仮面を物理的にかぶってはいないが、ひとつの仮面でもある。だから彼女が全く仮面をかぶっていなかったというのではなく、素面という仮面をかぶっていた、ということになる。

ところで私は彼女におば様としての仮面を外されてしまったのであるが、このようにつける外すは自己の意思であるが、他人によっても、つけられたり外されたりもする。

そこで、くどいようだがもう一度、姪の話に戻る。姪は素面という仮面をかぶっていた、と先に述べた。それはつまり、私が姪の顔に素面という仮面をかぶせて彼女をうけとめたということになるのである。

仮面というのは、物理的にも精神的にも、このようにつけたり外したりが容易にできる。だから、一人の人物が多様な仮面をもっているということは、多様な仮面の自己を演じることが可能となる。そのことが多様に自己を表現することができるという人間の豊かさにつながるものである。

ただし、仮面を多くもっている、ということがよいということではない。多様な仮面で自己を表出できるというのは、辛いこと、苦しいこと、喜び、驚き、楽しみなど様々な喜怒哀楽の人生経験があってこそのものである。ここでいう人生経験とは、子ども時代のそれぞれの年令における様々な体験をすることを意味する。その体験がもとになって自己の内にいろいろな仮面が備わってくる。だから子どもには、その子の子ども時代にであう事柄のひとつひとつをせいいっぱい充実させてやることが大事である。そのことが子どもの成長にとって重要な意味をもつことだと思う。

後ろ姿——背中の仮面性

「うしろすがたのしぐれてゆくか」

心に残る山頭火の句である。村上　譲　著『山頭火、飄々』に掲載されている山頭火の写真はいずれも彼自身であるのに、それぞれ異なった印象を覚えて興味を引いた。

まず、後ろ姿を見せて立っている写真は、昭和八年、下関での撮影とあるから山頭火五十歳頃である。黒い衣はふくらはぎまでかかり、その足には脚絆のようなものが巻いてある。履いているのは地下足袋のように見える。かぶっている笠は肩までかかっており首も見えない。両足を肩幅より少し狭く開き、右手には笠の上まで見えている長い杖を足の前について立っている。長く故郷を離れて行乞の流転をする孤独な旅の僧である。その心にはいろいろな思いを抱いているであろうに、その後ろ姿には気負いも悲哀も感じられない。自分を立っている、という気迫のあるような立ち姿である。

それにひきかえ、顔が見える写真は、「河原で酒盃を傾ける山頭火」とある。小さな川のほとりで、背中の上から陽差しを浴びてあぐらをかいた膝の前には杖が横に長く置かれて、その杖の向こうに一升瓶が立てられている。瓶の中にはまだ八分目以上入っている。大好きなお酒をこんな日和の河原で飲むなんて、おいしいことだろうなあ。なのに、山頭火の顔はうれしそうではない。前かがみのうつむき加減で盃を口に当てている。飲んでいることがなにか哀しそうで、寂しそうな顔である。四十八歳頃のものであろう。

もう一枚は、「昭和十一年　鎌倉、長谷大仏前にて」とある。平べったい大きな石に腰掛けている、横顔の山頭火。煙草を指に挟んで、組んだ足に下駄を履いているのが見える。ずり下がったメガネの上から遠くを見ている。大仏を見ているのであろうか。煙草を吸うのも忘れて背中を丸めて座っている。その横顔は放心したような風情が漂う。

これら三枚に写っている山頭火を比べてみると、お酒を飲んでいるのと、大仏前での横顔からは寂しそうな様子が感じられ、後ろ姿からはそういった悲哀はなく、堂々と立っている感じが伝わってくるのである。本当はそうではないのかもしれない。三枚とも年齢は四十八から五十四歳と大きくは隔たらず、流浪する同一の山頭火である。彼の詠む句に表現されている通り、修行、望郷、自嘲、逡巡など様々な屈折した思いがその心の中にいつも流れていたであろう。それらの感じがさもありなんと表れているのが、顔を見せている山頭火である。しかし、なぜ好きな酒なのにといぶかって、写真に写しだされた彼の顔を見る。それに対して、顔の見えない後ろ姿には彼のあからさまな心情は見えない。しかし、ただ立っている背中に彼の心の奥のものが感じられるような気がする。深い何かが迫力をもって伝わってくるのである。

これらはどういうことであろうか。顔の表情からは、限定されたメッセージが受けとめられてしまう。好きな酒を口にしているのになぜ寂しそうな顔なのか、いったい何に見とれて放心の風情なのか、とその顔の表情にこだわってしまう。それに対して顔の見えない背中からは固定化された表情は読めない。その背中の内側にある何かが伝わってくる。もちろんこの後ろ姿の写真が暗いイメージにならないというのは、彼の立っている向こう側が明るい道路であり、その右手にはきれいに刈り込まれた生垣が見えているということからかもしれない。背筋を伸ばして立っている大きな黒い背中、足元には彼の影がくっきりとある。その背中に奥行きの深いものが感じられるのは顔が見えないからこその深みであるのかもしれない。そして、その背中に彼を感じるのは背中が仮面性をもっていることにほかならない。顔を見せていないからこそ、心の内の彼の思いが読み取られてくるのである。

こうした背中が語るものを、現代では読もうとしなくなったように思う。かつては人の背中を見ることが自然にあったように思う。

昭和四十年代半ば頃、担任した一年生の子どもたちに教科書読みの宿題を出したことがある。

「台所で夕飯の支度をしていらっしゃるお母さんの背中に向かって読みなさい。」と、忙しいお母さんに迷惑をかけないようにと話した。そして、

「大丈夫、お母さんは背中でもちゃんと聞いていてくださるから。」と言った。

懇談会のときに聞いてみると実際に何人もの子どもたちがそうしていたのであった。ところが、最近の台所はシステムキッチンとやらで、対面方式となっており、部屋の方に顔を向けて台所仕事をする構造にもなっている。背中を見せて夕飯の支度をしていない家庭も多くなったのである。家の人に聞いてもらってサインをもらうという教科書読みや本読みの宿題は、今では顔を見ながら行えるようになった。しかし、母は炊事をしながらであるから、その目は本を読む子どもを見てはいない。読んでいる子どもは、

「みてよぉ。ちゃんとこっち見て！」と言う。

背中に向かって読んでいたときにはそんな言葉は発しなかった。向こう向きのお母さんの背中いっぱいに、自分の読む声を受けとめてもらっているという安心感、信頼感が暗黙のうちにあったのだ。しかし、顔が見えるようになったら、いままでのような信頼感が薄れてしまったのである。顔が見える、ということはよいことのはずなのに。

卒業式の例もそうである。小中学校の卒業式場では、いろいろな形で保護者にわが子の顔がよく見えるような工夫がなされる。保護者や子どもの座席の配置を検討したり、壇上で卒業証書を受け取る子どもの顔がスクリーンに写しだされるなど、工夫が凝らされている。卒業式には成長した子どもの顔や姿をしっかり見届けたいという親の心情はよくわかる。

ある保護者から聞いた話である。その人の住むマンションの集会で、ある父親の次のような言葉が印象に残ったそうである。

「自分の子が、名前を呼ばれて返事をして、壇上に進んで証書を受け取る。その子どもの後姿に成長したなあと感慨を覚えた。」

「母親の私はやっぱり子どもの顔が見たいけど、男親はまた違った見方をするんだなあと思いました。」と彼女は話してくれた。

また運動会でも、わが子の力走する姿をカメラに収めるのも、その表情や姿の最も良いチャンスをねらってのことである。競技中の一瞬のことでしかないからこそ、カメラを構えるのも真剣であり、応援などできないのは当然である。しかし、大勢の友だちといっしょに活動するわが子を広い視野の中ではなく、ただ個人のみの姿を追うのでは、なにか肝心なものを見ていないように思う。運動会などの場では集団の中でこそ、ひとりひとりの姿が輝いて見えるのであり、ひとりひとりを切り取ってしまっては、子どもの輝きも切り取られてちいさくなってしまう。

こんにちでは対面を求めるようになって、後姿を読もうとしなくなった。あえて読ますこともなくなり、ますますひたすら正面の姿を求めるところからは、力走する後姿のその子のがんばりが読みきれないと思う。す読めなくなってしまった。親にとっても子どもにとってもそれは不幸なことだと思う。深みを理解することがなく、表面的なことでしか見ようとしなくなってしまう。子どもの背中に成長を感じ取ったり、仕事をする親の背中に大きな信頼感を寄せていたり、といった背中の重みを理解できなくなるのは残念なことである。そのうち、「子は親の背中を見て育つ」といった諺もつうじなくなるのであろうか。

背中を読む、背中が語る、ということから仮面との関連性を思う。顔を隠してしまう仮面、表情の動かない仮面の語る言葉のおもしろさ、動きにつれて変化する仮面の表情、そのような仮面の深みが、背中の表情にも含まれている。

背中が語る

背中の話の続き。

今日の社会では、背中で語る、背中を読む、ということが薄れてきているのではないかと思う。背中を見せることが少なくなってきたし、いいなあと思わせられるような後ろ姿が見られなくなってきた。赤ん坊も背負わなくなっているし、大人が仕事をしているところの背中を身近に見ることもない。法被を着て頭に鉢巻をしたイナセな職人さんは後姿がよく似合う。こんな姿の大工さんが道具箱を肩に担いでいくのを子どものころよく見かけた。近所のおじいさんは浴衣をもろ肌脱いでよく日向ぼっこをしていた。その背中一面には波しぶきの中で大きな魚が躍っていた。冬が近づいてくると、近所の人といっしょに炬燵に使うたどんを丸めていた祖母たちの姿があった。それらの背中には、いちいち口で教えられなくてもなんとなく感じ取られるものがあった。

いま、そういう姿が見られなくなってきたことは寂しいことである。よい悪いということではなく、時代の変化というものはそういうものだからしかたがない。変化をとめられるものでもない。また古いものを残そうにも生活様式が変わり、道具も使われなくなり、残す意味がない。その代わり、新しい道具が入り、それにつれて生活様式も変わって、新しい考え方や文化が生じてくる。こうして社会は変化していく。そういう人の世の流れの中で、かけがえのないもの、次世代に伝えねばならないものだけが残されていく。生活様式が次々に変化していくのに伴って、用いられていたことばやしぐさなども変化したり消え去ったりしていく。そういう流転の世の中にあって、背中を読むことの意味を意識すると豊かな世界が広がるように思う。

背中が語るということを私が意識したのは、社会人になりたての頃であった。朝、出勤の道を歩いていたとき、私の前を行く背広姿の中年の男性の背中があった。特別にピッシとしていたわけではないが、朝日の中を歩いていく背中に、「さあ、今日も仕事をしよう」という意気込みや、「子どもたちのためにがんばろう」という家族愛のようなものがこもっていたのを感じて、清々しく思ったことを覚えている。それはもしかしたら、社会人になって間もない自分自身への励ましの言葉掛けを、その人の背中から自分の内に聞き取っていたのかもしれないと思う。

もっと小さい小学一、二年の頃、背中を意識したことがあった。その頃の私は扁桃腺肥大でしばしば高熱をだして寝かされていた。その日も水枕をして額には氷嚢をのせてひとり寝ていた。部屋の黒い天井を見ていると板目模様や節の渦などが次第にいろいろな形や姿となって現われてきた。じっとみつめていると割烹前掛けを着けた祖母の姿が見えてきた。それは向こうの夕陽に向かって歩いていく後ろ姿であった。寝ている部屋がだんだんと薄暗くなってきて、このまま祖母が何処かへ行ってしまうのではないかと急に怖くなってきた。「ばあちゃん、ばあちゃん。」と声を上げて泣き出した。しばらくして祖母が障子を開けて顔を見せたときはほんとうにほっとした。その頃は母は勤めに出ていたので、買い物や家事などの一切は祖母がしていた。ふだん見慣れていたのは母の背中ではなく祖母の背中。その後姿が天井の夕陽の向こうへ歩いていくのであった。それ以来天井の模様をできるだけ見ないようにしたが、やっぱりときどきじっと見ては怖い思いをしていたように思う。

小学三年生の担任のときのこと。三年生ではリコーダーを習うようになる。その時音楽は専科の先生が指導してくださっていたが、練習代わりに朝の会や終わりの会で、みんなでリコーダーを吹くことにしていた。だから音楽の授業がない日でも必ずその笛を持ってくるように言っていた。しかし、時間が足りなくてリコーダーを吹かないときもあった。さよならをして帰っていく子どもの後姿のランドセルの横に、今日一度も使わないままのリコーダーの入っている袋が揺れていた。それを目にしたとき、ああ、悪かったなあと心が痛んだ。子どもたちは使っても使わなくても必ずああやってリコーダーを持ってきているのだ。リコーダーが揺れている子どもの後姿にごめんね、と謝った。明日から必ず使おうと思った。でもその後も何回か、「今日は吹きません！」と怒ったりしていたような気がする。後姿に心の中で謝っただけで、そのときの自己満足だったようだ。今思うとほんとうに申し訳ないことをしたと思う。余談だが、そのときのクラスの子どもどうしが、この春結婚するという。びっくりするやら、うれしいやらである。こうした新たな出発のときを門出ともいうが、若者は門を出て発っていく。年寄りは門の内側にいて見送る。若い二人はどんな後姿を見せて発っていくのであろうか。しっかりと見届けたいと楽しみにしている。

自然のままで――演じる仮面

子どもは仮面をかぶり、動作を伴って、その仮面の世界のものになりきっていく。そのときに顔面に用いられる仮面はひとつの固定された表情しかもっていないが、演じられることにより、その仮面にさまざまな表情がでてくるのである。

例えば、ウルトラマンは一つの表情しかもっていない仮面である。しかしそれが、決闘場面では緊迫した迫力のある顔に見える。相手を倒して両手を腰に当ててそびえるように立つ姿は、正義が勝つという誇らしい顔になる。ウルトラマンの仮面は様式化され、固定した一つの表情である。それが演じられることによって様々な表情がでてくる。演じられるということは、あるストーリーがあり、そのストーリーは喜怒哀楽の展開である。ストーリーの中の喜びや悲しみが仮面をつけて演じられる。仮面自体が表情をもっているのではない。笑った仮面をつけて悲しみにくれる場面を演じることはできない。無表情、中間表情の仮面をつけて演じる者が、仮面に息を吹きかけることによって表情をだしていくのが仮面である。だからウルトラマンも笑った顔ではなく、無表情、中間表情となっている。それゆえに喜怒哀楽のさまざまな状況のストーリーを演じることができる。そして仮面をかぶっている子どもがなりきっているからこそ、活躍する場面が生き生きと仮面にも表れてくる。こうして仮面は演じられてこそ完成するのである。

演じられることによって仮面が完成するということは、能面についていわれることである。世阿弥によって完成された能面は、その製作の技術が次第に高度になり、洗練され、深まったものになっていく。この能面をつけて、だれが、どのように演じるのかというような、それぞれの場の要請に応えて、能面も製作されるようになってくる。例えば、○月○日の夜、薪能で、演じるのはこの役者、どのような能舞台で、囃し方はだれで、燃える薪の明かりの程度はどのようであって、さらに、この演目での重要な意味をもつのはこういう場面であると、細やかに検討される。

舞台のどの位置でこういう動作をしたときに、薪の明かりの加減で、能面がこのような表情を浮かび上がらせる。この一瞬の情景を際立たせるための舞い、この一瞬のための能面である。ここにたった一度出遭えるか否かの瞬間が生じる、まったく一期一会の統合された芸能芸術である。観客もそれを納得理解して能の空間芸術に引き込まれていく。

それらは、よほど成熟した芸術芸能の世界のことといえよう。また、能面のみでその情景や表情が生み出されるというものでもない。あるいはまた、高度な技術でもって製作された能面だといっても、演じられる舞台でその面自体が固有の主張をもって、その面から発信するものが強すぎるとしたら、それはもう能という芸能ではなくなってしまう。面の自己主張が演者にまさってしまい、演じ手が面に負けてしまうのである。かつて、面打師の大塚亮治先生にお目にかかったとき、これと似た事柄について教えてくださった。

子どもの仮面は能面と同様に演じられて生きてくる。それは、仮面によって子どもがなりきっているからである。仮面は自己を演出してくれる。子どもは仮面をかぶることによって自己を消して安心感をもって、異なった自分になることができる。そして、言葉を発したり、動作をすることによって、自分を表現していく。自分ではない仮面の自己を演じているのである。そこでは日ごろの本人自身である場合もあるし、思いがけない自己表現がなされる場合もあり、自己発見となることもあろう。こうして新しいものが自己の中から引き出されてくる。それらは仮面によるはたらきである。

自分がもっているありのままの感情を、思うままに表現してもよいという約束の中で、自由に表出されていく自分がある。自分のままでいいよ、自然の感情のままでいいよ、ということにも気づかせ、そうするようにはたらきかけてくれるのが仮面である。

自然のままの美しさと仮面との関係について改めて認識させられたことがある。二〇〇六年二月に開催されたトリノオリンピックのフィギアスケートで、ゴールドメダリストとなった荒川静香選手。彼女はふだん笑顔を出さないと新聞記事にあった。その彼女がトリノの氷上を優雅に舞うとき、自然体の雰囲気があった。そして演技の半ばからの彼女に自然な笑顔が浮かんでいた。その表情は、身体全体の演技と共にとても美しく、また荘厳な感じも漂っていた。この瞬間に至るまでに彼女は長年練習を重ねて、悩みもし、苦しみもしてきたことであろう。それら諸々が全てここで昇華されたような美しさであった。自然に浮かんできた笑顔は彼女をより美しく輝かせていた。こういう美しさのある表情は、極めた者にだけもたらされるのかもしれない。表情は無理に作らなくってもいい、自然のままでいい、心のありようが自然に出てくるままがいい、とつくづく感じ入った。

表情の乏しい子に、いくら表情豊かにするようにと口で注意してもそれは到底無理なことである。子どもにいろいろなことを経験させて、心を揺さぶってやること、そういう場面を無理強いでなくいろいろにつくってやることが大事である。

子どもが心を動かし、ありのままの自己を自然に表出することができる、そういう機能をもつのが仮面である。

子どもの表情を読む（その一）——能面と子どもの表情

子どもの表情が無いとき能面のようだと言い、またマイナスのイメージをもって受けとめられことが多い。しかしそれは不適切なことであると考えている。なぜか。結論からいうと、能面も子どもも無表情だからこそ豊かな内面性を秘めているといえよう。

能面は決して固定された無表情のものではない。それどころか、内面性を情緒豊かに表出しているものである。だから、子どもの顔が無表情に見えていても、その内面にはどのような深い思いが溜められているか計り知れないものがある。そういうことを考えている。

第一は、能面の表情は無表情であるがゆえに、表情を豊かに表現することができる。

第二は、能面それ自体は無表情である。しかし、演じられて表情をもつのである。

第三は、能面は多種多様な表情をもっているものである。

第一、「能面の表情は無表情であるがゆえに、表情を豊かに表現することができる」について。

中村保雄『仮面と信仰』によれば、能が完成される以前の能面は「中世仮面はどれ一つとっても、その相貌は種々雑多であり一つとして同じものが無い」ほどであったのが、芸能に活用され一般に広まってくるにしたがって、固定化し、芸術的に完成されて現在の能面に至る基礎となった。

能が一つの物語として演じられるとき、その物語は演者の喜びの場面や悲しみの場面など多様な情景が織り込まれて展開していくであろう。そのときに、笑い顔の面をかぶっていては、他の悲しみなどの場面は演じきれない。あるいは、場面や状況に応じて面を次々と取り替えていては、能舞台の環境が壊されてしまう。面がある一つの瞬間表情をもっていては演じきれなくなる。そこに表情の無い面が作り出されて、演じ手によって表情を生み出していくという演出法が加わったのである。それが中間表情である。中間表情という名づけは野上豊一郎氏によるもので、無表情の表現形式の能面が、「演者の使い方によって、喜びの表情にも、悲しみの表情にも、快活の表情にも、憂鬱の表情にも変化し得る性質をもっている」（後藤 淑『能面史研究序説』）とある。

ただ、仮面史研究からいえば、「中間表情の仮面が喜びや悲しみを表現するためにつくられたものかどうか、それが室町時代初期、つまり世阿弥の頃に作られたとすれば、何故、世阿弥はその伝書に仮面の使用法について書かなかったのかという疑問が残る。」（後藤 淑『中世仮面の歴史的・民俗学的研究――能楽史に関連して――』）と、中間表情仮面がつくられたのは演出方法に伴うものかどうか疑問があることを、後藤氏は述べている。さらにそのことについて、「鎌倉時代、室町時代初期、末期と時代の変化にともなって仮面に対する考え方や、使用のしかたも自然に変わってきた。それは、宗教表現から美術表現へ、美術表現から芸能表現へという変化の中で能面の中間表情は考えてみる必要があるのではなかろうか。」（前掲書）とある。私はそこまで専門的な研究に深くないので、単に、中間表情をもつ仮面は演出によ

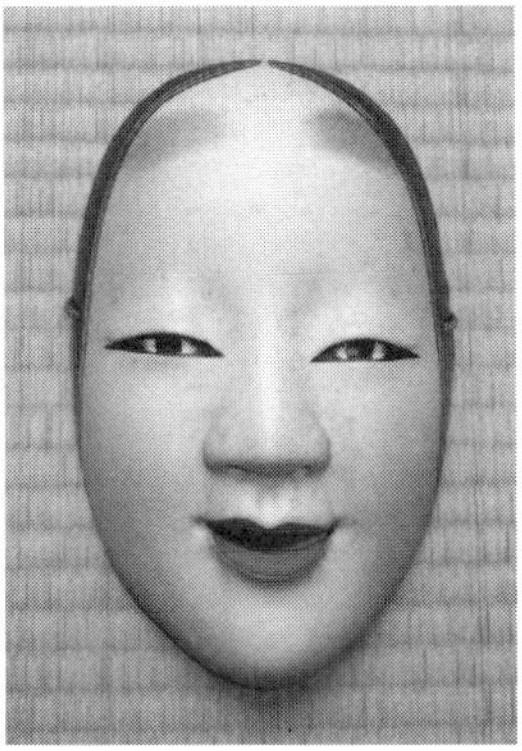
石津玉泉作「小面」
（筆者所蔵）

って喜怒哀楽の表情が豊かに表現されるものであると、とらえることにする。

第二、「能面それ自体は無表情である。しかし、演じられて表情をもつのである」について。

能面を芸術的造形物としてみるならば、それは掛けられた鑑賞用の面である。もちろん演じるためにつくられた面であっても、精神性の高さの感じられるものなどで鑑賞用としても立派に通ずるものもあろうと思う。ただここで、能面の表情を見ていく場合には、喜怒哀楽の感情の表出という視点で取り上げるので、演じられて表情が表れるということをあげたい。

能はいうまでもなく、能面だけで成り立っているものではない。謡、囃子方、能装束、能舞台、作り物や道具、などがあってその総合体により、舞い演じられるものである。演じるという動作の中の様々な表情は、小さなしぐさ、ほんの少し仰向く、うつむくといったようなちょっとした動きにつれて、あるいは演者の舞台での位置や照明の具合、など諸々の要素によって生み出されてくる。それらが観ている者に深みのある情感として漂い伝わっていくのである。

それと同様に、子どもの表情も総合体の中で表れるものである。生活している生身の人は、たとえその人が眠っていて呼吸をしているだけでも、その人の顔の表情が生じている。その人物の目鼻立ち、髪型、服装、体格、言動などの全てを含めた総合体の中で、表情について評価されなくてはならない。顔の表情だけでその人物評価をしては誤解も生じてしまうであろう。もっとも、ちょっと矛盾するようでもあるが、仮面性をもつ顔はペルソナといわれるようにその人の人格全てを象徴している。このことについては項を改めて述べる。

第三、「能面は多種多様な表情をもっているものである」について。

「まるで能面のように……」とマイナスの印象で表現されるとき、そのときの能面は、主として神霊を表現したものや小面などの、目の焦点の定まらない無表情や中間表情のものを指しているようである。しかし、能面とひとくくりにいってもその種類、数とも多種多様にある。「能面は無表情の面ばかりではない。喜怒哀楽をはっきりあらわした表情を瞬間表情というが、瞬間表情を表している面は能面の中で半数以上をしめており、その種類も極めて多い。にもかかわらず、無表情の面が能面を代表する面の如くいわれている。」（前掲書）と後藤氏も述べている通りである。

能面の種類は二五〇種類くらいあり、そのうち基本的なものは六〇種で、大別すると次表の六種類に分類することができる。

表情に乏しいといわれる子どもの表情についても、常に無表情なのではない。学校におけるある場面での、その子の表情がたまたまそうなのであって、無表情でいることが多くみられるということであろう。子どもは学校の中でいろいろな場で生活をしている。授業中、休憩時間、給食のとき、掃除のとき、あるいは、全校朝会で運動場に並んでいるとき、友だちといっしょにいるとき、など様々な場や状況の中に身を置いている。それぞれの場や状況の中で子どもは様々な外的刺激を受けている。それらに対して、いつも全く無反応でいるということは考えられない。大きく表情に出ないにしても、よく観察してみると、何かをみつめていたり、友だちといっしょに箒を使っていたり、友だちと顔を見合わせていたりするなどの時に、小さく表情が動いている。感覚障害があるなどの場合は別に考えなければいけないが、そこには、あからさまに表情に出ていないだけで、何らかの感情の動きが浮かんでいるものである。強く反応はしていないが、その子の内面には様々に動いている感情があるはずである。あるいは

能面の種類

系統分類	代表的な仮面の例
翁系 能面の中で最も古い発生。昔、神が老人の姿で舞った姿を表す	**翁面**（おきなめん） 上下に分かれた口を紐でつなぐ（切顎）。眉は丸い形をした白い房で飾られている
尉系 神が仮の姿に身を変じこの世に登場する老人の姿	**小尉**（こじょう） 脇能物の前シテ。神体になる品格のある老人の姿で表情がやわらかい
男性系 王朝の物語に登場する男性の主人公や平家の公達に使われる	**中将**（ちゅうじょう） 在原業平の顔を写したといわれる面。眉間の皺と殿上眉に王朝貴族の憂愁が感じられる
女性系 喜怒哀楽の表情がはっきりせず、中間表情をもつ。面を照らしたり曇らせたりすることで喜び、悲しみの表情を出す	**小面**（こおもて） 女性面の代表的な面。純真さ、処女の顔で年の若い面。整った髪は若い女性を示す
鬼神系 邪悪、悪霊、汚れ、邪心等を追い払う怒りの表情。天狗や神の化身を表し、牙がないのが特徴	**大飛出**（おおとびで） 眼球が飛び出ている。面全体は金色に塗り、躍動的な表現。陽性で豪快な神の面に用いる
怨霊系 戦いで無念の死を遂げた武将、殺生をして死後成仏できない亡者、嫉妬に狂う女性などで、目は金色に塗られ怪しさがある	**般若**（はんにゃ） 女性の怨霊と悲しさを表現する面。白眼全体を覆った金輪は鬼神の強さ、恐ろしさ、恨み、怒りを表す

HP. http：//www.iijnet.or.jp/NOH-KYOGEN/　より筆者作成

また、外的刺激が大きすぎて、それに対していちいち反応していては心が休まらず、しんどくなる。そういう場合には、あえて感情を動かされないように自己防衛をしてしまうこともある。悲しくても悲しくないように振舞うと、心はひどく動かされずに、落ち込んでしまいそうな悲しみから自己を守ることができる。それは根本的な解決ではないけれども、一時的にでも安らぐ道である。子どもが感情を表情に見せていないということは必ずしも否定的なことではなく、反対に様々な思いを秘めていることをきちんと受けとめていく必要がある。

○　表情を表すことの無かった子ども

三年生を担任していたときのこと、二学期にYさんが父親の転勤で転校してきた。彼女は一言も言葉を発しなかった。二日目になっても同様であった。表情も無かったが別に苦しそうだとか、辛そうといった様子でもない。数日は学校の様子がまだわからないことからくる戸惑いのふうはあっても、周りの友だちを見ては教科書や色鉛筆を出したりするなどしていた。保護者に電話すると、以前の学校でもおとなしく、授業中に手を上げることはなかったとのこと。しかし、友だちと話したり、いっしょに遊んだりはしていたとの母親の話。驚いたのは、家では幼稚園の年中組の弟とは大声で喧嘩をしたり、家族とも普通に話しているということであった。学校医の先生に相談すると、そのような状態を場面緘黙というのだと教えられた。

「家では普通に話すことができるし、心配いりません。特に女の子は中学生になると喋りすぎるくらいになることはよくあります。話すことを強要しないでいけばいいです。」

その言葉を母親に伝えて、心配しないで見守っていこうと話した。学級の子どもたちには、

「Yさんは学校にいるとお話しできなくなるそうです。でも家ではちゃんとお話しできるから心配しないでいい

です。お話しできなくてもYさんは学校のことはわかっています。みんなもYさんのことをわかってあげようね。」と話した。ある日の帰りの会のとき、K君が手を上げた。

「今日体育でころがしドッチをしたとき、Yさんが笑っていたのでよかったです。」それを聞いて、「あ、私も知ってる。声聞いたよ。小さかったけどね。」という声もあった。みんなでYさんに拍手をおくった。

子どもというのは偉いものである。ちゃんとYさんのことを心にとめて、担任が気がつかなかったことも見ていてくれるのである。かわいく、ありがたいと思った。

しかし、Yさんはその学年が終わるまでとうとう一度もものを言うことはなかった。担任したのはそのときだけであったが、小学校を卒業するまで学校では一切話したことはなかったのである。そして、なんと、中学校に行くようになってからYさんは普通に話すようになったということを後で聞いた。やはり学校医の先生が言われた通りであったと、ほっとした。しかし、無理強いはしてはいけないけれど、もっと早い段階で何かしてやれることはなかったのかとも思った。転入当初の固い表情は直ぐに取れて、ふつうの表情で時には少し和んでいるような表情も見られた。学校生活には何の支障も無かったからいいようなものであるが、一体彼女はどんな思いで学校生活を過ごしていたのであろうか。何かしんどいのではないだろうか、という心配は大人が思うだけで本人はことさら何も無かったのかもしれないが。

その無表情の仮面の下にはどんな素顔が収められていたのであろうか。表情には表していなくても、授業中に自分の考えをもっていたり、「あっ、これどうなるの?」と戸惑ったり、「わからないよ、聞きたいよ」、と思っていたり、とYさんは心の中でいろいろなことを思い、自分の言葉をつぶやいていたことであろう。無表情といわれる仮面の内で、実は様々にあふれる思いを語っていたYさんがあったであろう。作文も絵もかいて、宿題もきちんとやっていた。クラスのみんなと同じ子どもであった。書くことができるのは決して感情がはたらいていないという子どもではないということでもあった。ただ、自然のままに表せなかっただけである。彼女の感情を表す装置のところに何かがひっかかっていたのであろう。

彼女は大人になってから、子どものころのことを振り返って、あの頃なぜ学校で喋らなかったのか、ということの理由をふり返って言えるかもしれない。彼女は、そのような子ども時代を過ごしたということは、他の子にはない深い経験を積んだということである。その後の人生の中で、その深みのある感性で、ものごとを考え、判断することができるようになっているだろうなと思う。

子どもの表情を読む（その二）——感情の表出

「あの子はとても感情が豊かである」、「この子は表情に乏しく子どもらしさがない」、などという表現で学級の子どもを評価することがよくある。ここでは、「表情が豊かである」ということについて、子どもの疑問をもったときの不思議そうな顔つきや、何かおもしろい場面では大きく口を開けて笑ったり、友だちの振る舞いに腹を立てて頬を膨らませて怒ったりするなど、自分の感情をそのままに表情に表すことを、プラスのこととして評価している。反対に、あまり感情を顔に表すことがなく、みんなが笑うような場面でもあまりおかしいような顔をしていなかったり、友だちの言動に対して反応した表情をしていないなどの場合に、この子は表情に乏しいといってマイナスに評価している。

このように表情が豊かであることがプラスで、表情に乏しいことがマイナスであると評価しきってよいものであろうか。もちろん、無表情であることが多く見られるならば、何か感覚器官に異常はないかと専門的な機関に早めに相談する必要がある。ここではそのような病理上の場合は除いて、子どもの表情と内面性について考えてみたい。

○　子どもの感情表出について

子どもは成長するにつれて様々な生活経験を重ね、自分の感情をありのままにおもてに表すことはしなくなる。社会生活をする人間としての仮面性を自分の顔に備えてくる。それは子どもの成長であり社会化である。つまり、子ども時代だからこそ、ありのままの感情表出が許される。また子どもは、素顔、直面《ひためん》だからこそ、その折々の感情が顔の表情になって表れやすいといえる。直面もひとつの仮面であることに違いはないが、社会化に伴う仮面のうちのまだ初期のものととらえる。この直面に内面性がありのままに表されることがなぜ必要なことなのであろうか。

その時の感情は、その時でしかもつことができないものである。したがって表出するのもその時だからこその感情である。子どもはどんどん成長していく。新たな経験の中で次々に新しい感情をはぐくんでいく。だから、うれしい、ああびっくりした、などの喜びや驚きの感情をそのままに顔や身体に表出していくことは、その心を解放させることにつながっている。恐怖の心も外に表出することによって、心の中にしこりとして残すことも和らげられるであろう。

子どもは目の前の現実に自然のままに反応することで心を解放することが必要である。感情を抑えたり、無理に現実に対応させたりすると、感情を心の中に溜め込んでしまうことになる。それらが、後によい子の仮面をかぶってしまったり、自己逃避の仮面をかぶることになったりして、精神発達に問題が生じることもある。影山任佐は『仮面をかぶった子供たち』で、少年の非行の問題や犯罪を、家族のあり方の問題から取り上げて、子どもに仮面をかぶらせてしまう人間関係について論じている。氏は、「よい子」という仮面の裏の少年非行について次のように書いている。

「親は子供が自分のまえでみせる仮の姿だけをみていて、『自分の子供は大丈夫』と思っていたものの、本当は悪い仲間と遊んでいて、度のすぎたいたずらをしていたり、犯罪一歩手前のことを繰り返していたりということが少なくないはずです。この見かけだけのよい子の犯罪で共通しているのは、親にわからなければいいんだという意識があるためか、罪悪感に乏しく、心理的葛藤がないことです。」

ここには子どもによい子の仮面をかぶせてしまった親と、よい子の仮面を親の前で演じている子どもの両者が、共に仮面をかぶりあっている姿がある。子どものありのままの本当の姿を見ないで、自分自身にとって都合のいいようにだけ見て育ててしまっている。早々と子どもをいい子にすることは、子どもの心の発達によくないことだと思う。しかし、いい子に育てている場面は多く見られる。例えば、子どもどうしが殴り合いの喧嘩を始めたらすぐに止めさせてしまう。また、双方の理由を聞くことなく、まず互いにごめんなさいを言わせる。これでは子どもの心の中に鬱憤が溜まるだけである。また、少子化の今日ではきょうだい喧嘩をして発散させるという場をもたないで成長していく子どももいる。子どもは戦いの場や、相手をやっつけて優越感をもつことなども好きである。しかし、戦いはよくないことだからと、戦車を描いた一年生の子どもに対して、こういう絵をかいてはいけませんと注意した先生もいる。もちろんそこでは戦争ごっこも禁止となる。小さい頃にこういう経験をしたから好戦的な子になるという短絡的な事柄ではないであろう。

子どもの時に蟻んこを踏み潰したり、トンボの羽を体の両側から引っ張ってとってしまったりする、などの残虐な遊びを経験したことがある人も多くいることであろう。それは、その年頃だからこその興味や関心をもって経験するのである。それを大人の善悪の感覚で止めさせると、その年代での残虐性が自分の内にもあるという自覚を経験しないで大きくなってしまうことになる。子どもは残虐さを知ったからこそ、後味の悪い思いを味わったり、小さな痛みを感じたりもする。それらはことさらしこりとなって残ったりするような大袈裟なことではなく、子どもだからこそ、そのうちに忘れてしまう明るさを伴っているのである。こういう経験をいろいろに積み重ねていきながら、可憐な花を目に留めたり、蟻の行列に見入ったりして、様々な感情を自然に学んでいくのである。

また、今日のように物質的に満たされた中で育っていく子どもたちは、もろもろが充足していて、すべてが当たり前のこととしてさして感情が動かない。充実しきった環境の中にいた子どもが、学校の集団生活に入り、自分の思うようにできない場面が多くできてくる。すると、反発したり、自分の内に引っ込んだりしてしまうことになる。世の中には自分の思い通りにはいかないことがあるのだということを知ると、我慢をしたり、どうすれば自分の思いが叶えられるのかと知恵をめぐらせたりするようになる。時には大泣きをして、気分がすっきりとなったりもするだろう。そういう諸々の経験が、子どもの豊かな感情をはぐくんでいくことにつながる。

自分の感情をありのままに、自然に天真爛漫に表出しきっているのが、赤ん坊であろう。おなかがすいたと大声で泣き、さびしいときはお母さんの顔が見たいと泣き、おしめが濡れて気もちが悪いと泣き、眠たくなったらむずかり、とその泣き声や泣き方も様々である。赤ん坊が泣くというのは、彼が生きるための大事なサインである。成長するにつれて言葉を覚えて、泣くこと以外のサインを周りの大人に発することができるようになっていく。悲しい時に泣くということは、成長してからも感情表現のひとつとして大事なことである。しかし、悲しく辛いときに泣き顔を見せずに、反対ににこにこと笑っている子がいた。その子の笑顔の仮面性や、仮面の下の素面を読めなかった苦い経験がある。

○ぼく、ほんとはね……

教員になって三年目のときに受け持った三年生のM君は、休憩時間になると、生活ノートの日記に返事を書いている私の机のところによく来ていた。M君はやさしい性格であったが、特に仲良しという友だちはいなかった。時々遊ぼうと誘われても「ううん、いい……。」と私のそばにいるということがよくあった。そして、朝学校へ来る道でモンシロチョウを見たんだとか、どこそこで子犬がいたよ、といったことを話していた。私は、そうなの、と生返事をして、時折り彼の顔に目を上げて、せっせと日記に返事の赤ペンを走らせていた。彼はお構いなしに、「あっ、○君の日記だ。同じ班だよ。」などとひとり喋っていた。

ある日のことだった。その日も私のそばに来て机に両手を置いて、身体をぴょんと飛び上がらせて、イテテと小さく言った。「どうしたの?」と目を上げるといつもの両頬にエクボのあるM君の笑顔があった。私は再び机のノートに目を向けた。その時ノートの端にあった彼の手が目に入った。その手の甲の真ん中くらいに赤紫色がかったアザのようなものが見えた。

「これ、どうしたの?」と手を伸ばすと、

「なんでもない。」と彼はさっと手を引っ込めた。そしてエクボをみせて笑っている。

そのM君が三年になって三カ月たっただけの六月に転校することになった。休憩時間にみんな外へ遊びに行って

だれもいない教室で、

「ぼくもう今日でさよならだよ。」と私に言った。

「そうなんだねえ……」私はペンを置いて彼を見た。

「あのね、前、ぼく手にケガしてたでしょ。」一瞬何のことかと思った。

「あのね、お父さんがタバコをつけたんだよ。」

「えっ！　まあ……」

「ほんとだよ。」私は何も言えず彼の顔を見ていた。

その時の彼の顔からはエクボが消えていたように思う。ちょっとして、

「じゃあね、トイレいってくる。」と、彼はいつものエクボの顔で教室を出て行った。

お母さんと二人でよそへ行くんだといっていたのは、もしかしたらお父さんと別れるということだったのか。

M君のことをなんにもわかろうとしなかった担任であった。児童虐待というようなことが社会問題となっている今日ならば見逃すことはなかったであろう。あの時は自分の仕事を処理することで精一杯であった。限られた時でしか子どもと接することはできない大事な場がいっぱいあったというのに。子どものことはなんにも目に入っていなかった。しかも、M君はしばしば担任のそばにきていて、手に傷を負っていたりと、様々なサインを見せていたのに。後で思うと、彼のあのやさしそうな笑顔がどうもさびしい笑顔であったように思えてしかたない。エクボの笑顔仮面の下の素顔を見取ってやることができなかったことを申し訳なかったと、今も思う。

しかし、あの時たとえ子どもの顔をきちんと見ていたとしても、やさしい笑顔のM君の心の内を読み取ってやることができていただろうか。たぶん、なにも読めなかったと思う。それはひたすら、自分の担任としての未熟さで

ある。そういう中で子どもの表情を読み取ることの難しさを改めて思う。それは子どもが学年を上がっていけばいくほど難しくなっていくであろう。

子ども時代だからこその、様式化されていない、発達の途上にある顔。担任は、子どもの素顔も様々にあることを、先入観なく受け入れていくことができるようでありたい。その子のかけがえのない子ども時代を満足、充実させてやりたい。未熟、未完成だからこその限りない将来性が広がっている。

子どもを早々と完成させようとしてはいけない。子ども時代に内面からあふれてくる様々な表情を、そのままに自然のままの感情を出していいよと、育ててやりたい。そういう子どもの自然の感情を養っていくことに役立たせることができるのが、仮面である。

楽の章　学校生活と仮面

学校生活と子ども

子どもが小学校に入学するということは、子どもが社会生活を自覚的に生きるという時代に入ることである。その子どもの親にとっても新たな親の仮面の役割が生じてくる。それまでの幼児時代は、ひたすらしつけによって仮面を脱いでは社会化を図り、成長してきたのである。それに対して学校教育機関のもとでは、同年齢集団の中での教科の学習や集団生活などによって社会化がなされていく。子どもは学校生活集団に適応しつつ、自己を開発、創造していくという複雑な組織の営みの中に組み入れられていく。

学習活動、当番活動などの、学級単位の組織活動や、さらにもっと大きな集団での運動会、遠足、儀式などといった学校全体の組織における行事などを通して、様々な活動によって自己が試され、ゆさぶられて、新たな自己が創り出されていくことになる。

それらの活動場面では、自分の作り上げた作品や言動など諸々が、先生や友だちによっていろいろと評価される。「すごいね」「いいものができたね」「もう少しこうしてみたらいいよ」「ここをよく見てごらん」「よくがんばっているね」「ちがう考えはないかな」などと、様々な評価を受けつつ子どもは自己を振り返ったり、再度挑戦したり、反省をしたり自信をもったりすることなどを重ねて、自己を自覚しつつ成長していく。

そのような学校生活の中で子どもは多様な仮面をかぶることになる。例えば、話し合い活動の場面の仮面は次のようなことが考えられる。

「こういう場面では、みんなと同じように発言するのがよいのか。」

「Aさんはあのように言っているけれど、自分は違うように思う。自分の考えを言おう。」

「言いたいけど言えない。恥ずかしい。」

こういった内面の活動がひとりひとりの子どもの仮面の中で行われている。

自分を励まして手を挙げる場合もあれば、黙ったままの場合もあるし、せっかく挙手しても指名してもらえない場合もあるだろう。そういったとき、子どもは自分の思いを心の中で発言していたり、なだめたり、当ててほしいと小さく叫んだり、と様々に反応しているのである。

話し合いの場面では、話し合いのしかたのルールにしたがって行動していく。発言するときはみんなの方を向いて、自分の考えがわかってもらえるようにと言葉を考えながら言う。または「私の言いたいことはこうです。Bさんはどう思いますか」と友だちを指名したりもする。これらは話し合いをするときの活動の仮面である。

もう一つの例は当番活動のときの仮面である。教室の掃除当番は、まず机椅子を教室の後方に下げて、箒の係りの人が前から掃いていく。雑巾の係りはバケツに水を汲んできて机を拭いていく。「掃いたよー。机を下げて。」の声に机の係りが、机椅子を前に移動させる。このように子どもたちは掃除をするという手順にしたがって掃除を行っていくのである。このとき、「面倒だな。」「教室当番より運動場の方がいいのに。」などと思いつつもせっせと掃除当番を進めていく仮面の自分がいる。自分自身が掃除当番をしているという仮面をかぶっているからこそ、さぼっている友だちをみつけたら「Tさん、ちゃんとやって！」とすかさず注意せずにはいられない。仮面とともにある掃除当番という様式がそうさせるのである。

子どもの大好きな遊び時間も同様である。時間をきちっと区切られた学校生活の時間割の中における遊び時間である。限られた時間いっぱい最大限に遊びたい。休憩時間になったら手打ち野球をしようと約束していた仲間と目配せをして教室を飛び出していく。そのとき、「ダメ！　まだノートを出していないでしょう！」といった叱責の声が飛んでこようものなら、仮面をかなぐり捨ててチクショウ！　と叫んでしまう。本当に叫ぶか、心の中でわめくのか、その場の状況によるであろうが。いずれにしても手打ち野球の仮面が無理やりに剥ぎ取られた、やりどころのない無念さがその子の体全体から沸き立ってくる。

遊びのときはルールに則ってゲームを楽しむ。違反する者を許さない、たびたび違反する者を次からは仲間に入れない、と冷たく言い放つのも遊びという仮面をかぶりあっているからこそである。

このように子どもたちは、学校生活の様々な場面においてそれぞれの仮面をかぶり分けて生活をしている。学校生活の中の子どもの仮面は、それぞれの場で子どもに意識づけられ、子どもは自覚的に仮面をかぶっていくのである。仮面といっても本物の仮面を顔面にかぶるのではない。場や状況に応じた仮面を心理的にかぶることによって、その仮面の役割を演じるのである。こういう仮面をかぶり分けながら子どもは学び成長していく。

学習の中の仮面

教育活動の場面で仮面が取り扱われると、子どもたちの学習は非常に生き生きとしたものになってくる。仮面が物として形をもって現れるのは教科の学習である。図工科では一年生が造形遊びで紙皿を使って仮面作りをする。紙皿を顔にみたてて目や鼻を描いていく。その表情は、なぜかその子の顔にそっくりに描かれていることが多く、感動させられる。生活科では、「秋みつけ」で地域探検をして拾い集めてきた草木の実や葉を使って遊びたいものを作る。そこでは仮面が作られることも多くある。

このように低学年の子どもたちは仮面が好きである。仮面を作ろう、と指示されなくても無意識に顔面を描いてしまう。顔面に対する何かの作用が、描くという行為の中に流れているのであろうか。

国語科でも仮面が扱われる。物語文の中の登場人物の仮面を作り、それをかぶって音読表現を行ったり、登場人物の心情を読み取ったりする学習活動がある。子どもたちは仮面をかぶるとがぜんなりきってしまう。一年生の「たぬきの糸車」の学習で、主人公のたぬきの仮面を各自が作ったことがある。糸車の回る音につれて、障子の破れ穴から覗いたたぬきの目が、キーカラカラ、キークルクルと回る、という場面を、読み手とたぬきに分かれて何度も繰り返し読みあって、物語文の面白さに浸った。その後もこのままたぬきさんになっていたいと言い、とうとうその日は全員がたぬきの仮面をかぶったまま、給食も掃除もと下校まで過ごした。すっかりたぬきになりきった子どもたちの一日であった。

社会科では仮装を取り入れたものがある。六年生の歴史学習のとき、「なぜこのとき戦いが行われたのだろう」という課題に取り組んだことがあった。戦略を考える場面を家臣たちが協議する場で、役割演技によって意見を交わし合った。画用紙で簡単に作ったチョンマゲを頭の上にのせたとたんに、片膝をついて「お館様……」と語りだしたK君に教室中が沸いて、その後の話し合いも大いに盛り上がっていった。仮面でなくてもこのチョンマゲという変装によって、子どもは歴史上の人物になりきっていくことができたのである。

道徳教育の時間ではしばしば仮面が活用される。題材の中の、人物の思いや心情に寄り添って考えていくときに、仮面を使った役割演技が効果的である。演じることによって、登場人物の葛藤場面を様々に自分の思いとして言葉に表現することができる。「このとき○さんはどんな気もちだったのだろう」と、主人公の気もちを考える場面でその主人公の仮面をつけて心の内を言葉にしていく。発せられる言葉は、仮面をつけている子の経験から引き出された心情でもある。仮面の主人公になりつつも自分自身の内面をみつめた言葉なのである。

このように、心情を掘り下げていく場合に仮面は効果的な役割を果たすのである。

演じることと仮面

子ども学びに仮面はどのように作用しているのであろうか。

まず第一にいえることは、仮面をかぶることによって自己を自覚することができる。その仮面になりきって、その仮面を演じる。仮面の役割を演じること、それは自分自身の思いを仮面を通して表しているのである。そこでは自分の内にあるものが自分の言葉として表出される。それが自己を自覚することにつながるのである。

第二に、自己の中の他者に気づかされる。仮面をかぶって演じることによって、普段の自分とは異なった自分になって言葉を言ったり動作することがある。仮面になりきることによって、思いもよらず他者を演じている。こうして自己の内の、別の自分を他者として自覚することになる。

第三に、自己を客観視することができる。仮面をかぶることによってありのままの自己を演じるということ、他者になっている自己に気づくということ。これらは、仮面によって自己を客観的にみつめることができるということである。

第四に、仮面により多様性が引き出されていく。仮面によって多様に演じることは、自分が事態や状況を多様にとらえることができるということである。これは、友だちが演じるのを見ている子どもたちの側からもいえる。Aさんの場合、Bさんの場合、などそれぞれの友だちが演じることによって、同じ場面でありながら状況が異なってくる。一つの同じ事態であるのに、このように演じあうことにより多様な状況としてとらえることができる。

第五に、友だちどうしの理解が深まるということがあげられる。演じるということは、隠そうと思っても隠し切れないその人が表出してしまうものである。仮面をかぶってしまって、その友だちのいつもの表情は見えないにもかかわらず、その友だちの個性がしっかりとそのまま出ているのが認められる。またそれとは反対に、見慣れたいつもの友だちとは異なった面が出ていることに気づかされることもある。おや、こんなところもあったのかと驚かされたりして、別の面を知る場合もある。

いつもはほとんどしゃべらない子が、自分もキツネになりたいと手を上げて前に出てきたことがあった。キツネの仮面をかぶり小さな声でものを言い始める。教室中静まり返って聞き耳を立てている。そしてキツネの仮面を外したとたんに、拍手が沸き起こった。彼女のはにかんだ顔にみんなのほっとしたような表情が重なった。Oさん、がんばったんだ、やればできるんだという温かい雰囲気に包まれた。

仮面は演じることができる、その子なりになりきることができる、不思議な力をもっているものだといえる。だからこそ、子どもたちの学びあいが成立し、友だち理解を深めることができるのである。

子どもたちの学習は楽しいものでありたい。それは、「おや？　どうして？」「なるほどそういうことだったのか」という疑問や驚きをもったり納得するなどの、手応えのある学びにつながるものでなくてはならない。その手応えのある楽しい学習につながることができるのがこのパワーをもった仮面である。

自分が演じることそのものによる喜び。見ている人に自分とは違う他者であると思わせることの喜び。これは遊び心であり、たのしみでもある。この遊び心を仮面は教えてくれる。遊びやたのしみは人間の生活に潤いや深みをもたらせてくれるものである。それは文化ともいえる。文化は人間の生活が続いていく基礎となり、人間の心のよりどころである。文化につながる楽しい学びへと導いてくれるのが、仮面がもっている魅力に他ならない。

子どもたちの仮面

子どもはひとりひとり多様な仮面をかぶりながら生活している。そういうことを意識しないでも教員は、しばしば次のようなことを口にしている。

「子どもを理解するには、子どもの一面だけをみてはいけない。多様な面を見て子どもを育てていかねばならない」

教員仲間でも、保護者に対してでもそのように話している。一つの面のみがその子の全てではない。いくつもの面からみて、総合的に子どもを理解しようと言っている。ここには、子どもの仮面を認めており、しかも子ども個人のもっている仮面の多様性を認識しているということが明確に表されているのである。

では、子どもは何のためにいろいろな仮面をかぶるのであろうか。子どもは遭遇するそれぞれの場面に、自己を適合させたり、またはその場面に対して自らが働きかけたりする。それらの活動のために仮面が必要なのである。仮面によって自己防衛をしたり、他者になったりしながら、次の自己へとたち向かっていくことができる。現在の自己のために、そして新しい自己の創造のために仮面が活躍していくのである。現物の仮面をかぶっているのではない。しかし、あたかも仮面をかぶっているかのように多様な仮面の自己が生み出されていく。

仮面をかぶらないのを、能楽では直面《ひためん》という。それは実際には仮面を物理的にかぶってはいないが、直面という仮面をかぶっているということである。学級の友だちの前で、格好良く振舞いたい、自分のことをよく見られたい、という思いが働いて表現をする。または勇気を出して弱い自分を励まして人前でものを言う。そういうときの子どもの顔は緊張していたり、真剣な面もちで立っていたりしている。直面の中にも普段の顔や緊張の顔など様々な仮面がみえている。

子どもはこういういろいろな仮面をかぶってそれぞれの対象にコミュニケートしていく。決められた仮面の様式に則って仮面を演じるだけではなく、場面場面で、自分の感性で新しい創造性を加えて自己を表出していくのである。それぞれの仮面をかぶり分けていく。この幾多の仮面があって子どもの社会生活が営まれている。

社会生活の中で、場や時に応じて行動するということは、自己と他者との距離を測り、より良い方法で自己をそこに置くことである。これはまさに仮面によって社会生活をしているといえよう。仮面をかぶることによってコミュニケーションをはかっていくということにつながる。

社会生活の場では、時には私を抑えてみんなに合わさねばならないこともあろう。内心不満があってもみんなで決めたことだから、と自己を納得させていくこともあろう。また反対に自己を抑えるのではなく、昂然と自己主張をしていかねばならないことも生じる。みんなの前で自己主張をする場合には自己を鼓舞することも必要となろう。このようなことは、公民的資質の基礎につながっていくものである。私を抑えて公に向かわせる部分もあろうし、また私を活かして公とつながっていくことに向かうこともあろう。この公民的資質の基礎を育成するために仮面を積極的に活用していくことができるのではないかと考える。

子どもはさまざまな時や場面に応じて社会化を図りながら一人の人間として成長していく。仮面によって自己を認識して他者とのコミュニケーションのしかたを学び、対人関係のありかたを多様に築いていくことができる。社会的人間としての自分をよりよく生きていくために、学習の場に仮面を積極的に意識づけて活用していくことはおおいに意味のあることだと考える。

国立民族学博物館の吉田憲司先生に、子どもたちは「いろいろな仮面をもって生活している」ということを話すと、次のように指摘していただいた。

――いろんな仮面ということは、いろんな役割りをもっている、とはいえよう。仮面により、役割り、表現のしかた、言葉づかい、表情も違う。「仮面をもっている」というよりも、「きみたちはいろんな場面でいろんな役割りを果たしている」という方がよいのではないか。――

仮面をかぶるからといって、そのなかみの主体者がそのつど変容してしまう、ということではない。仮面のもつ役割りを演じることである。子どもたちにありのままの自分でいいんだよと、語りかけるときには、いろんな仮面をもっているからいろんな場面で自分の思う仮面をつけていいよ、と言ってやりたい。そして中学生くらいになると「役割りを果たしている」と、自信をもつことにつないでやりたいと思う。

自分の仮面を手に入れるのは、いろいろな場を経験していくことによるものであろう。子どもが小学校、中学校、高校と学校生活とともに交友関係も拡大し多様化する中で様々な場での自分の役割りがもたらされる。そこで新しい仮面を知らず知らず獲得して生活を営んでいくようになる。新しい仮面の獲得は、自分の人生を豊かにしていくものでもあろう。

吉田先生の著書『仮面の森――アフリカ・チェワ社会における秘密結社、憑霊、邪術――』の中で興味深い写真に目がとまった。

アフリカ・チェワ社会の儀礼行事にともなう仮面舞踊には、死者や野生動物などの仮面仮装が登場している。その中に、自動車もある。なぜ伝統的な儀式なのに自動車が？

――それは、けっして近年の文化変容による伝統文化の崩壊の表れではなく、自動車などは彼らにとっては異界のものである。自分たちの今までの世界になかったものをいちはやく取り込んで解釈する、ということ。自分たちの生活にかかわることだからこそである。取り込めばその仮面もなくなる。まだ憧れや手の届かない存在である限り仮面は存在する。――

ご多用の中を時間をつくってくださった吉田先生には、仮面の解釈など多方面にわたって教えていただいた。

公民的資質をはぐくむ

人々が社会生活を円満に営むには、自己が活かされて他者も活かされるという、自他ともに充実した関係が成り立っていなければならない。どちらかが一方的に我慢を強いられたりするものではない。また、私どうしの一対一の関係においてもしかりである。金　泰昌　先生が主導して編集された『公共哲学』シリーズで、「活私開公」という視点で新たな公と私のありかたをめぐって述べておられる。この私と公の関係を理解していく上で、仮面が生きてくる。仮面によってまず自己認識をするということができる。そして、仮面によって他者になることができるということでもあろう。

小学校教育は、子どもひとりひとりの人格の完成をめざして行われる。そこで、各教科、教科外など学校教育全体の指導を通して、ひとりひとりに教科の内容の知識や能力を身につけさせて、自分で考え、公正公平に判断し、主体的に行動できる能力や態度を育てていくのである。

教育活動は子どもの能力を引き出し伸ばしていくようにし、それとともに平和的な国家社会の形成者としての人格の完成を期すことが目標とされている。ここでいわれていることは、子どもに知識や技能を身につけることにより、個人の能力が発揮されてよりよい社会を形成していくことにつながるということである。しかしいま振り返ってみると、子どもの個性を引き出すどころか、個を集団に協調させる、埋没させてしまうという指導であったと反省せざるを得ない。

昆虫が大好きで、毎日のようにダンゴ虫、青虫、蝉の抜け殻などを持ってきて机の上に置いていた二年生のDくん。算数の時間でも国語の時間でも昆虫図鑑を広げて見ていた。みんなと同じようにしない、我慢をしないわがまま な子。自分勝手で自己中心だと、学級担任もクラスの子どもたちも思う。

個性を大事にといいつつ、みんなと同じ歩調がとれなかったり、自己主張が強かったりすると、「協調性がない」といってマイナスの評価を下す。

集団で行われる学習活動は、個を個として屹立させるのではなく、ひたすら全体に合わせて行われる。そうでないと効率よく学習を進めることができない。だから、「みんないっしょに　なかよく」行動するように指導する。ひとり外れて自由にする子がいるとスムーズにいかない、みんなの活動ができないのである。

『みんななかよし明るいクラス』をめざしている学級で、終わりの会に「いいとこみつけ」が行われる。今日一日の学校生活で友だちのよかったところを発表しあう。

「○さんが消しゴムをかしてくれてうれしかったです。」

「○さんは給食当番で食缶をいっしょに持ってくれました。」

などが紹介されて拍手しあう。よいところをみつけることは大事な視点である。しかし、これだけをずっとやっていると人権尊重どころか、よい子ごっこに堕ちてしまう危険性がある。

子どもの学校生活は心地よいことばかりではない。些細なことで喧嘩になることがしばしばである。さっさと掃除に取り掛からないで遊んでいる、手打ち野球の仲間に入れてくれない、こそこそ話をしていやな感じ、こういった様々な出来事をどのようにクリアしていくかが大事なことである。その過程でお互いのことを知り、自分とは違う友だちの姿をありのままにみていくことができる。よい子の仮面だけでなく、その下の素面をお互いに見せあっていくことができるのが、子ども時代、小学校生活である。いろいろな仮面の行動をし、互いにその仮面を剥がしあったり、付け替えたり、素面になったりしながらのぶつかりあいが学校生活の中で繰り広げられる。全員にいっせいによい子の仮面をつけるだけの指導をしてはならない。みんなに同調させるということは、みんな同じ考えにするということ。それは結局自己同一性の集団にするということである。そこでは異質的な者は排除される。個は集団に従属しており、個は集団の中に埋没しているのである。個が生かされて集団が活発になることにつながらない。自分を抑えて全体に合わせる、滅私奉公に他ならない。公共哲学で金　泰昌　先生が繰り返し言っておられる「活私開公」は、私と公とは対等である。私が活きて公が開かれていく。私と公とは、お互いに与えたり与えられたりの依存関係で成り立っている。それぞれの私がもっている個性を最大限に発揮すること、そのことが公が開かれることになる。

子どもたちの私と公の関係性は、多数決によって物事を決めるときにも現われる。多数決は民主的な方法であり、それによって決められたことにはみんな従うということは納得了解されている。しかし、そこには少数意見が消去されてしまうというジレンマがわだかまることもある。

五年生を担任していた時の、学級会でのこと。

月に一回お楽しみ会をもとうということで、一学期に二、三回野球やサッカーのスポーツ会を行った。お楽しみ会のねらいは、「みんなで仲良く楽しんで親しくなろう」というものである。次回の計画について話しあった時、不満の声が上がった。いつもスポーツだけでつまらないと言う。もちろん今迄もゲーム大会、お楽しみ劇会などの案は出ていたが、多数決の結果圧倒的多数でスポーツに決定するのである。それでは少数派はずっと我慢していかねばならない。みんなで仲良く楽しもうということにならない、お楽しみ会などもうしたくないとまで、つぶやく。ひとしきり意見が交わされ、司会者が「ではどうしたらいいですか？」と促しても重い雰囲気に包まれてみんな押し黙ってしまった。そろそろ出番と、

「スポーツとゲームと両方やったらいいでしょう。」と言うと、エッと驚きの声が上がった。

「時間がないよ。」

「二時間あげます。でもその代わり次の月のお楽しみ会はなくなるけどいい？」

クラス中大歓声である。その後スポーツの部、ゲームの部と分かれて準備について話し合いが進められていった。

「先生、アタマいい！」何人かの子が後で満足そうに言ってきた。

子どもたちにはAかBか、正しいか間違いかという二者択一の学習が身について育っている。そこでは自分を抑えねばならないということも学ぶ。それも大事な学習である。しかし、少数派はいつまでも不満をくすぶらせるしかないのか。少数意見も生かされる方法はないのか、そのためにはどうしたらよいのか、という建設的な思考法を学ぶと次の道が開かれてくる。

滅私奉公ではなく、私が活かされ、新たな公が開かれる。そこでは公が成り立つように、私がお互いに責任をもって計画、実行していくことを意味している。私の能力が発揮され公も成り立ち、調和的な世界が開かれていくことを子どもたちに実感して理解させたい。それが、民主的平和的な国家社会の形成者として主体的に生きていく能力を養うことになる。

社会科教育では、公民的資質の基礎を養うことが究極の目標である。ここでは「国際社会に生きる民主的、平和的な国家・社会の形成者」（『小学校学習指導要領解説　社会編』平成十一年版　文部省）と、これからの子どもたちには国際的な視野を備えた資質が求められている。

社会は自己と他者との関係性で成り立っている。子どもは自分に関わる他者との関係性を築き広げながら成長していく。乳幼児期の親との一人称の世界から幼保育園・小学校期になると二人称、三人称の世界に入っていく。三人称の世界になると、自分と他者や他者どうしの差異性に気づいてくる。自分とは違う人がいる。家族のように無条件に自分を受け止めてくれない人たちがいる。そういう事実を受け容れていかなければならない。人は違いがあるのだ、ということを受け容れること、それが他者理解である。

人はひとりひとり顔かたちも性格も行動や考え方も違っているものである。お互いの共通点をみつけだしてつきあっていこうというのではない。こんなに違うのだ、そういうことをわかって、つきあうことである。

アイツとオレとは違う、共通点がないからつきあわない、というところに「いじめ」の発端があると思う。「みんな仲良くいっしょに」という自己同一性を求めていくと、ますます合わなくなり、異端者を排除せねばならなくなる。表面的な仲良しごっこで、陰でのいじめに向かうことになる。

しかし、違いを違いとしてありのままに受け容れていくという他者理解は、現実にはどのようにしたらよいのであろうか。子どもたちに、言葉での指導をするだけでは頭の中の理解でしかない。

そこで、教材仮面の登場である。

仮面をつけると、仮面そのものに変身することができる。なりきって仮面の役を演じることができる。仮面は他者に変身する道具である。

広島大学附属三原小学校六年生に仮面を教材として国際理解学習の授業をする機会があった。ナマハゲやクランプスの仮面をつけて演じた子どもたちは、「なんか……悪いことができそうな、暴れられそう……思いっきりたたけそう。」、「なんか効果がありそうな、ポーズだけじゃなく本気でできそうな。」などと感想を言った。

また、S君がナマハゲの仮面をかぶろうとした時のこと、「メガネをとって！」と数人の声。

S君はメガネを外した。その時私もメガネが壊れてはいけないと手に持った。しかし、授業記録のＤＶＤを見ていてハッと気づいた。メガネを外すとS君には周りが見えにくいはずである。仮面を顔につけるとなおさらである。それなのに子どもたちはメガネを外して！と言った。なんと、子どもたちはS君に、ナマハゲそのものになって！と言っていたのだ。メガネをかけていてはS君でしかない。ナマハゲになるにはメガネがあってはいけないのである。参ったなあ、と感じ入った。

「ナマハゲ」を演じる子ども
（国際理解学習の授業風景）

理屈ではない。仮面をつけると、すっと仮面に変身することができる。見ている子どもたちも仮面が演じられることにひきつけられていく。そこでは演じられるのを通り越して仮面そのものが生きている雰囲気に包まれたのである。それが仮面のすばらしさである。

教師は子どもの世界を広げようと指導する。自分ではない人がいる、自分にはないものをもつ人がいる、そういう他者の差異性を受け容れる世界観に到達させたい。そうすれば、いじめも起こらないし、世界の人ともつきあっていける。

差異性を認識し、受け容れていくという他者理解は、今日の社会的病理現象への対症療法ではなく、本質的な対応に目を向けることができ、同時に子どもたちに国際社会に生きていく資質の基礎を培うことができる。

また、子どもへの指導のみならず、教える側の教師自身の他者理解をもう一度問い直してみる必要がある。このことは、仮面について研究していく過程で私自身が痛切に反省させられたことがらでもある。

トラをネコに

転勤していった小学校で、「五年生を担任してください。ちょっと元気のいい子どもたちのいる学級ですが。」とH校長先生に言われた。五年生担任は四度目となる。子どもたちは高学年になると体格もぐんと成長している。「子どもの集団の中にいると先生の姿が全く見えない。」と、百五十センチに足りない私は先輩の先生方からよくからかわれる。しかし、体は大きくても子どもたちは甘えてきたり、怒ったり、本気になったり、叱られるとくしゅんとなったり、大笑いしたり、泣いたりと、とてもかわいい。最初のであいのときは、大きい子どもたちだなあ、さすが高学年になると言う事もしっかりしているなどと感じる。だが、二、三日たつと、だんだんとかぶっていた猫の仮面がはがれてきて、本来の姿かたちの顔が表れてくる。向こうもこっちも駆け引きの構えがとれると、ほんとうの生身のつきあいが始まるのである。

初めての自己紹介をしたあと、「さあ、何か言いたいこと、聞きたいことがあったらどうぞ。」と言うと次々に手が挙がった。

「先生は前の学校で何年をもってたのですか？」

「体育が好きじゃけぇ、時間を増やしてほしいです。」

「学級会の時間をいっぱいとってね。」

「給食をいっしょに食べてくれますか？」

「趣味は何ですか？」

「おもしろい授業をしてほしい。」

「宿題はあんまり出さんといて。」

「できればなしにしてほしい。」

口々に言うのに対してにこやかに笑って頷いたり、「う〜ん、どうしようかなあ〜」と気をもたせたり、「そりゃあ、あなたたち次第よ！」とかわしたり、「宿題はお休みの前日は原則出しません。」（ワー！と歓声が上がる）などと返していく。子どもたちのこれらのことばから前学年のときにどのような指導をうけたのか、どんなことがうれしかったのかなど諸々読めてくる。

そういう中で、「何か言いたいことはない？」と尋ねると、横を向いたまま小さく「別に。」と答えた、クラスの中でひときわ体格のいいO君が気にかかった。

その後も、完全に私を無視した態度であった。授業が始まってもほほづえをついていたり、ノートをとることもほとんどなく授業にのってこない。時折り友だちの発言に対して「やめえや！」「うるさいのお！」と言ったりして授業妨害の一歩手前の様子も見られる。難しいなあと気をもんだ。クラスの子どもも彼に一目置いて怖れている。彼にとって特に親しい友だちもいないようだ。

そのような四月の二週間くらいが過ぎたある日の授業中に事が起こった。どういうことからそうなったのかもう忘れてしまったが、私は彼に向かって叫んだのだ。

「立ちなさいっ！」

ちょっと間をおいて彼はバン！　と両手で机を大きくたたいて、立ち上がりざまに椅子を後ろに蹴った。ゴオッと床を滑って椅子と机がゆがんだ。一瞬クラス中に緊張が走った。子どもたちの目が一斉に私に集まるのがわかった。ここでひるんではいけないと思った。

「ナンですか！　その態度はっ！」

黒板の前からつかつかと彼のところへ行って机を直そうと手を伸ばした。とっさに彼が、ぐっと私の二の腕を両手でつかんだ。すごい指の力。痛い。思わず叫んだ。

「はなしてっ！　私はあなたみたいに力が強くないのっ！」

すると、腕にくいこんでいた彼の手の力がふっと抜けた。そして、私をにらみつけていた彼の顔がにやっと小さく笑った。その時何かがかよった感じがした。

「座って。」と私は冷静に小さな声で言って、彼のそばを離れて黒板のところへかえっていった。そして、「ごめん、大きな声出して。」とみんなに言った。

「じゃあ、続きをしようか。」子どもたちのほっとしたような顔を見て授業を続けた。

彼は少年野球クラブの投手をしていた。土曜の午後、日曜日はいつもそのクラブに通って練習や試合に出かけていた。野球は大好きだが学校の体育の授業は好きではない。大きな体をたいぎそうに動かしているだけだった。学級会でみんなで野球をやろうという提案もあったが、彼はやりたくないと言った。力量の差を知っており遊びの野球はしたくないというのであろうか。

その後も相変わらず授業中はふてくされたように横を向いたりしてのってくることはなかった。彼の希望を入れて席は最後部である。六月のある日、何か気にさわることでもあったのか、また友だちの発言に対して大声で「つまらん！」「うるさい！」「だまれや！」と暴言をとばした。

「廊下に出なさい！」と言うと、

「出たるわい！」と言って出て行った。

追いかけていって、「帰れ！」と言うと、

「おう、かえったるワイ！」と教室に入り、机の横に掛けてあった鞄をひったくると椅子を蹴った。

バタン！　と音がして椅子がひっくり返った。廊下に出て彼の片腕を持って言った。

「待て！　帰るんなら家に電話しなきゃいけんから。」

内心あわてた。本気で帰る気か。父親は子煩悩で彼の練習試合なども可能な限り見に行っている。しかし日常の躾は厳しくて手もでると母親が家庭訪問のときに話していた。もし学校を途中で帰ったらこの父親に対して彼はどう言うのだろうか。廊下で向き合ってにらんだ彼の目がふと私の頭の向こうを見たので、ひょいと振り返ると、なんとH校長先生が立っておられる。わぁ、こんな修羅場を見ておられたんだ。

「職員室にきなさい。電話するから。」素直に彼はついてきた。

職員室の私の席に彼を座らせて、

「しばらくここにいなさい。教室で授業をしてくるから。」

私ははじめから家に電話する気などない。それがわかるのかどうか彼は鞄を机の上に上げながら小さくコクンとうなずいた。

四校時を終えて職員室にもどると彼は教科書を開いてみていたふうであった。後で教頭先生が教えてくださった。「給食が始まるよ。」というと彼は鞄をひょいと肩に引っ掛けて教室に向かった。

最初の頃に比べると彼の授業中の騒動は少なくなってはいた。しかし、六月にはいってもおさまりそうになかった。ラーメン屋をしている、子煩悩だという父親にグチを言ってみたいと思って、ある日の夕方学校の帰りにその店にいった。早めの時間帯で店内に客の姿はなかった。

カウンターの中に丸い頭、細い目の彼にそっくりの父親の顔があった。「自分も野球が好きだったし、子どももやりたいというので三年生のときからクラブに入れている、今まで一度も練習を休んだことはない。」などの父親の話をラーメンを食べながら聞いた。

「勉強が嫌いで、一切しようとせず、まあ、自分もそうじゃったけえ気もちはようわかるんですが。ただ、体が大きいし、腕力も強いけえ、気の合わない友だちともよう喧嘩をするんで困ったもんです。学校では先生に怒られることばかりで迷惑を掛けてきました。今もそうじゃろうと思います。今の世の中、勉強せんでもええというわけにもいきません。どうかよろしくお願いします。」

父親にいっぱい愛されている彼を感じることができた。なんとなくほっとした気もちで店を後にした。私は学級での話は一切しなかった。

その翌日、出席をとろうとすると、彼が後ろの席から大声で叫ぶように言った。

「センセー、きのうお父さんの店に行ってラーメンくったじゃろっ。」

「ウン、おいしかったよ。お父さんとお話ししたよ。」

「お父さんから聞いた。」

にこやかに笑っている彼の顔。担任になってからこの日、私ははじめて彼から「センセイ」と呼ばれたのである。


やがて一学期が終わろうとする頃、母親が教室にやってきた。なんと転校するとのこと。現在住んでいるマンションの家賃が月十万円、とてもやっていけないので郡部に住んでいる祖母と同居することにした。父親はそこから店に通うことにすると。

まあ……。やっと彼と意思の疎通もできるようになり、穏やかに学級の一員としておさまってきたというのに。これからが学級での彼の出番が始まるというのに——。心残りな思いばかりで母親と話した。学級のみんなでお別れ会を開いた。ひとりひとりからの思い出のことばやみんなの寄せ書きを受けとり、彼は始終照れ笑いの顔をしていた。

牙を一本、一本抜いて、やっとトラがネコになってきたというのに。彼は自分のネコとトラを内にどのように住まわせていくのだろうかと楽しみだったのに。

今はもう二十七、八歳の社会人になっているはずである。高校野球やプロ野球の試合を見たりして今も野球が好きなんだろうなあ。

Ｏ君は、両親に厳しい躾をされながらも愛情いっぱいに育てられていることがよくわかった。野球だけが大好きで、学校の勉強など眼中にはなかった。授業としての体育も好きではなく、全ての授業はひたすら忍耐の時間であった。どんなにおもしろくない苦痛な時間を過ごさせていたことだろう。ひたすら耐えることでしかなかった彼にとっては、暴言を吐かねば精神が爆発してしまいそうだったのだ。担任として彼の気持ちをなんにもわかってやろうとしなかったことをいまにして申し訳なかったと思う。一生懸命に耐えている彼の授業中の仮面を、私ははがすことばかりに必死で彼と闘っていたのである。自分は教師という仮面をしっかりとかぶったままで。

学級の子どもたちと担任とのあいだの仮面をかぶりあった駆け引きがなくなって、生身のつきあいが始まったときに、子どもたちと担任との関係の紐が結ばれてくる。そのように理解していたはずなのに、子どもの仮面をはがすことのみしかしていなかった。

「先生は仮面をかぶったままじゃないか！」

と、担任のまやかしの姿をＯ君はきちんとみぬいて反発していたのであろう。

お母さんになって――役割演技

道徳の学習活動ではしばしば役割演技が取り入れられる。役割演技は心情を考えたり自己を他者の目でみたりして、道徳の主題や道徳的価値について考えるときに効果的である。

子どもたちにある場面での役割を決めて演じさせる。それを通して、その場面の出来事を自分自身のこととしてとらえて、現実感、臨場感をもって学級のみんなで話し合って追究していくものである。

役割演技は低学年ほど、どの子も演じたがり、学習も活気付けられる。しかし高学年になると、恥ずかしさがでたりして演じ手が固定化することもあるので、全員で一斉に演じるなどの指導法を工夫していく必要がある。役割演技を取り入れることはいずれの学年でも学習効果を上げることが期待できる活動である。一年生の道徳の実践を紹介する。

「お母さん」を演じる筆者（右）子ども

資料名『どんぐり』一年生道徳副読本（東京書籍）

内容項目「主として自分自身に関すること」

――うそをついたりごまかしたりしないで、素直に伸び伸びと生活する――

題材の内容は次のようなものである。

友だちといっしょに学校の帰りに公園に寄り道をし、どんぐりを拾って遊んだ。いつもより帰宅が遅くなってしまい、心配して待っていたお母さんに叱られてうその言い訳をしてしまう。

授業の展開は、まず、話の展開を教師が物語って聞かせる。次に、遅く家に帰り着いてお母さんに言い訳をする場面を、役割演技の学習活動をする。役割演技はまず、教師がお母さん役を、子ども役は挙手によって子どもたちに演じさせる。机、椅子を教室の後半に下げて、全員床に座る。黒板前の空間が家の玄関を入った所である。

教師がお母さん役のエプロンを着けると子どもたちは「ほんとのお母さんみたい。」とうれしそうに笑う。「はい。たっちゃんになる人ランドセルを背負って。」と言うとクラス中にアハハハハと笑いが起こる。その子のポケットの中にどんぐりを十個ぐらい入れる。（生活科の「秋みつけ」の学習で拾ってきたものが教室の棚にいろいろと並べてある。その中のどんぐりである。）母、子、それぞれ黒板の左右に離れて立つ。

教師「さあ、お母さんは、心配してたっちゃんの帰りを待っています。」

母（教師）「遅いわねえ。いったいどうしたのかしら、もうとっくに学校は終わってるのに。何かあったのかしら。」

手を胸に当てたり、頬に当てたりして心配顔で言うと、「かえって！」、「ただいまって入って！」などと座っている子どもたちから声が掛かる。

子「ただいま。」と中央までくる。

母「まあ！ 遅かったのねえ。いったいどうしたの？」駆け寄る。

子「ごめんなさい。あのね、公園で遊んだの。」

母「あら、正直に言えたのね。こんどからは寄り道しないで帰るのよ。」

子「うん。」　ちがうよ、ハイだよ、と声が掛かる。

教師「はい、一番バッターのNさんに拍手しましょう。」

その後次々と前に出て演じる子どもたちは、母親の問いかけに直ぐに「ごめんなさい。」と返す。教師としては、この場面を子どもたちの日常生活で起こりがちなこととして葛藤させたいと意図しているのである。それで、子どもへの問い掛けをいろいろと変えてみる。

母「だれといっしょに帰ったの？」

子どもも役が返事に窮していると、座っている子どもたちの中から、「だれでもいいから名前を言って！」と応援の声。現実感のある場面ではとっさに友だちの名前など言えない。板書している題材の中の「たっくん」の名前を指して助け舟。

母「それで公園で何してたの？　そのふくらんだポッケは何なの？」

子「どんぐりひろってたの。」「ごめんなさい。」とどんぐりをおずおずと出す。

教師「公園でどんぐりを拾って遅くなったんだって。きちんと言えたTさんに拍手しましょう。」

教師「みんな正直にお話しして、ごめんなさいも言って、いい子だねえ。すごいなあ。でも、ほんとにいつもそうなの？　ごまかさないの？」

一瞬教室が静かになる。ふいを突かれて戸惑ったようである。「うそつくことある……」と声が出る。数人うなずいている。「でもうそついたら、もっとおこられる。」との声。

教師「じゃあ今度は先生がたっくんになるからだれかお母さんをやってくれる？」

思いがけないお母さん役である。最初は首を振ったりして尻込みしている子どもたちの中からY君の手が挙がった。彼にエプロンを着けるとロングスカートのように床に着いた。「長いエプロン！」アハハハとみんな笑っている。

母（Yくん）「おそいわねえ、どうしたのかしら……」

頬に片手をやり、もう片方の手は肘を押さえている。生真面目な顔のYくんに、ワッと笑いが起こる。

子（教師）「しまった！　おそくなっちゃった。どうしよう。母さんに怒られるー。た・だ・い・ま……」

おそるおそる中央まで出て行く。

母「こんな時間までどうしたの？」

子「あのね、あのね、今日ね、帰りの会が遅くなったの。」

母「ほんとう～？」にこりともしないで、横顔でにらんだ目を向ける。

子どもたちは「お母さんみたいだ。」とワーワー大笑。そして次の言葉を待つように一瞬静まる。

子「ほんとだよ！ 先生のお話長かったんだ。いっぱい注意があったんだもん。」

母「じゃあ、先生にでんわしてみよう。」

子「アッ、だめぇー、電話しちゃぁ。」あわててお母さんのエプロンを引っ張る。みんな大笑いである。Y君のお母さん役は見事である。笑いをこらえてしょぼんとしたように下を向く。

母「どうしたの？ そのポケットは。」

子「なんでもない。なんでもない。気にしないで。」あわてて顔の前で両手を振る。

母「あやしいわねえ～。」なかなかの演技力である。ぐいっとこちらのポケットに手を入れてどんぐりを取り出して、目の前に差し出す。

母「これはなんなの？」

子「あ、あ、あのね、てっちゃんとともくんがとろうとろうって。」

母「どこで？」

子「公園。あ、ぼくじゃないよ、ぼく言わないよ。」

母「じゃあどうしてポッケにどんぐりがあるの？」

子「………」下を向く。

「正直に言わにゃあ。」「ごめんなさいって、言えばいいんだよ。」「はやくう〜。」子どもたちは口々に言う。

子「お母さん、ごめんなさい。ほんとはぼく、公園で遊んだの。帰りの会、うそなの。ごめんなさい。」と頭を下げる。

母「いい子ねえ〜〜〜」　ワーワー拍手喝さい。まいった！というようなY君のお母さんであった。

教師「ほんとのことって言いにくいねえ。なんで嘘ついたの？」

子どもたち「叱られる。お母さんにおこられるから。」

教師「たっくん、ひとつだけ嘘ついたの？」

「ちがう、二つ。先生のこと、公園のこと。まだあるよ、どんぐり拾ってないって言ったよ。自分じゃないって。」と子どもたち。

教師「おやおや、ひとつ嘘ついて、またもう一つ嘘ついて、またまた……。ねえどうして嘘ついてしまうの？」

子どもたち「お母さんに叱られるから。」

「でも嘘ついたらもっと怒られるよ。怒られたら怖いもん。」

教師「そうねえ、怒られるの怖いよねえ。でも嘘ついたらこのへんがムカムカしてやだったよ。みんなは嘘ついたり、ごまかしたりしたことはないの？」

「あるよ」、とほとんどの子が手を上げる。

教師「嘘ついたり、ごまかしたりしたらどんな気もち？」

子どもたち「嘘ついたらまた嘘つくようになる。うそはどろぼうのはじまり、ってお父さんが言った。正直に言ったら怒られないよ。早く本当のことを言ったらおこられない。うそついたら、うちの子ではありませんって言うよ。」

子どもたちは口々に嘘をついたり、ごまかしたりした時の経験を話した。正直に言わなければいけないということはよくよくわかっている子どもたちである。でもいつでも正直に言えるかどうか、様々な迷いの場合があるだろう。そして年齢が上がるごとにその葛藤は大きくなっていくものである。だから繰り返し、各学年段階でいろいろな状況場面を設定しては、その場面における自己をみつめていくのが道徳の時間である。役割演技を行う際の留意事項として次のような事柄を挙げておきたい。

① 役割を設定するとき、子どもには悪役をさせないようにすること。子どもはいつも良い子でいたい。例え演技だとしても他人から良くない子だと見られることは耐え難いことである。それをレッテル化されていじめられることもあることを考慮しなければならない。悪役は教師が受け持って、子どもの内面にあるマイナスの部分を演じるのである。そうすることにより、みている子どもは自己の内にあるマイナスの部分をみつめることができる。

② 役割演技を行う場面の設定は短いものにする。場面設定が長いと、動作や言葉が多様になってしまう。できるだけ葛藤場面を焦点化する方が効果的である。また役割演技場面が短いと、より多くの子どもに活動させることも可能となる。

③　小道具は必要最低限の物を用いる。先の事例では、エプロン、どんぐり、ランドセルであった。

・エプロンは実践者のもので大人用である。子どもが演じるといっても母親になるのである。実際の母親が使用するようなエプロンがよりよいであろう。

・どんぐりは、教室の後ろの棚の箱にたくさん入っていた。これは生活科の「秋みつけ——おもちゃランドをひらこう——」の学習で学校の近くの丘へみんなで行った時に拾ってきた物である。

・ランドセルは、本学級の子どもの持ち物を借りたのであったが、他のクラスの子どもから借りるべきであった。それは、題材の子どもがマイナスイメージをもつ子どもであったからである。例えランドセルといえども、心せねばならないことであった。留意点①に述べたように子どもの人格は、その子どもの持ち物も含むものである。

④　小道具の工夫を。役割演技に小道具があると、より臨場感を高められる。役割演技は自己でない他者を演ずるのである。他者になるためにはその他者を表す象徴的な何かの小道具が必要である。その小道具類の中で仮面というのは安心して他者を演じることのできる効果的なものである。顔面をおおう、または額の上にかぶっているだけであっても、自己という存在を隠すのに大きな作用をするものである。仮面は自己を消すとともに、他者になりきっていくことができる道具である。

⑤　発達段階による指導の工夫をすること。役割演技はどの学年でも学習活動に取り入れることにより学習効果を高めることができるものであるが、発達段階を考慮していく必要がある。低学年ほど自分が演じることを躊躇せずむしろ喜ぶが、中学年ではみんなのウケをねらったりする者もでたり、高学年になると恥ずかしいという心情も強くなったりしてくる。上手に演じようとする気もちがでたりして演じる者が固定化されたりするこ

とも生じる。そこで、一人が前に出て演じるというのではなく、教師対一つのグループで、教師対全員で、グループ対グループで、など複数で演じることもひとつの方法である。また、教師と一対一で一言のセリフを、座席に座ったままで次々と交わしていくということもできる。

※授業風景の写真は一九九四年ごろの撮影、記述は二〇〇三年の実践をもとにした。

自由と規律――本音と建前の仮面

○　六年生の道徳の実践から

小学校学習指導要領解説によると、道徳教育の目標は道徳性の育成にある。道徳性は、道徳的心情、道徳的判断力、道徳的実践意欲と態度である。道徳的心情とは、道徳的な価値の大切さを感じ取り、善を行うことを喜び、悪を憎む感情のこと。道徳的判断力とは、善悪を判断する能力、、どのように対処することが望ましいかを判断する力。また道徳的実践意欲と態度とは、道徳的感情や道徳的判断により価値があるとされた行動をとろうとすること、具体的な道徳的行為への身構えである。

これらは道徳の時間だけではなく、学校教育全体の中で各教育活動の特質に応じて養っていくものである。学校教育全体の中で養っていくとなると、各教科や道徳の時間ではどのような指導をしたらよいのか、ということが問題になる。

学校教育全体の教育活動の中で、とは次のようなことである。例えば、国語や学級会などでの話し合い活動の場面がある。友だちの意見を聞くこと、きちんと聞いた上で自分の意見を述べる。それは友だちを大事にすることであり、自分の言うべきことは正々堂々と主張することであると指導する。理科の実験のとき、実験用具は決められた場所から出し入れをして正しく使うことを指導する。それは無謀に扱うと危険であること、みんなで使う物は大事にしよう、ということを理解させる。給食の時間の当番のときは、手を洗い、順序良く配膳すること。それは衛生に気をつけてみんなが気もちよく食事をすることができるようにという配慮であることを指導する。このように各教科、教科外での指導をしつつ道徳性を育てていく場面は、学校生活全体の場に及んで多種多様にある。

では道徳の時間においては、どのような指導をするのか。学習指導要領解説には「…道徳の時間では、人間としての在り方や生き方という視点から基本的な道徳的価値の全般にわたって自覚を図る授業が展開される。」とある。端的に言えば、子どもひとりひとりの心の中にひっかかりをつくることである、と考える。すっと頭に入るようなことではなく、どうしてかな？　自分はこう思う、もし自分だったらどのようにするだろう、そうだ前にこんなことがあった、などと自分をみつめ、経験を掘り起こし、あのときの自分はこうだったと自己に置き換えて考える、そういう時間が道徳の時間だと考える。

そういうことを実感するきっかけとなったのは、道徳の授業を参観日に行ったときのことである。学年は六年生。子どもたちは、道徳的判断力はかなりしっかりともっている。ある場面で、どうすることが望ましいことであるか、どういうことはよくないのかということは理解している。理解はしていてもそれが実践的態度に結びついていないことは、日常生活の様々なトラブルが発生することに現われている。理解しているということと、実践できる態度となっていることとは隔たりがある。

その授業は「自由と規律」について考えるものであった。副読本の題材をもとに、「さあ、どうしたらよいのだろうか。」と子どもたちに問いかけた。子どもたちは次々に手を挙げて答えていった。

「いくら自由だからといっても、自分の思うことを押し通すのはよくないことだと思います。」

「決まりを守らないと他の人が迷惑します。」

「決まりはみんなのためにあるのだから、ちゃんと守らなければいけないと思います。」

「自由は自由だけど、自分のやることはちゃんとやらないといけないと思います。」

「自分のことをちゃんとやらないのは無責任だと思います。」

教室の後ろではたくさんのお母さん方が聞いている。子どもたちははりきって答え、私も活発な発言に満足して授業を終えた。

その後の懇談会のとき、Aさんのお母さんが言われた。

「まあ、家では聞いたこともないような立派なことをきちんと答えてびっくりしました。」

Sさんは、

「六年にもなると建前と本音をちゃーんと分けて行動してますねえ。」

保護者の言葉は道徳の授業を批難されたわけではない。しかしその言葉を聞いて、今日の道徳の授業の失敗を悟った。保護者から道徳の授業のあり方について気付かされたのであった。このような表面的な学習をしていたのでは何も身につかない。身につかないどころか、どうすることがよいのかという建前を確認していくだけである。つまり建前と本音の、仮面のかぶり方の指導に他ならなかったのである。

道徳の授業では、よいか、わるいか、どうすべきか、ということの正解を求めるのではない。答えを求めるのではなく、解はAの場合もある、Bの場合も考えられる。こういう場面に自分自身が直面したらどう判断し、行動するだろうか、ということを考えさせたり、過去の経験を振り返り、その時自分がどういう思いでそうしたのかを問い直してみたりする。そういうことが道徳の時間なのである。

Aと判断することがよいことであるかもしれない。しかし、Bの行動をとらざるを得ない。さあ、どうしようか。こういう葛藤を、みんなで話し合うことを通して心の中にひっかかりみたいなものをつくってやりたい。それが道徳の学習だと思う。

同じく六年生の道徳での実践。

資料名『騎馬戦』六年生道徳副読本（出典未詳）

内容項目「集団や社会とのかかわりに関すること」

——公徳心をもって法やきまりを守り、自他の権利を大切にし進んで義務を果たす——

題材の内容は次のようなものである。

騎馬戦の試合に備えて、赤白帽子に強力なゴム紐を通すという工夫をした。そのお陰でチームは勝つことができた。しかし、相手チームからクレームがついたのである。ゴム紐を通したのはルール違反だとする者と、最初にそのような取り決めはしていなかったので違反ではないとする者とにわかれて、みんなで話し合った。だれでも勝ちたいと思う気もちは同じである。作戦としていろいろと工夫を凝らすことは当然のこと。実際に赤白帽の後ろの部分にゴム紐を入れて脱げにくい帽子を作って、子どもたちにかぶらせた。いろいろと意見が交わされた。Kさんが終わりの感想で言った。

「私は、最初はルール違反できたないことをする、と怒った気もちでした。でもいまはどっちがどうなのかわからなくなってしまいました。」

こういうのが心の中にひっかかりができたことだと思う。

「難しいですねえ。これからもこのような似たことが起こると思います。そのときあなたはどうしますか？　いろいろと考えていこうね。」と授業を締めくくった。

子どもの危機管理――校長の仮面

何かことが発生しそうな場面にでくわすと、「過去の経験事例からいくと何事も起こってはいない。だからこの度もうまくいくはず。」と、それに浸りきっている感覚や思い込みがある。とくに何事もなくきた期間が長ければ長いほど、この度もきっと何事もなくうまくいく、と信じきってしまう危険性がある。危機に直面したことがあってもなんとか無事に回避した経験があると、なおさらのことである。

こういう場面における「ハインリッヒ（ヒヤリハット）の法則」はどこにでも通用すると思う。ひとつの重大事故の背後には二十九の軽微な事故があり、その背景には三百の異常が存在するという法則である。それは小さな出来事をどのような感覚で受けとめていくか、ということである。校長に就任したときにこのことを心に刻んだ。学校では子どもをめぐっていろいろな事態が日常茶飯に発生する。

○ 掃除の時間の怪我

掃除の時間が始まって、トイレの当番の子が走ってきて、入り口の扉の窓ガラスのところにバンと手を当てて中に飛び込んでいった。その扉は手で押して開閉されるようになっているものであった。勢いよく当たった手でガラスが割れてしまい、その破片で、六年生のその子どもは手首を切ってしまった。大変な出血である。見ていた友だちが保健室に走った。タクシーを呼んで学校医のところへつれていった。幸いに寸前のところで静脈の血管を切るまでには至っていなかった。

このとき学年の先生方と話し合った。六年生といえども子どもはやはり子どもである。走ってきてガラス戸に勢いよく手を当てればガラスが壊れることがある、ということを知らなかったのである。高学年にもなればもうわかっているはず、という思い込みは教師の楽観である。子どもはまだまだ未経験のことが多く、理解していないことは多々ある。ふだんの子どもの行動をきちんとチェックしてみよう。これは危ないなと感じたことがあったら、まずその場で子どもには注意すること、学年内で知らせあうことなど、日常の小さなことを見過ごさないことを確認した。

子どもの事故は様々な状況や場面で発生する。思いもしなかった、ということもしばしば起こる。ひとつ発生した事故に対してどういう意識をもつか、ということはその後に大きな意味をもつことである。もちろん、何事も起こさないようにと子どもの日常を厳しく管理するといった、自己を守るための姿勢のことではない。守るということではなく、子どもの事故は起こるものである、という発想のもとに、どこで、どのようなことが危険であるのか、という目でみていくことが大事なことだ。

学級担任の場合には、主に学年内のことだけが関心の中心であるから、校内全体でそんなにしばしば事故が発生しているような意識はない。しかし、管理職になるとそうはいかない。養護教諭や保健主事、また学年主任から、日々大小さまざまな子どもの事故が報告されてくる。特に児童数の多い学校では子どもの事故や怪我などが多種多様に発生する。それらの中で、「これは職員全員に知らせる必要がある」と思われる事故に関しては全職員に周知する。

①　事故の発生概要……いつ、どこで、どういうことが起こったか。その時周りはどういう状況であったか、など

②　事故に対する対応……担任、学年主任、養護教諭、保健主事、管理職への連絡。医師、保護者への対処、など

③　事故から学ぶこと……日ごろの子どもへの指導、事故への対処のしかた、今後の子どもへの指導など

これらの中で、特に留意したことは、子どもたちへの指導についてであった。子どもは校内、校外を問わず思いがけない事故を起こすものである。日ごろちゃんと指導していてもである。子どもたちにあれをするな、これをしてはいけない、という注意をすることではない。もちろん危険なことをしてはいけないという指導も大事であるが、さらに必要なことは、子どもたちが自分ももしかしたらそういうことになるかもしれないという意識をもつように指導することである。そのために、次のような指導を学年に応じて行う。

・事故の概要を話す……こういう場面でこういう事故が起こった
・もし自分が事故にあったら、どのようにしたらよいか
・友だちが事故にあって、もし自分がそこに居合わせたらどうするか

といった内容を各学級で考え、話し合いをする。

どういうことが危険で、どういうことをしては危ない、ということはどの学年の子どもでも大体理解はしているのである。いけません、といっても何かのはずみでやってしまうのが子どもである。そこで、万一自分が大怪我をしたらどうしたらよいか。頭を打った場合はその場でどうするか、腕が出血した場合はどのように止血するのか。あるいは友だちが高いところから落ちて怪我をしたのを見たらまず自分はどうしたらよいのか。こうした危機管理意識を子ども自身に自分のこととしてもたせることが大事である。そのために、現実に何かの事態が発生した場合を捉えて早期に指導することが有効となる。事故の発生は大変な事態であるが、それを大事な危機意識の学習の機会として、みんなで共有していくことである。

○　交通事故

二年生の子どもが友だちと二人で下校途中のこと、一人が交通事故に遭った。

AさんはBさんにバイバイと手を振って、通学路の歩道から車道を横切ろうと道路に出たときに、走ってきた自動車にはねられた。子どものキャアという声を聞きつけた近くの家の人が出てこられて、すぐに一一九番通報をしてくださった。Bさんはどうしたか。すぐに走って学校にもどり門の近くの児童館へいって、「Aちゃんが車にひかれた！」と告げたのである。児童館から学校に電話が入り、担任が現場に駆けつけていき、ちょうどやってきた救急車に同乗して病院へ向かった。幸いに打撲、かすり傷で命に別状はなかったが、頭を打ってはいないかとCTスキャンなどの検査も行われて気を揉んだ。大事には至らずほっとした。このときのBさんのとった行動は、まさに日ごろの担任の指導がいかされていたのであった。

○　川に転落

これも二年生の子どもの下校時での事故である。友だち五、六人が川に木の葉っぱや小枝を落としては流れていくのを追いかけていく遊びをしながら帰っていた。川上に架かっている橋の上から友だちが葉っぱを落とすのを、Mさんは川下の橋の所で川を覗き込んで見ていた。すると、背中のランドセルが覗き込んだ姿勢の頭のところにせりあがって、彼女は三メートル下の川の中に頭からもんどりうって転落した。ところが幸いなことに、この重いランドセルが子どもの下に先におちてクッションとなり、子どもは仰向けになってかすり傷ひとつ負わずにすんだのである。水量の少ない時でもあり、水深は二十数センチメートルであったのも幸いした。現場を見ると、どうしてここから転落したのだろうか、と不思議な思いがした。橋にも歩道にも子どもの背丈よりも高いフェンスが張られている。ただ、ほんの三十センチメートルくらいの隙間があっただけである。

「どうして？」と思われるようなところに、事故の芽が潜んでいることを思い知らされた。全職員で、通学路の安全点検を、子どもの目の高さで確認することにした。

このような子どもの事故の数々は、万一の場合は命が損なわれていたかもしれないという、まさに紙一重の事態ばかりであった。校長としての在職中にこういう事態に数えきれず対処してきた。そういう中で、子どもの命を失わずにくることができたのは誠に幸運であったとしかいいようがない。

私は運に恵まれて、子どもの命が守られて、校長としての仮面性が保たれたにすぎない。ヒヤリハットの法則を肝に銘じて、ひとつひとつの事態を全職員で共有し、より賢明な対処のしかたや子どもへの日常的な指導のありかたなどを話し合ってきた。それは、危機管理のアンテナを常に張っていることで、子どもの命を預かっている者として当然のことである。いずれの学校においても同様の対処をして心を配っているはずである。にもかかわらず、昨今、子どもの命が奪われる事件が多発している報道に心が痛むばかりである。子どもたちの安全をどうしたら守ってやれるか。学級担任ではみえない学校全体の日常から、危機の芽を発見していちはやく摘み取ってやるという不断の努力を、仮面をかぶって、管理職に「なりきって」、続けなければならない。

喜怒哀楽の仮面

子どもを知って指導すること、と学級経営ではよくいわれる。子どもの状態を理解しないままに、あれこれ指示をしても子どもは反発して逃げてしまう。この子は今何につまずいているのかを、きちんと見極める必要がある。そのためには、まず子どもの表情を読むことが大事である。小さい子どもほどありのままが表情に表れる。

一年生のE君。二時間目が始まっても何か浮かない顔で座っている。そばに行って、「どうしたの？　喧嘩でもしたの？」と聞いてみる。だまって首を振る。椅子の背に身体をずらせて、足が机からはみ出している。それでも、めんどくさそうながらもノートに新しく習っている文字を書いている。しばらくそっとしておいたほうがよさそうである。大休憩になってみんな外に遊びに出て、だれもいなくなった教室の私の机のところに来てE君が言う。

「おなかがすいた。」

「おや、まあ、どうしましょ。まだ十時過ぎよ。」

「朝食べとらん。」

「あらたいへん。そりゃあ、おなかがすくよねえ。起きたときおなかが痛かったの？」

「ううん、お父さんが電気釜蹴って、ごはんがこぼれたん。じゃけえ、ごはんが食べれんかった。」

「そうだったの……」

おなかもすいているだろうが、朝早々に両親の間で何があったかと、子ども心に不安な思いもあったことであろう。おいで、と彼を職員室につれていって、ないしょよと、クッキーを一枚口に入れてやった。

「これで給食まで大丈夫ね。」と言うと、「ウン。」と嬉しそうに笑って教室に帰っていった。

これは一年生だからこそである。高学年になったらこのようなことは話してはくれない。また、その表情からも読み取ることは難しくなってくる。小さい子どもだからこそのありのままの表情である。


子どものありのままの表情や姿を写した、『日本の子ども六十年』という写真集がある。昭和二十年の戦後から今日までの間に写された子どもたちの姿には、社会的背景の歴史がありありと表されている。

だぶだぶの上着の裾をちょっとひっぱって、大き目の下駄を履いた男の子が立っている。何か得意そうな感じで、下唇を噛んで笑っている。つられて思わず笑ってしまう。若いお兄さんの差し出す靴の前にちいさくかがんで靴磨きをしている少年。その横顔に悲壮感などはない。それどころか明るさのようなものが感じられる。その時代のどの子どもも破れた服で、裸足だったり鼻水をたらして泣いていたり、と貧しさの真っ只中にいる。みすぼらしい格好だけれど、どこか明るい。それはもちろん撮影者の感性によるものであろうが、私には芸術写真のことはわからない。ただ読者として見た印象である。明るく澄み切っている。子どもたちがありのままに今を生きている、というたくましさが感じられる。空襲で孤児になってしまった者どうしが寄り集まって駅や路地で暮らす。自分だけじゃない、仲間がいるという安心感もあったであろう。今だけを見て、今のために生きる。ただそれだけ。刹那である。しかし投げやりではない。せいいっぱい今やることをやって生きている。

かわいそう、惨め、というのは大人の感傷である。子ども自身はこの現実をあたりまえとして生きているから、あたりまえにあっけらかんと笑っている。時には仲間と喧嘩もするであろう。ぷいっとすねたり、大泣きをしたり、取っ組み合いでじゃれあったりもするであろう。それが日常である。とりつくろうこともない。ただ今を生きている。そういうことが純粋な明るい表情となって写し出されている。

やがてこの子たちも年齢を重ね、成長して中学生くらいになると、周りや世の中を見る目もできて、考えることも広くなってくる。そうすると、自ずとその表情も変化してくる。喜怒哀楽を天真爛漫に表すこともしなくなる。思考が働いて単純な表情はできなくなってくる。人前で自分の感情をあからさまに出さなくなり、感情をコントロールして表情表現をするようにもなる。

多種多様な瞬間表情の仮面をその場や時に応じて顔につけていたのが、次第に中間表情の仮面に整理されていき、仮面の数も少なくなってくる。

「子どもの表情表現の成長過程は能面の完成の歴史的な変遷と似通っている」という私の仮説は、仮面探訪の途上であったいくつかのエピソードで、おおむね検証されたように思える。しかし、なぜ仮面が子どもの成長にかかわるといえるのか。ポイントとなる「中間表情」と「人格」について、後藤　淑と和辻哲郎に依りながら、くどいようだがもういちど反芻してみたい。

○　中間表情は奥深い心象を表す

中間表情的な仮面は能楽が大成される以前の鎌倉時代から存在したが、世阿弥により無表情の仮面が重要視されるようになって意識付けられてきた。それは、無表情が人間の顔の中で最も美しいとされ、幽玄や仏教的なものが取り入れられたものと考えられる。また、「テラス」「クモラス」という演出法は世阿弥の頃にはまだなかったと考えられる、と述べられている。（後藤　淑『能面史研究序説』）

能面は面《おもて》と呼ばれ、「かぶる」とはいわず、「おもてをかける」といわれる。そこには役に扮する道具以上の面そのものの奥深さがうかがえる。演者のわずかな動きによって面の表情が変わり、内面の感情が浮かび上がってくる。「クモル」は少し俯いて、ものを思ったり、考えたり、愁うる心情などを表す。「テラス」は、仰向き加減になって、明るく、喜びの表情。また月や山などの遠くを見る風情を表す。「キル」は、面を強く短く左右に振って動かすことで、激しい感情を表す。

このような表現は能面が無表情、中間表情ゆえに可能となるものである。

世阿弥の求めた幽玄や仏教的なものが潜んでいる中間表情。それは人間の奥深い心のありようを豊かに引き出すことができる表情である。

したがって子どもが成長していくのにつれて、自分の仮面を瞬間表情のものから中間表情のものへと整理していくことは、自分の内面が豊かになってくることにほかならない。

○　人格の形成

人をその人物として認識するのは、殆んどその人の顔からである。顔面はその人の全人格を示している。顔は人間の身体の一部であり、動く身体の主体としての人格を意味している。人間は社会生活の中で各自の役目をもっており、自分の為すべきことを為している。この役割りを自覚し行為する主体は人格であり、役割りがペルソナである。つまり、顔面と人格とをつなぐのがペルソナ。顔面はペルソナにより行動することによって人格を表現する。

このように和辻のいう、「面とペルソナ」を理解すると、子どもの教育における仮面とのかかわりがみえてくる。

（和辻哲郎「面とペルソナ」後藤　淑編『仮面』・坂部　恵『和辻哲郎——異文化共生の形——』）

教育の目的は、子どもの人格を形成することにある。子どもが一人の人間として社会に生きていく資質や能力を培うことが求められている。そのために各教科の基礎学力とともに、道徳や特別活動などの学校教育全体をとおして教育活動が行われる。この全教育活動の中核にあるのが、子どもへの有形無形の人格形成への営みである。この人格形成過程を子どもの側からみると、自分のもつ仮面を多様に獲得し、仮面のもつ役割りを演じていくことだといえる。生活の場に応じて仮面を付け替えて役割りを演じ、豊かな内面性を培い、自分のもつ仮面を完成させていくことである。

仮面によって役割りを演じることは、自己を自覚する、自己に内在する他者に気づく、他者に期待された役割りを演じる、他者との関係性を結び、ひろげていく、などという、自己と他者の関係性を発展させていくことにつながる。それはまた、自他の共通性に依存するのみでなく、差異を差異として受けとめて、その上に関係性をつなぎ共存しようとする、より深い他者理解のできる人格を確立していくことと重なるものである。

今後ますます多様化する国際社会の中で、子どもひとりひとりが、ありのままの自己を発揮して自己を充実させて生きていってほしいと願う。

子どもは成長とともに、喜怒哀楽の瞬間表情から中間表情へと変わっていく。学校生活の中で子どものありのまがだんだん見えにくくなる。しかし、それは決してマイナスのことではない。

能の面のように、心身の奥にある真実をより深く表現するためにこそ、中間表情へと変わっていくのだ。それを教師は読み取ってやらなければいけない。中間表情の奥にあることばを聞き取り、応えていくのが教師の役目である。中間表情で表出されていることがらは個々の子どもによって異なる。また見る角度により見えてくることは違っている。それをどのように読み取り、どう応えていけばよいのか。

それは、教師自身が子どもの表情を見て内在するものを読み取り、考えるしかない。子どもに学ぶしかない。その作業は自分自身が教師という仮面をどのようにつけているかが、子どもに問われることでもある。自分自身の人間性で子どもたちに向きあっていく教師の姿勢である。

さてどうやら、私の教材探訪列車は、最初の駅に近づいてきたようである。ウイーンの「なまはげ」にであったのを契機に乗り込んでしまった「仮面号」。車窓からの様々な景色がことごとく「仮面」に見えてしまうこともあった。思い入れが深いのか、あるいは仮面の教材化という理論的探究への重圧を感じてなのか、列車はむやみに理屈っぽい坂道を走ってきたようにも思う。しかし考えてみると、もし仮面が教材としてすぐれているとしたら、それはなんといっても仮面が、子どもたちにとって楽しいものだからだ。仮面をつけると思わずその気になってしまう、そういうひきつけられる魅力や不思議さが理屈ぬきに、教材としての最初の要件を備えている。

さあ、次の駅までの未知の風景の中に、仮面はどんな姿で現れてきてくれるのだろうか。私の仮面探訪の旅はつづく。

Ⅱ

台湾紀行

台北のひとびと

台湾紀行

四月十九日午前十一時五十分台北着。晴れ。遠くが霞んだような感じ。陽差しはきつくはないが暑い。三十度はあるとのこと。曹さんの出迎えでホテルへ。篠原さんにロビーで会ってチェックイン。その後、曹さんが陽明山にドライブに連れて行ってくださる。午後四時半ホテルに戻る。

午後五時三十五分、曹さん招待の会食のためにホテルに迎えに来てくださる。途中、台北日本人学校に寄って四海さん親子合流。

午後六時から世界貿易センターの中のレストランで、台北一〇一という超高層ビルを眺めながら食事。曹さん夫妻、林さんなど七名。林さんとお会いするのは十四年ぶりであるが、お顔を見たらすぐに思い出した。なつっこい笑顔、久しぶりの日本語とのことだが、全く違和感はない。

食事の味はいつもの四川とはちょっと違っている。濃くはない。フルコースでおなかがいっぱいになる。たくさん話を楽しむことができた。

私の仮面研究についての、林さんのことばが印象的であった。

「仮面はとても興味深いテーマですね。それで、仮面がどうして教育と結びつくのですか?」

そこをスカッと納得できるように説明できない。私自身がまだ的確に掴んでいないということである。まだ単なる興味関心でつないでいるのみである。

少し遠回りして台北日本人学校の近くの四海さんを送り、十一時過ぎにホテルに帰る。まあ、飲酒運転だったよ。林さんはジンマシンがでたとのことで飲まれなかった。博士さんも飲まれない。イチローによく似た笑顔の明るい人である。阪神タイガースのファンだとのこと。野球の話になるとても饒舌に。楽しいさわやかな人。

曹さんのお嬢さんは今年二月からお茶の水女子大学へ院生として留学中。曹さんのお知り合いの先生（福山大学を退官なさっているとのこと）が、お茶の水を勧められたとのこと。英語も堪能でアメリカ留学も可能だったが、彼女がアメリカは人種差別があって好きではない、日本がいいと。英語での受験が不可であったので曹さんが日本語を特訓され、見事パス。賢いんだなあ。息子さんは高校二年生。学校は家から徒歩五分のところにある。来年は大学受験。

四月二十日午前十一時。タクシードライバー、王さんがホテルに迎えに。午後三時半の歴史博物館までの時間を市内観光にあてる。

一、銀行両替
二、龍山寺
三、中正紀念堂
四、二二八紀念館
五、国立歴史博物館

と書いたメモ用紙を見せると「わかりました。オーケーです。」

王さん、ほがらかに笑ってオーケー、オーケーと陽気。日本語は通じるが細かいことは無理。しかし、目的地毎に、一時間見てきてください、ここは三十分、と適切に対応してくださる。

（一）まず始めに両替

銀行へと言ったのに、タクシーはどんどん市の中心部を抜けていく。そして小さな商店街のお茶を売っている店に案内された。王さんはよく見知っている店らしく中年の女性と話している。少々不安になりながらも三万円を出すと、女主人は電卓をたたいて数字を私に見せて八千余元渡してくれた。タクシーに乗り込むと「日本の友だちいつもここで替えるよ。銀行よりレートがいいよ。銀行高い。」なあんだ、先にそれを聞けば不安ではなかったのに。しかし、これはヤミ取引ではないんだろうかと思うが、もう替えてしまった。

（二）龍山寺

熱心に祈る人、人、人。中学生くらいの男の子も跪いて祈っている。お供えの花、お菓子や果物を入り口横で買って、プラスチックの赤いお皿に載せて台の上に置く。帰りに持って帰る人もいる。木で作られた赤いグレープフルーツの中の実のようなのを二つ手にして地面に投げては祈る。両方とも表がでれば神様の思し召しだそうで、それまでは何回でも投げる。お経の本を開いて読み上げる人、お線香を額の上や、頭の上にまで奉げたりして数回お辞儀をして、各祭殿を回って最後のところでお線香を立てている。どんなことを祈っているのだろうか。

（三）　中正紀念堂

蒋介石総統。どう呼べばよいのであろうか、パンフレットには蒋閣下とある。蒋介石と呼び捨てにしていてはこちらの人には失礼な響きであったか。地下の展示を見学する。戦いの歴史の上に今日の繁栄がもたらされていることを思い至らされる。

※中正祈念堂は、二〇〇七年五月十九日に「国立台湾民主祈念館」に改称された。

（四）　二二八紀念館

曾さんというボランティアガイドさんとの約束の時間より一時間前にタクシーを降りる。千元を払う。二二八和平公園の中を通って二二八紀念館へ入る。一九四七年に起こった事件はやっと今語られ始めたとのこと。それまではタブーとなっていた。中国語の解説は読めないが日本で事件の概要を読んできたので雰囲気は伝わる。証言者のVTR放映もしていた。闇タバコを売っていたのを咎められたという事件の発端となった場所が再現されている。いろいろな種類のタバコの空箱が散らばっている。小学生が団体で見学に来ていた。この二二八事件はまだ解明されていない、と書いてある。語りたがらないということもあろう。人種差別、思想家の弾圧、政策、複雑に絡み合った事情は単純に云々できないことである。ひたすら心が重くなる。

（五）　国立歴史博物館

さて、約束の十五時三十分を過ぎてもガイドさんらしき方の姿がみえない。携帯で篠原さんに電話する。なんと私が今来ているのは国立台湾博物館。目的の博物館は国立歴史博物館である。教えてくださったように通りに出てタクシーを止める。幸い近くて十分もしないで目指す博物館に到着。そしてまた驚き。入り口のところで車椅子の曾さんが出迎えてくださる。足を捻挫なさったとのこと。きれいな敬語で話をされる。慶応大学に留学されて勉強なさったそうである。

国立台湾博物館と国立歴史博物館。だから国立博物館と言ったのでは不明瞭である。今後は正確を期さねばならない。しかし、お陰でタクシーも拾って乗ることができた。王さんのタクシーとは終日千元の約束であったらしいが、これも後の四海さんとの電話で知る。物事の疎通というのは難しいものである。

発掘された土器類、仮面などについての曾さんの説明で展示物を見ていく。詳しく解説してくださり、とても興味深い。

「ただしこの解釈は私の解釈であって、考古学や歴史学的にみるとどうなのかわかりません。五千年前の事実について記述されたものがないのですから。発掘された土器類の形態から様々に解釈していくしかありません。」と曾さん。

歴史的遺物を見るときには地理学的にも歴史学的にも考古学的にもと、交錯した中でのものの見方考え方が必要である。しかもそこにはどんな想像力をはたらかせて見ていくかということも大事なことであろう。

彼女のお陰で、限られた時間の中で重要なポイントを押さえつつ見ることができた。博学聡明な方である。彼女は優秀なガイドで案内をしてほしいとひっぱりだこ。もちろん英語や他の言葉も堪能な方で、国立歴史博物館と故宮博物院のボランティアガイドを務めておいでだそうである。五時になると、曾さんは子どもさんを安親班《アンチンバン》へお迎えにいかなくてはいけないとのことでお別れした。再度ひとりでまわってみた時に学芸員の方が「私も曾先生のようになりたいと勉強しています。とてもできません。」と言われた。

博物館を出てホテルに帰るタクシーで奇妙な光景を眼にした。

交差点で信号で止まっていたとき、たくさんの車の列の間をぬって一人の男性がすっと近づいてきてタクシーの運転手に何かを渡したのである。台湾は左ハンドルで、私は運転手さんの斜め後ろの座席にいた。その男性は開いていた車の窓にだまったまま手を差し入れた。運転手もだまって身体を右側に乗り出すようにして腕を伸ばして受け取った。それはプラスチックのライターと名刺大のカレンダーのようなものが書かれている薄いピンクの紙であった。ちょうど私の目の前で受け渡しされたので見えたのである。なんだろう。ちょっと不気味。そういえばこのドライバーはイヤホンをつけて何か聞いてるみたいだし、走っている途中でチリッと携帯の着信音がしたがあれもなにかあるのか。私が乗り込んでホテルの名刺を見せても何にもいわず終始無言である。不審の思いをもつと、よからぬ方へと思いが傾く。やっとホテルに到着。ありがとうと千元紙幣を差し出すと、なんと彼ははにかんだような笑いを浮かべた。赤い制服を着たホテルのドアマンがタクシーの扉を開けてくれたので、両替をお願いした。彼はズボンのポケットに無造作に手を入れて紙幣の束を取り出した。こういうのはよくあることみたいだ。運転手さんに二百元渡すと五十元くらい硬貨のおつりをくれた。あのはにかんだような笑い顔は日本人もよくする照れたような顔である。始終むっつりしていたのに意外な感じがした。無事に帰りついたし、よからぬ想像をして悪かったと思った。あとで聞いた話によると、ピンクの紙は単なる広告ビラ、イヤホンは携帯電話の受話器、むっつりは日本語が話せない緊張感で顔がこわばったんじゃあないかとのこと。台湾の仮面との最初のであいはどうやら失敗だったのかもしれない。

四月二十一日。十階のビジネスフロアーでメールをだす。十五分で百元、その後五分毎に五元であった。ホテルでのインターネットはサービスのところが多いがしかたない。

その後、再び国立歴史博物館へとタクシーに乗る。ボーイさんに書いたメモをちゃんと見せたのに運転手に連れてこられたのはまたもや国立台湾博物館。まだ見ていないのでまず入館する。

ここは現代的に整備展示されている。小学生中学年と高学年の団体が来ていた。植物の歴史、捕鯨の歴史、原住民の紹介など、それぞれが一つのフロアーの小さなコーナーに設けられていた。椅子に座って監視しておられたおじさんに、こんにちわと挨拶すると少し日本語を混ぜて、「あれが原住民。」と示し、原住民展示のところで写真を撮らせてくださった。横長の板に顔が彫り込んである人物も。これは民族により凸彫りや線描などの違いがあることを教えてくださる。この板は何処に用いたものなのだろうか。見るごとに疑問がでてくる。描かれた人物は口を開けたもの、閉じたものがある。国立歴史博物館では、三彩神像が阿吽形の口元であった。阿吽形は生まれる、死するを意味し、全てを表示しているといった説明が奈良の興福寺だったかにあったが、これもそういうことなのだろうか。すると時代はずいぶん古いことになる。後世の人の解釈なのか、それとも文書にそう記述されているのか。調べてみなくては。

仮面の口をあけたもの、そうでないものの、意味につながるものがあるか、なにか解釈できるものがあるかもしれない。乏しい想像力では目の前のことしか見えないが、こうして現物を眼にするといろいろと思いがひろがっていき楽しい。

雨が降り出した二二八和平公園の繁った木の下で、昨日リスに餌をやっていたおじさんが今日も同じように、手を伸ばして幹を伝ってくるリスに餌をやっている。

タクシーで国立歴史博物館へ。まずコーヒーで休んでから見てまわる。昨日曾さんに案内して見せていただいた事柄が大事なことの全てであった。こちらの要望を適切に把握理解して解説してくださったことを改めて確認感謝した。

午後四時前にホテルに帰る。雨はほとんど止んでいるが曇天。台湾へ来てお天気がよかったのは数日で、他は寒くて（十六〜十八度くらい）長袖の上着が離せない。南の国へきたはずなのにこの寒さに戸惑う。

午後五時十五分、窓の向こうに霧がかかったような空があり朱色の夕陽が見えてきた。暖かさを感じてほっとする。自然の中の太陽の存在は大きい。自然の営みは人間ではどうすることもできない。ただ祈るしかない。自然に対しては太古の人たちも現代の人も同じである。

私の仮面探しの台北旅行は、こうしてはじまった。

台北

広島空港を飛びたって三時間で台北中正（現桃園）国際空港、到着ロビーに出ると曹さんが右手をあげて笑顔で迎えてくださった。一年半前に仕事で来日された折りに広島でお目にかかって以来である。十四年前の夏に家族で台湾へ来たときもこうして迎えてくださったのだ。

駐車場に出ると陽差しはやわらかいが、気温は二十八度以上はあるでしょうとのこと。薄いコートがほしい感じの広島の朝は八度（日中は十四度）。さすが南の国に来たと思った。しかし、この晴れのよい天気は今回八日間台北に滞在した内の三日くらいで、ほかは曇り、小雨模様の寒い日々で、戸惑ってしまった。台湾ではこの一、二年十五度以下になる日も多く、天候異変だと言われる。

空港から市街地までは約五十分。高速道路の両側の山の斜面は緑が鮮やかである。ところどころに白い花が咲いているのは桐の花で、日本の統治時代に植えられたものだとのこと。

ホテルに着くと篠原さんが待っていてくださった。今回の訪台のために、宿泊所、博物館のガイドさん、現地の学校の見学、他いろいろと手配してくださりたいへんお世話になる方である。

部屋に荷物を置いて、せっかくお天気がよいので夕食の時間までドライブしましょう、と曹さんが言ってくださる。

陽明山に向かって車は走る。市街地は片道三‐四車線の道路が整備されており、道路の両側には街路樹の緑が豊かに繁っていて美しい。その後ろには高いビルや商店街が連なっている。なにしろ漢字の看板が殆んどで、異国へ来たという強い感じがない。隣を並んで走るトラックの車体に、金という漢字が三つ重ねてある、ちょうど森という漢字の木が金で、続きに公司と書いてある。なんと読むのかなあとみとれていると、その字の横に鯉幟りの黒い真鯉の絵が目に入った。おや？　と眼を凝らすと「一番長い〇〇〇」とある。〇は読めない漢字。漢字の中に一文字、平仮名が入っただけでもすぐに日本語だとわかる。漢字の文化を同じくする国である。だから発音は異なっても漢字を見て大体通じあえるというのはうれしいことである。ただし、この漢字は日本と同じものばかりではなく、旧漢字であったり、もっと難しい字体である。台湾の子どもたちはこの難しい漢字を覚えて、発音記号を習い、家に帰れば、また自分たちの民族のことばを使う、という子どももいる。こうした使い分けができることを身につけるのはたいしたものだと思う。またそこに台湾という国の、多様な民族が住んできているという複雑で長い歴史を思わずにはいられない。

為政者によって自己の民族を否定させられたり、あえて隠したり、隠さざるを得なかったりの歴史があった。それはまさに仮面性の社会であった。仮面によって自己の身を守ったのである。そして、今日の平和な社会になって、今度は固有の民族についての文化を大事にしようという風潮の中で、捨て去った、あるいはそうせざるを得なかった民族の仮面をかぶりなおすのである。それは民族としての誇りある仮面である。

台湾の歴史、原住民（先住民）、大陸から台湾へ移り住んだ時期による区別、それらを乗り越えて新しい国をつくりあげていく明るく強い意志の仮面。台湾は豊かな仮面社会である。

広い道路、車線の多いことに感心する。ただ、自動車の前後左右にたくさんのモーターバイクが走っており、危なくないのかとヒヤヒヤする。自転車は殆んど見当たらない。みなバイクである。二人乗りも多い。もちろんみなちゃんとヘルメットをかぶっている。以前に来たときは、バイクの印象はあまりなく、自動車がやたらとクラクションを鳴らしてスピードをあげてお互いにすり抜けるように走っていくのに怖くて眼を開けていられなかった。しかしこの時間帯だからか、今はクラクションは全く聞かれない。マナーがよくなっていますねえ、と思わず言った。バイクも歩道にずらっと並べて置いてある。整然としている。置く所はちゃんと白や黄色の線がひいてある。

三十分も走ると、丘陵地帯に入っていった。ここでも緑が繁っていて美しい。陽明山は市の中心からおよそ十六キロメートルのところにある市民の憩いの高原である。一番高い山が七星山千百二十メートル、次いで大屯山千九十二メートル、嵩山九百八十九メートルなどがある一帯は国立公園に指定されている。高木はなく、広大な草原で丁度九州の九重高原の感じである。火山地帯でもあり、噴煙の上がっている大湯坑に近寄っていくと硫黄の匂いがする。あちこちで坊主地獄のようにぐつぐつと灰色の泥が丸い頭を噴いている。火山があることは、当然温泉もある。台湾の温泉は日本統治時代に、発見開発されたものが多い。温泉といっても日本のように熱い湯につかり身体を温めるのではなく、ここではぬるい湯の中でゆっくりすることが目的だそうである。また、中国文化では裸を人目に晒すことはなく水着を着用して温泉に入るという。そういえば、冬に秋田の温泉で若い女性が二人バスタオルを身体に巻いて湯船につかっていたのを思い出す。顔は日本人によく似ていたが言葉はわからなかった。以前「テレビでレポーターがバスタオルを巻いて入るので誤解される」という記事を読んだことがあったので、そのように思って彼女たちを見た。しかし、もしかしたら他人のいるところで裸になることはないという文化の人だったんだ、と今にして気づいた。それでも台湾の温泉がみんなぬるかったり、水着で入浴することもないらしい。温泉文化もまた混沌である。

緑のなかで白いウエディングドレスとタキシードの花嫁、花婿さんが抱き合ったり、花を手にしたりとポーズをとって写真を撮ってもらっている。こうして、人気スポットの建物や公園などで撮影してアルバムを作るのだそうである。白い花は海芋花《ハイユィ》（カラーの花）で、陽明山の麓で栽培されており陽明山のシンボルである。他にも小さな子どもを連れた家族や、十数人の団体さんなどたくさんの人たちが草原を散策している。小中学生の修学旅行団もきている。お揃いの濃紺のジャージ姿の野外活動の団体もあった。ちなみに高校生の修学旅行は国外へでかけたりする。台北日本人学校の四年生と中学一年生もここで野外活動を行うとのこと。曹さんも大学時代に友だちと一日かけて縦走したそうである。

この高原では牛が放牧されていて、注意するようにとの立て看板があった。日本統治時代やその後の台湾の兵舎の跡がそのまま残っていたりする。台湾の北端のこの高原地帯は軍の要塞として適していたとのこと。ここに落下傘部隊が投入されると台湾の北部拠点が押さえられることになり、かつては防衛に気を遣った地点であった。七星山の頂上にはマイクロウェーブの中継所の鉄塔が数本見える。

国にとって地形というのは重要な意味をもつということが、こういう景観を目にすると実感として伝わる。シーボルトが帰国の際に持ち出し禁止の地図を持っていたとして罰せられたことをふと思う。

今日の陽明山は公園として市民や観光客などで賑わう憩いの高原として愛されていることを、平和だなあとつくづく感じる。

陽明山公園に入るには通行料を払い、帰りにはもう一度その券を渡す。それは特に休日など混雑して車が駐車場に入りきれない場合もあるので、確認、コントロールするためだそうだ。でも午後五時半で料金所の人は帰ってしまう。つまり夜間は無料となり、若い人たちもドライブによく来るとのこと。粋なもんだなあ。しかし、高原の道路には街燈があるわけでなく、月夜ならいいが、事故は起きないだろうかとそちらのほうが気になる。無粋なことだが。

小さな公園管理所では、生息している動植物のパネル写真、牧畜のための道具類、かつて山越えで荷物を運んでいた当時の作業する人の写真、などが展示されている。高原の地図やお菓子、飲み物なども売っている。台湾海峡や東シナ海から淡水港に届いた物資を、運搬人たちは山越えをして東側の金山、基隆などへ運んだ。北側の海岸通にはまだ道路がなかった時代である。

「ここは市中よりも気温が四、五度違って夏は気もちがよいです。私は家内と時々朝ドライブします。」

「阿里山（台中地方に連なる山塊の総称。玉山が標高三千九百五十二メートルで台湾の最高峰）では冬には雪が積もります。陽明山でも冬に一回くらいかな、雪が降りますよ。そうすると、たくさんの人が雪を見に行きます。」

前回八月に行った阿里山は、濃霧でほんとうに目の先三メートルも見えないほどであった。とても寒かった。南の国だから暑い国、と思い込んでいる。南の国といえども四千メートル近い山となると積雪は当然のことであったのだ。また、台湾は南北に細長く、中央に背骨のように山脈が連なっており、島の中ほどに北回帰線が横切り、その南北で亜熱帯圏、熱帯圏と植生も分かれ、東西でも気候が変化している。九州と同じくらいの大きさの島国だというと、なんとなく小さな台湾だと認識していた。しかし、気候を始め、植生、建物、町並み、人々の生活のしかた、など各地域によってそれぞれ異なっているのである。台湾の自然もまた、多様である。

四季はないといわれるが、ちゃんとある。この言い方も日本の生活感覚が身についた基準でしかみていない。台湾では、日本のようにだんだんと季節が移っていき、ああ、春になったなあ、暑くなってきた、夏だ、という明瞭な変化がないだけである。メイユイ梅雨もある。連日ほそぼそと降る雨ではなく、一日、一定時間にどっと降るスコールである。だから、

「空の様子を見て三十分か一時間、何処かに入って雨をやり過ごすと、ほんとに快晴の中を歩いていけるのですよ。朝、傘なんて持って出ようかとか考えません。もっともあのスコールでは傘など役に立ちません。」とこちらに住んで七年になる塩谷さんも言っておられた。

私も今回の滞在中、そういった雨の降り方に遭遇した。まだ雨季になってはいないのであるが。坂道に水がまるで川のようにどおっと流れ下っている。そこを横切っていかねばならず、怖かった。水の中をじゃぶじゃぶ、どころではないのである。転んだら流されてしまいそうな勢いであった。道路にも大きな池のような水溜りができて、

車は勢いよく水しぶきを上げて走る。フロントガラスにバシャーンと水がかぶさってひやっとする。けれども曹さんは平気で車を走らせておられる。

一時間もしたら雨は上がった。晴天にはならなかったけれど、びしょぬれになったズボン、靴は、その後二時間くらいたつと殆んど乾いていた。

「すぐに回って見ることができます。台北は小さいですから。」と曹さんはいわれる。

二時間半くらいのドライブで、近代都市から古い町並み、高原地帯、と変化に富んだ景観を見せてもらって、質の豊かさと多様さに圧倒される思いであった。

歓迎ディナー

台湾到着の夜、曹さん夫妻が夕食を招待してくださった。台北世界貿易中心にある高層ビルの三十三階にある中華レストラン。ここTaipei World Trade Center ClubのVice Presidentが曹さんの非常に親しい友人とのことである。食事をする部屋からはライトアップされた台北国際金融大楼（通称TAIPEI 101）が目の前に眺められる。竹をイメージしているという節が数階ごとにあり、緑色の幻想的な輝きを放っている。百一階まであり、高さ五百八メートルは現在世界一の高さを誇っている。来年以後ドバイのBurj DubaiビルやニューヨークのFreedom Towerが完成すると抜かれるという。

会食のメンバーは、曹さん夫妻、曹さんの甥、林さん（奥様は仕事で今日は作文指導のためにくることができないとのこと。もとは学校の先生であったが塾の方が自分には向いていると、勤め先を変えられた）、台北日本人学校教諭四海さんと小学校六年生のT君、そして私。曹さんの甥っ子さんは、三十歳の理系博士。来年には筑波か大阪の大学に行かれることが決まっている。野球の話になると俄然饒舌になられた。熱烈なる阪神のファンだとのことで、それじゃあ落ち着く先は大阪に決まっているではないか、と大笑いになった。さわやかな笑顔がイチロー選手にとてもよく似ている。

「それで、イチローのことがでてこないけど……」と言うと、

「彼は今調子がよくない。」と、実に詳しい。日本語は話されないので曹さんが通訳してくださる。

国家公務員の林さんは仕事では日本語を使われることはなく、十数年ぶりの日本語だと言われたが、きれいな敬語で上手に話されるのに驚く。

いろいろな話の中で、私に仮面の研究とはどういうことなのかとの質問。

「仮面は非常に興味深いものである。仮面には、民族芸能、飾り物、また子どもがかぶったりするなどの物的な仮面と、精神性の仮面がある。精神性の仮面とは、例えば今私はお客さんとしての仮面をかぶってここに座っている。それはプラスの意味にもマイナスの意味にも受けとめられるものです。また、歌舞伎の化粧やアフリカ民族などのボディペインティングなども仮面的なものです。」

そんな説明をしたら、仮面には心理学的な要素が含まれているなどと大いに話が湧いた。台北に赴任して三年目になる四海さんは、台湾がとても好きになったと、薄いピンクの上着と赤紫色のロングスカートのチャイナ風の服を着ている。こういったチャイナ服は台湾の人たちはふだん殆んど着てはいない。丁度日本で和服を着ている人を

ふだん殆ど見かけないのと同様に。

「私はとても気に入っていつも着ている。これはなんなんでしょうね。」と四海さん。

「それはあなたが台湾の人の仮面をかぶりたがっているからよ。」と私。などと衣装についても話が広がっていった。

台湾での仮面というと、京劇で演じられる仮面があげられる。また京劇の化粧は歌舞伎の隈取りのようで、それぞれの役割によって顔面が描かれる。また仮面の着用もある。野村万之丞氏が能、狂言の仮面のルーツをたどり京劇との関連を解き明かしていかれて「マスクロード」と表現されている（野村万之丞『マスクロード 幻の伎楽再現の旅』）。まさに京劇の化粧と歌舞伎の隈取りとはよく似ているものである。ただし、そのままのものとして伝えられたのではなく、日本の芸能や美的感覚に合うように化粧の仕方も変わり、役柄により描き分けるといったような変遷を経てきているのである。

「色彩についての決まり事といったものがありますか?」

「赤はおめでたい色で、結婚式に使います。白は葬式。黒い色はどこにも使われないですね。」

日本の黒色はフォーマルで慶弔両方に使われる深い意味のあるものである。色の感覚というのは異なるものだなと思う。そういえば、中国様式の古い建物、寺院、廟、などは様々な色彩で描き込まれて赤色も強烈に映えている。

「黄色は昔は皇帝の色として一般の民衆は使えませんでした。もちろん今ではそういうことはありません。自由に使っています。」

台北日本人学校の入学式に赤白の式幕が張られた。ちょっと商店街の大売出しの感じでかなり人目を引いた。どういう意味かと問われたりしたが、たまたま張られただけのことだったと。台湾だと真っ赤一色の布が張られるところだろう。

「葬式のときは、白い着物に藁で作られたものを着ますね。棺桶を担ぐ人も藁を着ます。いいクツを履かないし、一番粗末なものを身につけて帽子もかぶる。藁を身につけるのは粗末なふりをするためか、悲しいふりをするのか……」

寺院、廟などでたくさんの人が熱心にお参りをしている。お参りのふりではなくそれぞれの人が一心に拝んでいる。そのことを言うと、

「祖先を大事にします。お墓参りや寺院にもお参りをします。昔は、家に息子が生まれたら、豚、鶏、魚などの供え物をしました。そして赤い、なんといいますか、そう赤飯を炊いて親戚に配ります。女の子の場合はそういうことはしないね。卵一個供えるだけ。」おやまあ……。

「でも今はそういう習慣は少なくなったね。」

「曹さんのところは娘さんと息子さんだけど、そうされたのですか?」

「いや、家内が二人ともおなじようにしましたよ。」奥さんが隣りで笑っておられる。

「今は憲法で男女平等になっているからね。」

「台湾に来てつくづく思うのですが、こちらの女の人はきついですね。強いというか、きちっと自己主張をしています。喧嘩腰のようで、来た当初はたじたじとなってコワーと思った。でも今はそれが当たり前であって、きちんと自分の考えを言う姿勢が当然だと思います。私も負けずに言い返します。」と四海さん。

「おや、こちらの女の人はそんなに強いのですか?」

「強いよ。特に結婚したら女の人が強いね。」と曹さんが答えられると、そうそうと林さんも頷かれる。みんな

で大笑いになった。あながち冗談ではなく、こちらでは女の人は結婚してもみな働いているのである。責任をもって仕事も家事もとやっていくには賢明に強くなることは当然のことであろうと思う。

「お陰でこっちへ来て私もずいぶん強くなりました。」と言う四海さんに対して林さんが私に尋ねる。

「前はこうではなかったのですか?」

「いや、この人はずっと以前から強い人です。」に、みんな笑った。

「T君、どんなお母さんですか?」曹さんが問いかける。

「う~ん。やさしいけど、厳しい。」

そうだろうなあと頷く。殊に子どもを育てるには、柔剛両面が必要なことであろう。子どもはちゃんと親の姿を見極めている。

次々と運ばれてくるおいしい料理におなかもいっぱいになった。お開きの前に、曹さんの奥様から私へとプレゼントをくださる。開けると、お茶の急須と湯飲み茶碗が二つ入っている。白地の器に濃紺で魚が描かれている。なんと奥様の手書きとのことで感激する。公務員を四十七歳で早めに退職なさって、今は自分の好きな絵の教室やお茶のお手前などに通っておられるとのこと。みんなで窓辺に寄って、夜の空間に浮かび上がっている緑と青色の幻想的なTAIPEI 101を目に収めて、会食はお開きになった。

この旅行記の冒頭にあげた林さんの言葉。

「仮面はとても興味深いテーマですね。それで、仮面がどうして教育と結びつくのですか?」

このことを、端的な表現で人に納得できるようにせねばならないと改めて感じさせられた。大事な指摘をいただいたことを喜んだ。

曹さんのお宅を訪ねて

曹さんが、家でお茶を飲みましょうと、日曜日の午後三時半にホテルに迎えに来てくださった。

台北市の北部の士林区は故宮博物院、忠烈祠、天文台科学教育館、海洋館、などの文教機関が多くある地域である。高級住宅街で、新しい高層のマンションがいくつも目に入る。曹さんの住まいもそういう所。入居されて五年になる。高層ビルが二棟あり、その間には大きな池がある広い庭となっている。木がたくさん繁っている。この広場に六十世帯のみんなが集まってお祭りをしたりしているとのこと。地下の駐車場に車を入れてエレベータに乗る。各階の表示ボタンの横にカードをかざして動く仕組みの最新のセキュリティが設置してある。

十階のお宅に着いて、さあどうぞとドアが押し開かれると、玄関口から赤黒い深みのある色調の調度が目に入ってきた。戸棚、テーブル、椅子などもろもろ紫檀の中国調の風情のある家具調度である。

「みな吉祥の模様が入っています。」とのこと。

超近代的な高層マンションの外観との差異にちょっと戸惑う。

広いガラス戸の外には、明るく広々とした景色が展望される。テラスに出ると、目の下には国防省の建物があり、一角は現在建築中である。その右手は緑の繁った山並み。その山の奥は軍用の地帯となっている。国防省の左手の住宅街の間に、息子さんの通っている高校が見えている。街並みの向こうには、基隆河が流れており、はるか淡水につながっていく。遠くの空に飛行機が小さな光を点滅させながら、こちらに向かって降下してくる。そこには国内線の松山空港がある。

基隆河の向こう一帯が台北市中心街である。なんとひろびろとした景観が眺められること！

「テラスの椅子で本を読んだりコーヒーを飲んで景色を眺めたり、時にはここで食事を楽しみたい、と思ってここに決めました。」

夕陽もとてもきれいですとのことだが、今日はあいにく曇りである。基隆河は下流域で淡水河と合流し、台湾海峡に流れ込んでいく。この空のずっと向こうには中国大陸がある。曹さんの両親は福建省の出身だと以前に聞いた。

感嘆の声を上げながら眺めていると、果物をどうぞと、奥様に呼ばれる。お皿の上には淡い彩りのみずみずしい果物が切って盛ってある。馴染みのものはメロン、スイカ、パイナップル。

「これは、蓮霧《リエンユー》（ワックスアップル）といいます。さっぱりとしておいしいよ。これはメロンね。」

などと説明してくださる。蓮霧はトマトの赤色をもう少し薄くしたような色でつやがある。

「あ、これ、ホテルの夕食でいただきました。何ですか？」

「グアバです。こんな形をしています。今はまだ時期ではないです。」

奥様が冷蔵庫から出して見せてくださる。これも皮ごと食べる、さくさくとしてさっぱりしている。

「烏龍茶とコーヒーとどちらがいいですか？　どちらでもいいよ。」

烏龍茶をお願いすると、奥様はテーブルにお茶の道具類を並べられる。小さな木の台の上に細長い急須、盃を少し大きくしたような湯呑み茶碗、最初にお茶を注いで入れる器などが置かれる。

「このお菓子は台湾の月餅ね。いろいろ種類があります。せっかくだから試してください。」

と、中の餡が、こしあん、ゆずあん、くりあん、など異なった種類のお菓子をすすめてくださる。日ごろ殆んど甘いものは口にすることはないが、いただく。甘さは控えめでおいしいと思った。

チン、と先ほどから小さな音がする。

「あ、時間を計ってお茶を入れてくださっているんですね！　まあ、本格的だ。」

小さなタイムウオッチに目をやりながら奥様が笑っておられる。日本の茶道と似ている茶芸というのが台湾の作法である。奥様は今その茶芸を習っておられるとのこと。お菓子の後に烏龍茶が香り、口の中にほんのりと苦味が広がる。さすが、こうしていただく烏龍茶は味も格別である。何杯もおかわりをして味わった。

急須は備前焼に似たこげ茶色のもので、気に入った陶芸家の手によるものだそうである。食器棚の天目茶碗もこの作家によるもの。これで、お抹茶も時々楽しむそうである。

「家内は、今絵もかいて楽しんでいますよ。これは一番最初の作品です。」と棚の上の絵皿をテーブルに置いて見せてくださる。古城が描かれている。

「アマリ、ジョウズデナイ？　イチバン？　ハジメデス。」奥様はほんの少しだけど日本語を話される。

第二番目の作品は、淡水河で釣りをしている人の絵。曹さんも息子さんも釣りをされるそうだが、絵の人がどちらなのか聞き逃した。モチーフはその場でスケッチしたり、写真に撮ってきたりして描かれるのだそうである。うまいなあ。油絵と水彩画と両方を描かれる。手法が異なるのを楽しんでおられるのを驚く。

今度は、木の細かい彫り物を出して見せてくださる。何だったか忘れてしまったが、蓋のようなものをとると、その中にも小さな彫ったものが入っていた。故宮博物院で見たが、船遊びをする人たちの彫り物を拡大鏡で覗いてみると、船の飾りも人物もひとりひとりの顔まで細かに作られていた。それと同様で、ウーンと唸るしかなかった。

思わず笑ったのが本物そっくりの象牙のバナナであった。

長さ十五センチ余で薄黄色の皮が一枚ぺろんと剥かれて、中の実の白い繊維が細く切れそうにくっついている。めくれた皮の先の丸まったあたりに蜂がいる。なんと巧みな細工であること、と驚きつつ愉快であった。

「家内はこういう玉《ギョク》や石で作ったものが好きで、いろいろ集めています。」

いわゆる骨董品は好きではなく、人が使ったものではないもので、自分の気に入ったものを収集しておられる。

「お金、どれだけ使っているか、私知らないね。家内は退職してたくさんの年金を自由に使っているよ。」わあ、すてきなこと！

一つの石の色合いの異なった部分を生かして、崖に立っている馬が彫ってある置物。印鑑にする石は、背の部分に飾りが彫ってある。ひとつひとつを箱から出してテーブルに置かれる。玉の硬さは六～七度、印鑑の石は二～三度、象牙は二・五度、ダイヤモンドが一番固くて十度と説明してくださる。拡大鏡で細かい見事な細工をじっくりと眺めては、感嘆の声を上げたり、ため息をついたりした。奥様は印鑑の石を箱から取り出しては、両手の中でなでさすっておられる。そうすることで、色艶がよくなっていくと。そのようにすることが愛でることなのだと感じる。

そんな中で奥様が私にその印鑑の石をプレゼントするとのこと。まあ、高価なものを、と尻込みする私に、曹さんも記念ですからと言われる。大事にします、とありがたく頂戴した。その石には、「乾隆通寶」と書かれた貨幣を獅子が手で支えている飾りが彫ってある。福建省の福州市壽山村という地でとれた壽山石で、模様は吉祥、如意紋で、おめでたいという意味である。印は心して丁寧に押すものだとかつて教えられたことがある。台湾でも日常生活ではサインの社会になってきたといわれるが、まだまだ印鑑は大事なものである。

「私も仕事を変わってから新しく印鑑を作りました。」と背に模様が彫ってある大振りな印鑑を見せてくださる。そして、「大事にしている玉があります。」と見せてくださったのは、円いドーナツ型のものである。乳白色の透明感のある翡翠の輪に、首に掛けられるように紐が通してある。

「これは娘が大学院に合格して日本に行くときに娘にプレゼントしました。一つはこうして私が持っています。」

「玉にはどんな意味があるのですか？」曹さんは『潔白、堅貞』と紙に書いてくださった。

「これは金石情です。」

「そのように何かの記念に玉をプレゼントする習慣があるのですか？」

「習慣ではありません。でも昔からそうする人はいます。私は玉が好きだから娘に贈りましたね。」

「では今度息子さんが大学に合格されたら？」

「ええ、プレゼントするでしょうね。」

台湾では玉は昔から意味を持ったものとして扱われてきているのである。

午後六時ごろ「夕飯にいきましょう。」と近所でふだんよく行っておられるレストランに案内される。台湾では家で食事をするのは朝食のみ。たまに休日は家で調理する。働いている女性が殆んどだからそうなのかどうか。食事をする店がいろいろあって昔からの習慣がそうなのか。

外に出ると、中華料理、イタリア料理、フランス料理、焼肉料理、鍋料理、寿司屋など様々な店がずらっと続いている。どこの店にもいっぱい人が入っている。繁華街の中を歩いているような感じである。中華料理の店に入る。大きな円いテーブルが五、六台、どこもいっぱい人が座っている。入り口に近いテーブルで食事中の中年男女四人の家族らしき人たちのところに相席させてもらう。その人たちの前には茹でた餃子、水餃子が大きな皿に山盛りになっている。スープの大鉢、鶏肉の皿、チャーハンの皿、他に三皿くらい、たいへんな量である。それぞれ自分の茶碗や皿に取っては、黙々と食べている。餃子は日本のごはんのように主食である。焼かないで茹でたもので、他のおかずと一緒に食べるものである。

私たちの前に、海草、豆などの小鉢と、水餃子、野菜がいろいろと入ったスープ、麺、インゲン豆のようなものと肉を炒めたもの、などが運ばれてきた。どれもおいしい。圧倒されそうなほどの水餃子の山が低くなっていく。スープのお代わりをする。食事中にはスープをしっかり飲んでお茶は食後である。台湾で標準の夕食である。食べ残った水餃子他二皿くらいのものを持ち帰るからと、詰めてもらわれた。

「料理は残しても大丈夫。お客は食べきれないほど満足したということで、招待した方もそれで、よかったと思います。残ったものは持って帰るので、無駄にはしません。」

残して失礼だ、もったいない、ということではないのである。これは羨ましいことである。持ち帰りについては日本でも昔はそうだった。私も残ったサンドイッチを包んでもらったようなことが何度かあった。食中毒について厳しくいわれるまでは、学校の給食でも、食べ残したパンや果物などはその子どもに持ち帰らせていた。また欠席した子どもの家に、友だちがお手紙といっしょにパンを届けたりもしていた。今日では一切禁止である。衛生上当然のことではあるが、一口かじっただけのパンも何もかも捨ててしまう、ということを子どもに教えることを切なくも思う。食べ物を残すのはもってのほか、いわんや捨てるなどもったいないことをするものではない、と祖母から厳しく躾けられたものだ。食べ物をそまつにしてはいけない、ということは今日においても普遍のことである。どのように教えていけばよいのかきちんと考えねばならないことである。全て自己責任において持ち帰る台湾の風習を羨ましく思う。

食事の後は散歩をしましょうと、曹さん夫妻のいつもの散歩コースを歩く。明るく輝いているレストラン街を通って街灯のまばらになった所に出る。真っ暗な大きなビルがある。ここは二年前までは若者のディスコなどもあるたくさんの店で賑わっていたが、つぶれてしまった。スレートの囲いや青いビニルシートの張られた建設中の所を通る。ガランとした平地の所も見える。大規模な工事中の所は、地下鉄の駅が間もなく完成するとのこと。そこを抜けると、建物の暗い角の所でラーメンの屋台のような感じの小さな店の前に男の人が三人、煙草を吸いながら話している。暗闇の遠くに、サッカーボールのような白と黒のモダンな模様が描かれている三階建てが見える。

「あれは何だと思いますか。」

「？？？」

なんと公立の小学校だそうだ。人気の高い小学校には学区を越えて、祖父母や知人の所に住所を移して入学している人もいるそうである。

「ここも人気が高いですよ。」と言われる小学校が、一時間の散歩道で四、五校あった。学校がずいぶんたくさんある。夜目にも広い敷地に大きな高い建物がびっしりとそびえるように見えているのは、中高一貫校。五階建ての校舎が四、五棟見える。もっとあったかもしれない。塀に沿っていくと数面のテニスコートも広くとってある。たいへん立派な校舎にびっくりする。

近代的な新しい感じのマンションやビルの並びが切れると、タイル張りの外装のような少し古い形式の市営アパートが十棟余り並んでいる。みな十五階くらいはある。各階の幅は狭そうである。

近代建築のマンションでも、どこでもみな風水が考慮してある。建物の入り口の所に大きな大理石の輪が据えられている。また、建物と建物との間が向こうまで見とおせるようになっていたりする。それらはすべて風水の考えによるものである。

『美麗華』という、明るく輝いている大きなモールに入る。遠くからビルの屋上に大観覧車が見えていた所である。日曜日の午後八時過ぎというのに、子どもを連れた家族や若い人たちなどたくさんの人である。五階からのエスカレータは大観覧車や映画館などがある階へと続く。それぞれの階には、子どもや若者、紳士などの衣服、おもちゃ、カバン、貴金属などいろいろな店があり、人々が行き交っている。

アイスクリームで休憩する。ここもお散歩のお決まりの店で、スイス製とオランダ製の表示が見える。パチパチと弾ける音がしてワッと歓声が上がり、若い男性二人の席に、火花の散るアイスクリームが運ばれてきた。それは花火という名前のものだそうだ。

外に出ると、小雨がパラパラときたがすぐに止んだ。道路向かいには広々とした駐車場に自動車がたくさん並んでいる。そこは大型のスーパーマーケットである。二軒並んである。先ほどから歩いてきた道には、廃屋になった元デパートや元ホテル、またイタリアの建築家ガウディもどきの斬新なデザインの建築中の建物、など街の新旧交代が行われているようであった。大きく囲いのある塀に『〇〇の都』と書かれている。

「向こうに見える高層ビルは、『軽井沢』といいます。」

「まあ……」

「鹿島建設が建てました。またもうひとつ建築中です。」たいへんな建築ラッシュである。日本では長く建築業が冷え切ってしまったというのに。

これまで私は、何度も『マンション』と記してきたが、台湾ではマンションとはいわないそうである。ただ『ビル』という。住所表示も道路の名称だけで、『台北市中山北路○段○○號○樓』というふうに表示される。マンションという名称もないし、建物の名前もない。ここに記すのは便宜上わかりやすいので、住宅だけとなっているビルをマンションと表現してきた。日本では二、三階建ての数世帯のところでもマンションと呼び、なんとかレジデンス、などと名前がついているのを気恥ずかしく思っているが、ここの様子をみるといっそう気恥ずかしい。家の広さについて次のようなことが書いてあった。

「阪神・淡路大地震の四年後の一九九九年九月に、台湾中部の南投県《ナントウ》でM七・三の大地震があった。そのときに、日本から阪神・淡路大地震で活用された仮設住宅が台湾に届けられた。しかし、そのサイズが異なっていた。日本のは一世帯八坪であるのに対して、台湾の仮設住宅は十二坪であったそうだ。」（李　登輝・小林よしのり『李　登輝学校の教え』）

高層の住宅街は基隆河沿いに続いている。自動車の行き交う道路にかかっている横断歩道橋を渡って、河土手に出る。川面から涼しい風が吹いてくる。河川敷は歩道が整備されている。その道はずっと遠く淡水河口まで続いていく。

「家内と二人で淡水まで歩きましたよ。川風がとても気もちよかったです。」

「でも、翌日は筋肉痛でたいへんだったです。」と奥様。

「ここをパリのセーヌ河畔のようにするために整備中です。」

「この河川敷は、住民の避難場所になりますか?」

「そういうのはないです。増水のときは水につかってしまいます。」

私の住む広島市の太田川放水路河川敷は地域住民の避難場所に指定されている。しかしそこも台風などの大雨のときは水につかってしまっている。台風の後は上流からの木材などたくさんのゴミが川岸に流れついている。避難場所というのはどういうときの構想なのであろうか。しかし、パリのセーヌ河畔という話題の中で、なんと野暮な質問をしてしまったもの、と反省する。

夜の空の向こうに飛行機が降りてくる。曹さんの家のテラスから眺めたのと同じ光景である。飛行機は大きな姿を見せながら、街の明かりの中に吸い込まれていった。

帰り道、軒の低い家が建て込んでいる、細い路地を通っていく。道の真ん中に黒っぽい大きな犬が寝そべっている。その足を踏んづけないようにと気をつけていく。犬はちょっと首を上げて私を見上げてすぐに知らん顔をして頭を前足の中に入れた。「こんなところもありますね。」と曹さんはいろいろと見せてくださる。

再び広い通りに出ていくと、交差点があり、また高いビル街になった。

「ここの三階と四階に家内の両親と兄弟が住んでいます。」

歩いて行き来できる所に親戚が住んでいて、行事の度に集まって会食をしてと、親密な関係である。台湾では家族や親族を大事にする。行事のときはみんなで集まって食事をして賑やかに過ごす。大勢で食べることが基本の中華料理である。また、日本のように家に招待してかしこまって手料理でもてなすのではなく、レストランでの会食となる。ふだんから外で食べることがあたり前の生活であるから、大勢での会食となると、より大きなレストランで、と楽しみも大きくなることであろう。

こうして一時間余りの散歩のなかで、普段着の人々の生活ぶりを少しのぞいて見ることができた。

台北市北部の文教住宅地区の散歩道に次々と展開された風景は、新しいものと古いものとが混在していた。発展して捨てられていくものもたくさんあるなかで、街の進歩にはお構いなしに、その人の生活が根付いている。実に様々な表情がある。

林さん夫妻の招待を受ける

○招待

台北最後の日のディナーを招待させてください、との林さんのご好意をありがたくお受けする。そのことについて、広島を出発する以前にメールのやりとりがあった。私は林さんの招待の話に対して、「いや、最後だから私のほうが日本料理でご招待します」と返事をしたのである。しかし、その後台湾の人の習慣を考えると失礼なことを言ってしまったのではないかと、気になった。それで、曹さんに相談すると招待をお受けする方がよいですと言われた。台湾の人の習慣について、陳　宗顯『台湾のことわざ』に次のようなことが書いてあった。

・名刺のやり取りの時には、相手より先にさしだすこと。それがセンスがよいことである。

・およばれの時は、招かれた側は土産を持って行くのは必ずしも、ではないが、招いた側はたくさんの土産を持たせる。

・親戚で招いたり、招かれたりして、大勢で会食を楽しむ。そのお返しをしなくてはいけないということは習慣ではない。しかし、ほおったままにしていると、ケチだとかあまりよくは言われない。

とにかく相手よりも、より以上のことを次回の接待には心がけねばならない。経済的にもたいへんな出費であり、付き合いを減らしたりもしている。どこまでが真実なのかはわからない。しかし、古くからの習慣というものは、そのままに伝えられるのではないであろうが、そこに込められている人々の心情というものは伝わっていくものである。時代が変わっても人の温かいつながりというものは、続いていくのである。

さて、会食の場所は、台北大学附属病院の国際会議中心。玄関というより建物の前面が総ガラスで外からも一階の広間のシャンデリアが明るく輝いているのが見えている。黒い服を着たレストランの人たちがこちらを見ている。回転扉を押して中に入ると、大広間である。白布の掛かった円卓がたくさん並んでいる。三百人以上、いやもっと多人数の会食ができそうである。レストランというより大宴会室の感じである。テーブルの間を通ってずっと奥の窓側の席に案内された。主賓としての私は一番奥の席に着くように言われた。広間全体がみわたせる。私の両隣には曹さん夫妻のそれぞれの席。そして私の向かい側には林さん夫妻。林さんの奥様は仕事の都合で遅れてみえることになっている。客は我々のほかには二テーブルのみ。ウイークデーだからなのか、豪勢な場所だからなのか、後者であろうなと勝手に思う。

ここは林さんのお勤め先の近くである。この建物の前の道路にこんもりと繁っている街路樹があり、その向こうの高いビルの上階にオフィスがある。そのビルは、「日本の霞ヶ関です。」と曹さん。林さんは国家公務員ということ。料理は曹さんと相談して、広東料理の点心にしましたとのこと。最初にいただいた台湾料理のフルコースと同様であった。

お喋りをしていると程なく林さんの奥様がみえた。私は初対面である。以前に台湾にきたころ結婚されてその後赤ちゃんが誕生されたとの手紙をいただいたことがあった。奥さんは現在塾の経営をしておられる。一人息子さんは中学生で、習い事は、

「英語、中国語作文、それにバイオリン。もう塾の費用がたいへんです。」と林さん。

林さんが米国で三年間勤務されていた時に、息子さんは第二言語として日本語を選択されたとのこと。勧めたわけではないがうれしかったと。それは父親が広島大学大学院に留学したということも影響しているのであろうが、私もうれしくなる。しかも、彼の言語は中国語、英語、日本語ということ。立派だなあとひたすら感心する。

「ほんとに教育費が大変です。」林さんは何度も繰り返される。

「たった一人だけなのに。」と曹さんは笑って言われる。

「私のところは二人ですよ。でも習い事はあまりしなかったね。娘はピアノと英語だけ。娘も息子ものんびりとたくさん遊んできましたね。ちょっと遊びすぎたくらい。」

曹さん自身は小さい頃家が貧乏だったので、習い事は何もしていないそうだ。四、五十年前の時代の人はみなそういうことだったのだろうと思う。

「それでも曹さんは国のお金を使って外国旅行もした。奥さんの年金もとてもたくさん。勤めている人の給料よりも多い。」林さんはしきりに曹さんを追及される。

「いや、あれは旅行ではないね。視察です。ゴルフも少ししたけどね。でもイギリスでは、ゴルフしなかったよ。雨だった。」

「おんなじだあ～」と林さん。みんなで大笑い。

「ちゃんと仕事しましたよ。大変だった。帰りの飛行機のファーストクラスの席でレポートを書いて、シンガポールから台湾へ送りましたね。」米国への出張の折りには滞在中の林さんとも会われたとのこと。

「たくさん、たくさん、仕事をしたから、もうみんなおしまい！今はみんな終わったよ。」

曹さんは政府関係の仕事を退職されて、現在は私立大学で秘書の仕事をしておられる。日本語が堪能なので日本の大学との交換留学生の事業などで活躍しておいでである。

○ お酒

「これ、珍しいですよ。食べてみてください。試していただこうと思いまして。」林さんが料理の載ったテーブルを回してくださる。

「トリの足です。」お皿が目の前に来て、「まあ！」と思わず声を上げた。

学校の給食でもよく食べてきた骨付きのモモ肉ではなくて、鶏の足であった。三つの指が伸びている。口にすると、少し衣をつけて揚げて甘辛く煮た感じで、こりこりした歯ごたえがあるものであった。

「せっかくだから、片足ではなく、両足を食べてあげないとね。」と、鶏に敬意を表して二本食べた。おいしかったことはおいしかった。

どうぞ、とすすめられてビールを口にしていたが、

「あっ、こちらでは女の人は、お酒は飲まれないそうですね。」と言うと、

「関係ない、関係ない。」と曹さんは手を振られた。

曹さんと林さんの奥様は最初の乾杯のグラスに口をつけられただけで、後はジュースを飲んでおられる。篠原さんたちと話した時に、ビールなど飲まれるのですか、と尋ねたことがあった。

「女の人は殆んど飲まないわね。」

「そうね。」と塩谷さんも相づちを打たれる。

「おや、どうしてですか?」

「女の人がお酒を飲むことは、はしたないと見られるみたいです。」

「まあ……」

「家の中で食事のときに少し飲んだりはしますが。」

そういう話が心にひっかかっていた。そのせいではないが、次々に運ばれてくる料理を食べていると、ビールはコップ二杯くらいしか入らなかった。広東料理も、楽しい話のうちにおいしくいただいた。

「中国料理では、生ものは食べないですね。炒めるか、揚げる料理です。日本では調理法が多いですね。」

「煮る、焼く、炒める、揚げる、蒸す、ふかす、茹でる、煮しめる……」

曹さんは指を折って挙げられる。用語と調理法とが一致しているように、日本の食文化についても理解しておられる。

※この原稿を整理している季節（六月）に篠原さんからメールが届いた。――「水もしたたる青葉」の中国語の表現は「緑油油」。油もしたたる緑です。日本ではおひたし、茹でものなど水をよく使うが、中国料理では炒め物、揚げ物とよく油を使う。日本の水の文化に対して中国では油の文化でしょうか。――という内容であった。

○ 学習

小学校の一年生から、毛筆できれいな字を書くことが要求される。日本では一、二年生は硬筆といって、鉛筆とフェルトペンでの書の学習である。毛筆は三年生から。やはり中国は毛筆に重みが置かれているのだ。しかし最近では学力向上を優先して毛筆軽視の傾向もある由。

そんな話から、漢詩の学習もしているのかと尋ねると、ないとのこと。そして、日本では俳句の勉強などをするのかと返された。

「小学校六学年では、国語の教科書に俳句、短歌が出てきて親しむ。それで、修学旅行などでは、俳句と短歌を五首くらいずつ詠むという課題を与えたりする。子どもたちは宿の夜、日記を書きながら指を折りつつ作っている。なかなか楽しい句がたくさんでてくる。」などと説明する。

「それはいいことですねえ。」とそういう古典を小学校で教育することはうらやましいと言われた。

「私は今、俳句に興味をもっています。なになに「や」、「かな」といった文字で意味が違ってくるのは深いです。難しいね。」と曹さんは、俳句を何か解説してほしいと言われるので、～静かさや岩にしみ入る蝉の声～の解釈を話した。

○ 顔について

林さんの奥様と初対面の挨拶を交わして、すぐに話題にされたのが顔のことであった。

普通の日本の人はまぶたが一重で目が細い。それなのに、私が二重まぶたで目が大きいと。だからどうこうということではなかったが、人は初対面で、まず顔のことが強く印象づけられるものだという話になった。

顔は、その人の人格全体を表出しているものである。だから、初対面で顔を見てこの人は好もしい、自分に対していい感じで接してくれそうだ、あるいは反対に、何か気難しそうな人だ、などといったことを瞬時に受けとめる。たとえ自分で意識して顔の表情をつくっていても、相手はその人の感性でもってみていくのである。特に子どもにはまやかしは利かない。すぐに見抜いてしまう。子どもは人の本質を瞬時に見抜く感性をもっている。純粋な動物のような感性である。

しっかりと仮面をかぶっているはずなのに、取り繕うことのできないありのままや、自分では気がつかない事項が、相手に読み取られていくのであろう。

顔の造作がひとしきり話題にされたのは、既に私が仮面について研究をしているという話が入っているからなのかもしれない。私自身もいきなり顔のことを話し出された林さんの奥様のことを、なんと率直で飾らない楽しい人であろうと思った。

「では、学校の先生も仮面をかぶって教えているのか？」

「いや、そうじゃない。」

「いや、そうかもしれない。」

「でも、かぶらないと教えられないのか？」

などとそんな話が交わされてとても愉快であった。

仮面というと、不思議に話が盛り上がっていく。人はそれぞれに仮面についての馴染みをもっているものである。それぞれが自分の知っている仮面について話しているうちに、いつの間にか、自分自身のなかの仮面性といったことに立ち向かっている。そんな雰囲気になっていくのを感じた。

仮面は、人間について、社会について、歴史について、など様々な事柄を内包している。だから、仮面について初めて話題に加わる人でも、いろんな自分の考えを出していくことができるのである。仮面の世界は実に広く、深い。誰もが語ることができて、人をどんどん引き込んでいく。

台湾の民族と文化

タイペイアイ（台北戯棚）

四月二十一日金曜日夜。二十時開演の京劇を鑑賞する。

タイペイアイは中国伝統芸術である京劇を、観光客のために上演しているものである。上演は毎週金、土、日曜日の二十時～二十一時三十分。台北市中山区の繁華街、台湾セメントビルの中にある。

二〇〇二年に辜氏企業の台湾セメントビルの落成にともなって伝統芸術発表の場としてオープンした。辜氏は一九八九年に台北に「辜公亮文教基金会」を設立し京劇を広めることに尽力し、中華文化の発展に貢献してきている。タイペイアイはこの基金によるものである。賛助指導＝行政院文化建設委員会と記されているように、政府と民間資金とで設立されているものである（台北戯棚のパンフレット、ホームページ）。

ここでは京劇を観ることができる、ということと、化粧をするところも見せてもらえると聞いて、ぜひ一度見たいと思っていた。ホテルからオフィス街を三十メートルほど行ったところのビルの横の入り口に、台北戯棚の七十～八十センチの高さの小さな看板が立っていた。看板が見えただけでわくわくする。開演の直前にならないと中には入れてもらえない。十分くらい前に一階のフロアーでチケットを購入する。大人一人八百八十元。チケット売り場といっても国立〇〇劇場の受付などのようなガラス張りの窓口があるわけではない。教室の半分くらいの広さの、フロアーの右手の一角に獅子、トラの人形や京劇の仮面などを売る台が設けられており、そこで買う。小さな紙コップのお茶をすすめてくださる。

すでに十数人のお客さんが入っている。黒のスラックススーツの、女子学生のような感じの人が「みなさま今日はようこそタイペイアイへ！ ではどうぞ会場にお越しください。」と言うと、横のエレベータの扉が開いた。三階で降りると、人形、仮面、キーホルダー、飾りの小物などを売っているのが目に入る。会場入り口の所で白いドレスの女性が椅子に座って琵琶を演奏している。その向かい側で壁を背にして長机について、役者さんたちが自分でめいめい化粧をしている。その奥の方では既に化粧を済ませた今日の主役のような女性が立って着物を着せてもらっている。座って化粧をしているのは男性三人、女性一人。みんな二十代はじめのような若い人である。それぞれ身をかがめて、小さな鏡を覗き込むようにして顔面を描いていく。中指や人差し指で太い線を頬からこめかみの方へなすり上げていく。女の人が鏡に顔をぐっと近づけて、眉間の真ん中に細い筆で赤い色を着けている。よく見ると赤いハートの形が丁寧に描きこまれていく。隣りの男の人は緑色で頬の下から上に向かってゆらゆらと波打つような太い線を指で描いている。海草のように見える。すると今度は、青色で、大小の丸い円を描く。泡粒のよう。彼の前に近づいてカメラを向けると、化粧の手をちょっと止めてカメラに目を向けてくれる。「謝謝。」と言うと小さくにこっとして化粧に戻る。

化粧をする京劇役者

というわけで、つまりここではこれから始まる演劇を演じる役者さんが、自分の役の化粧をしている所を観客に公開しているのである。こういうのを見ることができるとは。珍しい化粧でもあり、感激した。以前に歌舞伎役者が化粧をしているのを写真で見たことがある。役者はこうして自らが化粧をして、だんだんと役になっていくのだと思った。化粧は役作りのひとつである。だから人に見られたり、しかも大勢の人の話し声のする中で、さらに化粧する面前でお構いなしにカメラのフラッシュも光る、というこの場の状況は想像もしていないことであった。もちろんそこでは役者のピリピリした緊張感は感じられない。しかし、鏡に向かう表情は化粧に専念する姿であった。演じる前の神聖な時間ではあろうが、化粧の場面も公開して演劇をまるごと楽しんでもらおうという、このタイペイアイの趣旨の雰囲気が伝わってくる。化粧を公開するといっても、劇の出演者全員ではなく、主役のような女性は化粧が済んでいたし、劇に出てきた閻魔大王も化粧の場に姿はなかった。その場での化粧は開演五分前まで見ていた。化粧の済んだ役者さんは席を立っていき、代わりに新しく座る男性もいた。

幕間の休憩時間や終演後には、演じた役者さんたちが会場入り口で観客とカメラに収まっている。客に手指の所作や体の構えを教えたりしていっしょにポーズしている。つい先ほどまで激しい立ち回りを演じていた人なのに、化粧が流れたり乱れたりもしていなくてきれいなのにびっくりする。頬に海草ごときものを描いていた男性の役はやはり水の中の役。カニであった。頭にカニの顔の面もついている。このように海草や水泡を具体的に顔に描いているのが愉快であった。京劇の古典ではどうなのかは知らないが、歌舞伎などの日本の古典芸能の世界とはずいぶん異なっているのを感じる。

以前に歌舞伎役者がスーツ姿で対談しておられるのを本で目にしたとき、演技中のその役者の雰囲気とは全く異なった顔で、大いに戸惑ったことがある。演じるという、仮面の世界そのものの人として受けとめていたのである。しかしこのタイペイアイでは、彼が化粧をすっかり落としてしまっても、そんなに違和感はもたず、舞台が終わってから、「今日の宙返りは高く弾んですばらしかったですね。舞台からはみ出すのではないかと一瞬ひやっとしましたよ。」などと声をかけてしまいそうに思える。なにしろ、素顔から化粧を始めていく役者さんを目の前で見せているのである。そして、その若い役者さんが、劇を演じ、観客と交流し、またもとの素顔にもどっていく、という自然さが役者さんの中に流れていた。観客に中華文化を広く知ってもらいたいという若いエネルギーが漂っていた。

その仮面性は、ある意味、開き直ったような大らかさが感じられる。重々しく仮面を外すのではなく、かなり気軽に、ひょいと仮面を取り外している。そのような感じである。フロアーの机にはとりどりに化粧を施された仮面が二十個くらい並んでいる。どうぞ自由にかぶって写真をお撮りくださいと書いてあった。六年生のT君に、つけてごらんと言うと、「いや、いい、いい。」と尻込みする。では私自身が顔につけてみるか、となるとやはり躊躇してしまう。なんでもない京劇の仮面である。それなのに自分の顔につけてみるのをこんなにためらってしまうのはなぜであろうか。たんなる仮面といってしまえないものが、何か確かにあるからではなかろうか。

二百人くらいの席が五十名くらい埋まっている。殆んどは日本人客のようで、ヨーロッパの人も数人見える。舞台の両側のスクリーンにセリフが日本語と英語とで表示されるので、劇の内容はわかりやすい。ときどき違和感のある日本語表現もあったが。

演目は三つあり、一番目は王恵然さんという人の琵琶の演奏。イー族のダンス音楽。二番目は「昭君出塞」という西漢元帝年間の番族と仲良くするために書かれた物語。三番目は「金山寺」という中国ではよく知られている恋愛物語「白蛇伝」。

琵琶の演奏は強弱があったり、哀切感が漂ったりときれいな演奏であった。二番目は初めて見る京劇の華麗さや舞台を飛び跳ねるパフォーマンスに圧倒されて何がなにやらわからないままに終わってしまった感じであった。

休憩後の「金山寺」は、少し興奮もおさまって落ち着いて字幕も読みながら見ることができた。白蛇が人間の姿に変わって許仙の妻になるが、端午の節句にお酒を飲んで元の姿を現してしまった。許仙は驚いて仮死状態になる。夫を甦らせるために白蛇は峨眉山に霊を盗みに行く。途中金山寺を水攻めにして戦ったりして、激しく立ち回りが演じられた。この水攻めの時にカニたちが出てきて戦っていたのである。立ち回りの時に舞台でくるくると回ると、衣装の刺繍の豪華さ、描かれた模様の華麗さが目に飛び込んでくる。その後ろ姿を見ながら、神楽の舞いや衣装と似ているところがあると思った。実は張り切って舞台の直ぐ下、一番前の席に座っての観劇であった。役者さんの顔や衣装の絵柄もとてもよく見える。仁王様の大きな後ろ姿が、舞台中央にあった時は、とても迫力があり、後ろ姿に威圧感があった。

念願の京劇を見ることがタイペイアイで叶えられた。歌舞伎と同様に見栄を切るところがたくさんあったり、テンポの速い舞に神楽を連想したりと、日本の伝統芸能と重ねてみたりして楽しんだ。顔に描かれた模様のそれぞれには、意味があるものであろう。篠原さんが、「四年生の子どもの学校の宿題でインターネットで調べたものです。」と京劇の仮面のような顔の描かれた印刷物をくださった。「三國演義〈魏蜀呉三國〉中之重要人物、……計二十九面、顔色鮮……」とあり、二十七のそれぞれの彩りされた顔について二、三行説明されている。地色が赤のもの、青のもの、黄のものなどあり、その上に様々な色で模様が描かれている。絵柄の約束事も決められたものがあるのであろう。おもしろそうというより、やはり怖そうな印象の顔ばかりである。気軽に顔につけてみる、という具合にはいかない感じである。仮面の何かが乗り移ってきそうだ、と思ってしまう。描かれた仮面も調べてみるとおもしろそうである。

雨の淡水

台北最後の日。朝起きて窓の引き戸をあけると雨であった。この度の滞在中、雨、曇りの寒い日々に驚いた。四月も下旬になる、しかも南の国なのに意外であった。荷物の片付けは小さな鞄一つと、いただいたお土産の入った紙袋が一つで、簡単に済んだ。午前九時半に曹さん夫妻が迎えに来てくださる。

「今日は晴れると思ったのにね。淡水へ行きましょう。」

賑やかな街路を抜けて車は北西に向かって行く。左右はどこでも背の高い樹木が繁っている。日本のような、初夏の黄緑色ではなく濃い緑である。山を見ても岩や禿山はなく、山全体が緑におおわれている。亜熱帯はよほど樹木が繁茂しやすいのであろう。

「台風の通過が多いこの国で街路樹が倒れてしまうということはないのですか?」と聞いたとき塩谷さんが言っておられた。

「あ、倒れてる、と思っても、いつの間にかすぐに大きくなってしまうのです。とにかく生長が早いです。」

道路に大きな水溜りができている。前の自動車が車体の両側に水しぶきを高く跳ね上げて走っていく。ふいに対向車から我々の車のフロントガラスにザバ〜ッと水がかかる。曹さんは平気でスピードを緩めることもなくビュンと走らせていかれる。はるか前方の景色は雨の中にけぶっている。

三十分くらいたつと新しいビルの建ち並ぶ街になった。

「あそこが前の李 登輝総統の住まいです。」

道路に面した大きな新しそうなビルである。警備の兵士さんのような姿が見えた。

「総統をひかれても以前のように警護されて生活なさるのですか。」

「米国の大統領と同じです。退任しても大切にするということが法で決められています。」

総統という役職が終わっても、その後も活躍してもらう意義、時や場があるということでもあろうか。ずっと公の人である。日本の、タレントチルドレンなどと呼ばれて花火のように誕生した議員さん方の中からも、公に生きるという信念をもった政治家に成長する人がいるのだろうか。政治家よりもまず人間性だと思う。

紅毛城に着いた。雨は激しく降り続いている。坂道は水が上からどっと流れ下っている。まるで滝のように。ジャブジャブとくるぶしまで浸かってその坂道を横切る。流れに足をとられないようにと用心しながら渡る。庭園の中のゆるやかな坂道をしばらく歩いていくと、鮮やかな赤いレンガ色の塔のような、窓のない建物がそびえたって見えてきた。そこはかつて捕虜を収容する所であった。地下室の牢獄には四つの小部屋があり、頭より高いところに小さな窓がある。薄暗い中に作られた人間の像が立っていて、ドキッとする。その場の一角に六畳くらいのテラスがあり、外の空気を吸い、空を見たりできる。人道的に配慮してあったとの説明であるが、囲まれた壁はもちろん頭よりも高く景色は一切見えない。どういう人が捕虜として収容されたのであろう。

○　歴史

紅毛城はイギリス領事館として、一八六一年から一九七二年まで使用されていた。その後、オーストラリア、アメリカによって管理され、一九八〇年に台湾に接収されたものである。もともとは、大航海時代の一六二九年にやってきたスペイン人が貿易の拠点としてここに建築したものである。やがて原住民の決起襲撃を受けてスペイン人は撤退した。その後一六四二年にここを征服したオランダ人が破壊された城を再建。そして総督の名をとり、アントニオ要塞と名づける。一六六二年原住民の襲撃を受けてオランダは撤退。一六六四年、明の鄭成功が進駐し損壊した城の修復を行った。その後清国に変わった中国は遠く離れたこの地を重要視せず、城は長い間荒れるままに放置された。そして、再び淡水が貿易のために開港されて、イギリスが領事館として使うことになったのである。

○ イギリス風

そのためにこの紅毛城の建築様式がイギリス式に改修、増築がなされていくことになった。赤いレンガの土は台湾にはなく、イギリスから取り寄せたもの。ベランダのアーチ型、柱にはイギリスとスコットランドを象徴するバラとアザミの模様、VR一八九一はビクトリア女王を表す、などの彫刻が目につく。また官邸内の部屋には暖炉も設置してある。広く長いテラス、窓のブラインド、天井の大きな羽根の扇風機、壁下の通気空間。どれも暑さや湿気対策が考慮されている中に、暖炉とは不釣合いである。実際に使われたかどうかわからないが、イギリスでの住生活習慣のなかで暖炉は重要な意味をもつものであろうか。二、三階の展示には、淡水や紅毛城の歴史、建築様式などの解説、改修の際に発掘された陶磁器類などがあった。船室内を模した部屋、食料保管室、厨房などは、いかにも航海時代を物語っているのを感じた。

また、馬偕博士についての展示もある。ジョージ・レスリー・マッカイ牧師は台湾で馬偕博士と呼ばれている。カナダのキリスト教宣教師として一八七二年に淡水に入った。以来、布教と医療の活動を行う。そして女子教育に力を注ぎ、学校設立は台湾の近代教育の発祥となった。台湾女性と結婚して台湾の医学、女子教育に大きな役割を果たして一九〇一年に没している。台北駅近くの繁華街の中に、博士を紀念してつくられた馬偕紀念醫院という看板のある大きなビルが見える。

○　秘書

この雨の中を十数人の団体が見学に来ていた。日本語と中国語が聞こえていた。お昼にしましょうと、イギリス領事官邸の後ろ側にあるレストランに案内された。ここは台北市中にある皇宮ホテル系のウエスティンであった。庭の見えるテラスで、青いシートで雨避けがしてある所のテーブルに座る。いつの間にか雨は殆んど止んでいた。庭からは淡水河や対岸の観音山などが見渡せるはずであったが、けぶっていて見えない。それほど寒くはない。客は我々三名だけである。

最後のお昼だから少し贅沢をしましょうと、コースメニューをすすめてくださる。五百六十元くらいだった。奥様は他のメニューを頼まれた。スープが冷えた体に温かくしみた。肉を切って口に運びながら、「ああおいしい。」と思わず言う私に、「悪くないね。」と曹さん。そのような言い回しをされるのにちょっと驚いた。「私は接待する側だから、おいしいとは言えませんね。」彼は日本語が堪能であるというだけでなく、人に対する心遣いや、物事を進める気配りが見事である。

「私は、政府の秘書を十年以上やってきました。日本語もたくさん勉強しましたよ。本もたくさん読みました。」

何よりも、人を包み込むような穏やかで、奥ゆかしい品性が感じられる。

「小さいとき家が貧乏だったから、私は何も習っていないね。子どもたちにも押し付けない。やりたいと言ったら習わせます。だから子どもは遊びすぎたかな。あはははは。」

林さんとの会食中にもそんなことを話された。相手に気遣いをさせない鷹揚な態度で、さり気なく、あくまで自然体の雰囲気である。こちらがモタモタと気遣いするとかえって違和感があり、いつのまにかゆったりとお任せしてしまっている。

以前に台湾に来た折りに、会食をした人たちの中の実業家数人が、彼を自分の秘書にしたいと言われていたことがあった。乾杯の時のこと。主客が一人一人と乾杯を交わしていく時、もう酒が飲めなくなってしまった場合には、手を盃に当ててもう飲めません、と言ってはいけない。その時には彼の秘書が代わりに酒を飲んでいくという。乾杯は今後も親しく付き合っていくことを約束する大事なセレモニーである。秘書は酒も飲めなくてはいけないし、絶対に酔っ払ってもいけないのである。その会食のメンバーの方々は彼の優れた資質もちゃんと見抜いておられたのであろう。決して我を出さないで、相手にも気を遣わせることなく、空気のように寄り添い、しかも相手の望む方向に向かうようにと進めていく。秘書というものが、どんな仕事かは知らないが、物事を万事適切に処置していかねばならない、たいへんな能力を要する仕事だろうと思う。彼の表には見えていない我は、ほんとうは強く大きいものが入っているのかもしれない。

○　淡水河

雨がすっかり上がって、淡水河も対岸の観音山の稜線もくっきりと見えてきた。広々とした湾のような河口である。ここは上流からの土砂が流れてくるので大きな船は入ってくることはできない。増水の時は激しい流れとなる。それなのに繊細な感じの淡い河とは？

「以前は、淡水のタンは、漚で急な流れを表す名でした。」と曹さん。

ああ、その字ならこの河の流れにふさわしいと思った。しかし、水辺の美しい感じの淡という字に変えられた。時の為政者たちの考えもあったのであろうが、土地や川の名前はその地の地理的、歴史的な意味をもっているのである。淡水も味わいのある漢字の名称であり、現在では風光明媚な地名としてそれは定着しているのであろう。しかし、それは外来者の受け止めであり、ずっと昔からそこに住んできた人にとっては、字が変わろうともこの河は、かつては洪水もしばしば起こる、急湍な流れであったもの。時代は進み、護岸工事も整い、人々は河の名前を何の違和感もなく受け止めている。古い地図や書物の中にのみかつての名は残る。時が移っていくのは当然のことである。ただ、その名前の変更が、そこに住んでいる人々の意思によるものであったかどうか、それが小さく心にひっかかる。

町村合併の進む中での町名変更については、現在は住民の意向も考慮されている。しかし私の住む町の、ＪＲの駅名の変更がどのような経緯で進められたのかは知らない。もうずっと以前のことで駅名は定着している。けれど私自身も、もっと上の年配の人たちも昔の駅名が自然に口をついてでてくる。単なる郷愁といえないものがあるように思う。

河口といっても、入り江のように広がっているその岸はマリンプールのようで、たくさんの船遊びや釣りのための船が係留されている。「あれは天然記念物の植物です。」と指差される先には水の中に緑の草が群生していた。ここも潮の満ち干が影響して塩生植物があるのかな、と思いつつ目は広々とした河口に向く。河口の向こうは台湾海峡である。

○　美麗の島

台湾海峡は、台湾の歴史を波の中に沈め、刻み続けてきた。海を渡ってこの地に幾多の人々が上陸し、また淡水の河口から海峡の向こうへと去っていったことであろう。住民たちは、自分たちの生活の安全を脅かされ、山地にやられ、あるいは新しくやって来た者と交流する者、激しく闘う者、など幾たびも繰り返されてきたのである。そして大航海時代に波を蹴立ててやってきたポルトガル人によって台湾が世界の歴史に登場することになった。それまでは、小さな闘いはありつつも原住民と呼ばれる人たちが自由に住んでいる島であったのだ。

航行中に緑の美しい島を目にした船員が「イラ・フォルモサ！」と感嘆の声を発した。それで台湾のことをフォルモサと称されるようになったという。確かに緑の生い茂る麗しい島である。しかし、それはあくまで海から見た島の眺めである。そこに住んでいる者にとっては、その麗しい緑のなかで自然界の様々な脅威があり、原住民族間の交流や襲撃もあり、と多様な営みがなされているのである。それが、「イラ・フォルモサ」によって、原住民の自由が犯され、他者からの支配を受ける身となったのである。そのことを考えると、私にはその言葉を単純に口にすることができない。思いすぎかもしれないが。

美しい言葉をかぶせてしまうと、その言葉のみ、美しさのみがクローズアップされて意識される。もろもろのありのままの姿が見えなくなってしまう。私は中学の歴史では新大陸発見と習った。その後大航海時代とよびかえれるようになったが、中学生の時は別になんとも思ってはいなかった。大航海時代と変更されたことを知って初めて、それが、無人島が発見されたのではなく原住民がいたことに思いを致すようになった。強い立場からのみ、ものごとを見がちである。単純にそうしてしまうというが、その単純ということはまさに優位の立場にいるからこそである。虐げられ、辛い目にあう弱い立場にある者には、もろもろの思いがあり、単純に、とはいかないのである。だからたくさんの辛い経験をした者ほど、広く深くものごとをみつめることができる。そういうことに共感し、心を寄せることができるのである。言葉の仮面がかぶせられている、その内にあるものには、それぞれの広く深いドラマが秘められている。そのことを忘れないでいきたいと思う。

○　歴史のなかで

午後二時をまわった。「では、そろそろ空港にいきましょう。」と曹さんに言われて再び車に乗り込む。途中、広い中山路からそれて右の細い路地に入った。車が一台やっと通行できるような細い路の両側はずらっと商店街である。一キロメートルくらいある。みやげ物類の店、唐辛子、お茶の店、ソーセージのようなものを焼いている店、いろいろな食べ物屋がある。ここは淡水が貿易港として栄えていた頃のそのままの街並み、賑わいが感じられた。

「台北市の指定として保存されているのですか。」

「それはないです。商店街の組合のような組織で話し合うことはあるかもしれません。」

軒の低い店の並び、それぞれの看板がずっと向こうまで見える。二階の窓や壁などのつくりに歴史の古さがしのばれる。自転車が立てかけてある。店の前台の所で何か食べ物が並んでいる。そばで椅子に立膝をして座っている男の人がいる。店の並びの中に挟まるようにして寺院があった。商店街の守り神が祀ってあるのだろうか。古い時代のそのままの建物が、今もここにこうしてある。保存指定だからということではなく、普通に人が生活している。そういう昔がいっぱい漂う通りであった。ずっとここに当たり前に生活してきた人々の息遣いが感じられた。

淡水は、多くの外国人が行き交い、人々は彼らと貿易し交流もしてきた。そういう住民たちの生活の地である。原住民と外国人との様々な摩擦も発生しつつお互いの利益のために共存もしてきた。そういう中で住民に親しく受け入れられ、台湾の土になった外国人もいる。例えば、馬偕博士のように。ここは、共存する方策をずっと探り続けてきた地である。それは、淡水だけではなく、台中でも台南でも同様の歴史を経てきている。つまり台湾全体が、ひとつあるいは数民族だけの歴史や文化で語ることはできない、多民族の多種多様性の重みと複雑さをもっているのである。ただし、人々には悲愴感などはない。あくまで明るくのびやかである。その心象を支えているものはいったい何だろうか。

○ 風習

爆竹の話を聞いた。台北日本人学校の新任者が、空港から学校に到着された時、校門で爆竹を鳴らして迎えている。この爆竹は、お正月やクリスマスなどいろんな行事のときにも、町のあちこちで派手に弾けている。マンションの窓際でも上の階や隣りから激しく鳴って、何事かと驚かされることもある。近所迷惑だから自粛するようにとの通達が出されてもいっこうに収まらないという。

「魔除けでしょう。大きな音をたてて、その場所や空気を祓う、という意味があります。」と曹さんに聞いた。この音をたてるという風習はほかの地でもみられる。

オーストリアのニコロ・シュピーレのシャープも鞭のようなもので地面をパチパチと打ち鳴らして、行列の先導をしていた。秋田のナマハゲも、木桶を木の包丁でたたきながらやって来る。昔は何かが木箱に入っており、それをカラカラと鳴らす地区もあったとのこと。真山地区のナマハゲは木桶や包丁などは持たず素手でやって来たが、家に入るとき玄関の戸をガタガタとたたいて座敷へ上がった。ニコロ・シュピーレのクランプスも同じように、レストランへ入るときに外からあちこちの窓ガラスをたたき、扉をガタガタと激しくたたいて室内に入り込んできた。

音をたてる風習について、折口信夫は次のようにいっている。

「まれびとのおとづれ」、つまり「おとづれ」というのは「神の来臨を示すほとへ（ほとほとの意味の字）と叩く音から来た語」である（折口信夫全集刊行会編『折口信夫全集2』）。

そういえば、泥棒は物音をたてず、そっと忍び込んでくるものだし、幽霊もたいてい、しーんとしたなかにぼっと出てくるものだ。

祝福にくるナマハゲもクランプスも明るく高らかに音をたててやってくる。人々は来訪者を心待ちにしていて、音がすると、あっ来た！　と気もちを引き締めて迎える。もっとも幼い子どもたちにとっては、ひたすら恐怖の訪れでしかないのだが。

そのようにして、クランプスもナマハゲも仮面の来訪神として古代から人々の心に生きて伝えられてきた。

空港に向かう高速道路を走る。所々に水が張られた田んぼが見える。緑の苗が整然と並んで伸びている。稲であった。日本のように一面水田地帯、というのではない。畑がある所々に、小さい一枚田のようにみえるのである。中正（現桃園）国際空港に着いた。搭乗案内板を見て、時刻を間違えていたことに気づいた。十六時発とばかり思っていたが、十六時四十分であった。曹さんによけいな気遣いをさせてしまった。搭乗手続きを済ませて曹さん夫妻と別れた。搭乗待合室の大きなガラス窓の外に、薄日が差していた。いつの間にか靴が乾いているのに気がついた。

飛行機は定刻に飛び立ち、眼下に見えていた台北の緑がたちまち真白い雲で見えなくなってしまった。

二二八紀念館

台北での見聞を記述してきたが、ずっといつも意識下にひっかかっているものがあった。そのことについて整理しておきたいと思う。

台北で、一つ一つのであいの度に、何か心の中に引っかかっていく感じがした。それは小さなものであったが次第に重みをともなってくるようであった。そのであいというのは、日本語で書かれた看板をたくさん見たり、日本の名前と同じような表記を目にしたり、日本製のバイクがたくさん走っていたり、デパートの地下食品の売り場では、そこに並んでいる商品の大半が日本のものであったり、といった諸々のものとのであいであった。そして、もっと心を捉えられたことは、ずい分たくさんの人たちが、片言ながらも日本語で返してくださったということであった。私の年齢に近い年配の人はもう少し長い文節で話をされた。それらは、この地が日本からの観光客が多いからとか、日本との経済交流が親密に行われているから、といった表層のことではない。その奥にあるものをきちんと見据えなくてはということに意識が向かう。親日的といって喜んではいられない思いに浸されていく。

前回（十四年前に）ここへ来た時にであった方々は「自分は日本の教育を受けたので」と、とてもきれいな言い回しの日本語で話しておられた。今回では、安親班の校長先生のように、「私、両親、日本語教育受けました。」と助詞は抜けてゆっくり話された。しかし、お互いに話の内容は十分に通わせることができた。若い人の世代は、高齢者とはちがった意味で日本語教育の機会を得ているのであろうが、やがては日本語を日常生活の中の言葉として話す人は少なくなる。特別に日本語を学習することによって習得した人としか、日本語での疎通はできにくくなるであろう。それでもなお、特別に習わなくても家庭の中で、片言の日本語はまだまだ伝わっていくのかもしれない。民族の言葉をそっくり変えてしまった教育、支配権力の五十年間の大きさを思わずにはいられない。そしてその指示のもとでの、人々の状況はいったいどんなものであったのだろうかと考え込まされてしまう。

「三百年も独力でひとびとが暮らしをつづけてきたこの孤島を、かつて日本がその領土にしたことがまちがいだったように、人間の尊厳という立場からいえば、既存のどの国も海を越えてこの島を領有しにくるべきでないとおもった。当然なことだが、この島のぬしは、この島を生死の地としてきた無数の百姓（ひゃくせい）たちなのである。」と司馬遼太郎は『台湾紀行』の中で書いている。

安親班の校長先生は言われた。「日本語、少しだけ。」「少し聞く、わかる。でもだめね。」と笑って言われる。それは、両親が日本の統治時代に日本の教育を受けられたということである。日本の台湾統治は一八九五年から一九四五年の約五十年間である。その間、台湾住民は否応なく日本化を強いられた。言葉、習慣も全てであり、学齢期の子どもたちは日本の教育制度の中に組み入れられた。教育の力は大きいものである。その間の教育を受けた人たちは日本語しかわからないようになった。もっとも家庭の中ではそれまでの台湾語、原住民の言葉が使われてもいたであろうが、世代が移ると完全に日本語だけとなる。

日本の敗戦により、台湾は中華民国への祖国復興となったが、現実には中国の組織化に入れられ、今度は一気に中国化が強制されていった。日本人としての名前も言葉も風俗習慣も全て変えていかねばならなかった。校長先生の家庭では、両親は日本語しかわからない。学校へ通うようになった子どもは中国語しかわからない。同じ家族なのに、親と子とはどんどん言葉が離れていかざるを得なかった。それは、ご両親が育ってこられた強制の日本化の過程とそっくり同様の、今度は中国化への家族の状況となったのである。いったい、どんな思いであったであろう。

言葉、習慣、制度などをいくら強制的に変えられても、心までは変えられない。それが噴出していったのが、日本統治時代の一九三〇年の霧社事件であり、中国の組織下に入ってからの一九四七年の二二八事件である。それらの事件から伺えるのは、民族としての誇り、人権などで、理不尽な他からの支配に甘んじるのではなく、自分を自分として生きたいという叫びであった。そういう人間の尊厳が踏みにじられたのは、日本が植民地として支配してからである。

二二八事件については、戒厳令が敷かれて、一九八七年の解除まで長いこと語ることも書くこともタブーとされてきた。一九九七年に開館した二二八紀念館には、事件の発端となった場所が再現されていた。そこにはいろいろな銘柄のタバコの空き箱が石畳の上に散らばっていた。この闇タバコを売っていた婦人が取り締まり官に殴り倒されて、それを見ていた群衆は立腹してタバコ専売局に押しかけ、放送局を占拠して全島民に決起が呼びかけられた。この放送局が現在二二八紀念館となっている。やがて反乱は台湾全土に広がっていったのである。暴動の鎮圧のために武力が行使され、蜂起の指導者の逮捕、処刑が行われていった。この事件で逮捕され殺害され、犠牲となった台湾人は約二万八千人。本省人、外省人との複雑な確執も根底にあった。台湾の原住民、祖国復興後に台湾へやって来た人たち、それ以前から台湾に住んでいる人たち、さまざまな人々の複雑な人間関係があった。それらは歴史のなかでつくられていったのである。この事件の全容はまだ解明されていないとのことである。

二二八紀念館の展示は中国語だけであったが、本で読んだことを想起しながら見てまわった。VTRでは、年配の男性や女性が語っている映像が流れていた。小学生の一団体が帰っていくとひとりになった。二階の小部屋の一面の壁のボードには、ハガキ大の用紙がたくさん貼ってあった。「PEACE」「Love」「中華民国萬歳」「愛」などの文字が名前と共に書かれていた。その下の台の上には、用紙と鉛筆が置いてあった。先ほどの子どもたちもここで書いたのかもしれない。案内パンフレットに日本語の説明があった。

「一九四七年に台湾で起きた二二八事件は、多くの一般人を巻き添えにした消して（ママ）忘れ去ることのできない血で染められた歴史的事件である。」

という書き出しから、事件の経緯が書かれて、次のように結ばれている。

「二二八事件の全真相は未だ明らかにされておらず、この苦渋に満ちた事件はまだ終わりを告げていない。今だに心に大きな悲しみによる痛みを抱えたままの被害者の家族もいる。国家のアイデンティティ問題、政治構造の改革、エスニック（族群）間の社会的・文化的対立など、現社会における諸問題もこの悲劇がもたらしたものといえよう。台湾で暮らす私たちはこうした歴史が残した課題を真摯に受け止め、正面から取り身（ママ）真相解明に全力を尽くすことを忘れてはならない。そうすることで社会全体が生命共同体として一団となって新しい角度から明るい文化的な未来へと出発できるのである。」

李　登輝氏は「新台湾人」という新たな台湾のアイデンティティを提唱されている。

この紀念館が設立されたこと自体も明るい未来に向けて動いているひとつの事例であろう。また、『台湾二二八事件の真実　消えた父を探して』（阮　美姝）という本が出版されたことも、ようやく公に語ることができるようになったことを物語っている。しかし、事件究明のためには直接語ることのできる人たちの高齢化は気が急かされる思いであろう。この事件の重さとともに、自由に発言することができなかった状況を思うと心が苦しい。

この事件の問うものは決して他国の出来事ではなく、自分自身の心の中に、社会全体が生命共同体であるという意味を問いかけていく必要がある。時代が変わり人々の意識も変わってきたとはいえ、二十数年ではまだまだ心が開放されたとは言えないだろう。しかし、タブーはなくなった。どんなにか明るく、すがしがしい空気が当たり前に流れるようになったということであろうか。

「この度の台湾の印象はどうでしたか？」と空港へ向かう車中で曹さんに尋ねられた。

「台濤は古さと新しさとが混在していて、不思議な魅力があります。またきたいです。」と答えた。

私は台湾で物体としての仮面にはであわなかった。その代わり、仮面性という強烈なインパクトのあるものにたくさんであった。そして、その仮面性という仮面は、過去を教えてくれて、現在をより賢明に演出し、未来へとつないでいく熱いパワーを秘めているものだという確信を得ることができたのである。

林安泰――伝統文化

麗しの島に惹かれてだけではないのであろうが、この島にはたくさんの人々が海を渡って移り住むようになってきた。それは、航海のための要塞としてであったり、貿易という商業活動であったり、自国の領土としてであったり、新たな生活の地を求めてであったり、と様々な理由によって古い時代から人々がやってきた。現在台湾に住んでいる人たちの大部分が、漢民族系であり、中国大陸からの移民ということである。それは台湾の人口約二千二百万人の九十八%を占めている。そして、二%は、もとから台湾に住んでいる原住民約三十九万人である。原住民族は大きく十二の種族に分かれている。この原住民については、項を改める。

中国大陸からの移民といっても、どこの省から来たのか、また移り住んだ時期などにより、人々の意識も異なっていた。生活習慣、文化も異なり、人間関係は複雑で摩擦も生じていた。しかし、今日においては民族融合の観念がゆきわたってきており、さらに新たな台湾人としてのアイデンティティも模索されて進んでいる。こういう時代の流れのなかで、例えば、二二八事件を直視していくことや、原住民の独自の文化を見直し保護していくことなども、自然なことでもあり、必然でもあったのであろう。

大陸から移住してきて、台北で活躍したその人の邸宅跡が保存されている。そこへ、篠原さんが案内してくださった。塩谷さんもいっしょである。

圓山大飯店のある丘の麓で、中山高速公路を挟んだ一帯が、公園となっている。その中山高速公路を背にして建てられているのが、林安泰居古蹟である。赤い瓦屋根、壁も赤レンガの古い大きな平屋の商家である。乾隆十九（一七五四）年に福建省から台湾に渡ってきた林氏は、貿易、商売で財を成して、乾隆五十（一七八五）年に大邸宅が建築された。その後も増築されて、故郷の名をとり、安泰居と名づけられた。建物軒下には、龍、花、貨幣、結び模様などの浮き彫りの飾りが施されている。吉祥模様であろう。中庭に入ると神像を祀った祭壇が二箇所ある。個人の住宅というよりも、集合住宅がつくられているような感じである。豪華な邸宅である。林氏は商売を繁盛させて多くの使用人をかかえて栄えた。大陸からの移民である彼も台湾の歴史をつくってきたひとりである。

この邸宅はもとは市街地中心にあったが、都市計画の整備のために一九八六年に現在地に移されたものである。もとの邸宅の模型があったが、それは現在の建物の四倍はありそうな大きさである。門を入ったところは大きな半月型の池があり、花が植えられている。庭の一部は薬草園になっている。

広い中庭を中にロの字型にいくつもの部屋がある。商売をする店のような所、書斎、寝室、台所、などがあり、それぞれの部屋にはそれぞれの道具類が展示されている。

家族の写真が数枚飾られている。子どもも入れて二十人くらいのものは最も身近な人たちであろうか。使用人らしき人なども含めた写真には百人くらい写っている。「多いねえ。」思わず声を上げる。

「台湾では冠婚葬祭にはずい分たくさんの親戚縁者を呼びます。」と篠原さんがおっしゃる。

「祖父の葬儀のとき、主人の父ですが、親戚が大勢いて、百五十人くらい、いやもっと多かったかもしれない。とにかく全然知らない人ばかり親戚として集まっていて、たいへんだったです。祖父にはおめかけさんが三人いたので、それぞれのおめかけさんの親や兄弟、おじさんおばさんという人たちまでみんなきたのです。」

「う〜〜ん。」

中国やアジアの国々の人たちは家族や親戚をとても大事にする。だから、華僑として外国に出かけて仕事をしていても、心はいつも家族と共にある。「僑」は仮住まいの意、と国語辞典にあるように、彼らの帰る所は家族のもとなのであろう。だから、出自や省籍が意識され、結束も固くなる。今でも○○省出身だ、という言葉を耳にする。またそれは、祖先も大事にすることにつながる。祖先を大事にするということの形態はいろいろある。例えば、墓参りをする、檀那寺や神社にお参りをする、家の中にある祭壇の礼拝をする、節季のまつりごとを行う、など多様にある。祖先の人たちが行ってきたことを受け継いで、自分たちも同様にまつりごとを行っていくことである。そこに、どういう人が先祖にいたのかということが意識されるのであろう。

この林安泰のパンフレットには、邸宅についての沿革や建築様式などについて解説してある。それとともに、「文化の伝承」というページがあり、毎年ここで民俗祭りおよび児童玩具のイベントを行うことが記されている。「民俗祭りの儀式を通して、祖先の訓示を伝承できますし、祖先に感謝する伝統的の文化を提唱することで、親族の社会力を集められます。」とあり、その儀式は市民が祖先を参拝する場合の礼儀や「二十四節気」について理解する親子の学びの場ともなると説いている。中国大陸での伝統文化の様式が台湾に根づいて今後も広まっていくようにと、文化の伝承がここで行われているのである。そこには、大陸での出自や台湾への移住の時期などの文化の違いを乗り越えて、台湾にすでに根づいた文化を、今生きている我々のものとして、理解し受けとめていこうと呼びかけている。それを次世代に伝えていこうとする気概のようなものが伺える文言である。ここにも新しい仮面を取得していこうとする意気込みがある。

「私は祖先の十八代目になります。福建省の出ですが、もともとは西安から出ていることがわかっています。」

何のことからだったか、車の運転をしながら言われた曹さんの言葉にびっくりした。

「そういう家系は大事なことなのですか？」

「大事にしますね。」

理由は聞かなかったが、理屈抜きに、自分のよって立つところの根拠、ルーツを明確に話されることに驚く。私の場合は、曾祖父母までは直に会って話もしているが、それ以前の四代前となると、名前も、どこに住んでいたのかも、皆目知らない。かつて祖父の親戚で小学校の先生をしていた人が、家系図を調べたといって、家にもってこられたことがあった。手書きのものを目にしたことを覚えているだけである。その後祖母にも尋ねたこともなく関心もない。有名な陶芸家や、芸能家の家系については、それは血族の芸の伝承を生きる社会であるから、明確でないとその重みがなくなる。家系図によって正当性の証となる、大事な仮面性のあるものである。民族の伝承文化を大事にすることは、自分の拠り所となる大きな柱として仮面をもつということでもあろうか。

ここ林安泰に来た時、雨の中をビニールのカッパを着ている小学生の二十数名の集団が、見学を終えて出て行くのにであった。篠原さんの四年生の息子さんは、学校の夏休みの宿題で、ここを見学してレポートをだすようにという課題があったそうだ。

「故宮も大事だけれど、中国の歴史を学ぶことが大事だと思います。そういう意味でも、この林安泰をぜひ先生にお見せしたかったのです。」

篠原さんのそのお考えには私も全く同感で感謝した。

雨の上がった門を出て行くと、前の広い新生公園にも小中学生の団体が遊んでいる姿が見えていた。

順益台湾原住民博物館

今回の台北行きで私が最も行ってみたいと思っていたところがこの原住民博物館であった。期待は二つあった。ひとつは、原住民族の仮面をみること。伝統文化を継承している人たちは、その信仰行事などで仮面を用いることがよくある。台湾の原住民族と呼ばれる人たちはどのような仮面をもっているのだろうか、その仮面とであいたいと思っていた。ところが、その思いは何か間違っていたのかな？　という印象をまずもったのは、国立歴史博物館や国立台湾博物館でも仮面が見当たらなかったことだ。ただ、木彫りに飾りのような顔が浮き彫りになっているものがあった。また、民族衣装にも顔や人物姿が織り込まれていたりするのを多く見かけた。なんで顔なのだろう？と思った。そしてもしかしたら、仮面との関連性が見つかるのではないかと期待した。

もうひとつは、原住民と呼ばれる民族が台湾に現在も固有の伝統文化を大事にして生活しているということである。それは本を読んでも釈然としないので、とにかく原住民博物館で原住民にあってみたい、という素朴な思いがあった。

この順益原住民博物館は、前日故宮博物院に行った折りに、そのすぐ前の道路向かいにある、玄関に高いポールをもつ建物だと目に収めていた。故宮ではむせるほどいっぱいの見学者であった。今日も大型観光バスが駐車場にびっしりと並んでいた。しかし、原住民博物館に入ると見学者は私ひとりであった。途中シアターで二人連れといっしょになっただけ。幸い、日本語の音声ガイドが無料貸し出しされていて、展示のひとつひとつをじっくりと見てまわった。

一階のフロアーには原住民の集落分布を示す大きな立体地図模型があった。各部族のひとつひとつをランプを点灯させては確認した。集落の分布は主として中央山脈から東側にある。しかし、西側にもかつては北から南に広く原住民が居住していた。平捕（正しくは土偏）族（十を超える民族の総称）と呼ばれる彼らは、中国大陸から移住してきた漢民族によって融合同化されて、現在では民族の文化は殆んど消え去ってしまった。

中央山脈から東側には、大きく分類して十の民族が居住している。民族の分類については、人類学、考古学、言語学などそれぞれの学問分野によって若干異なるが、大体次のようなものである。

タイヤル族……………約九万一千人
サイシャット族………約七千人
アミ族…………………約十四万六千人

ブヌン族……………約四万人
ツォウ族……………約七千五百人
ルカイ族……………約一万人
プユマ族……………約一万人
パイワン族…………約七万人
ヤミ族………………約四千人
合計約三十九万人（一九九六年統計）

順益台湾原住民博物館の横庭

それぞれの民族は固有の言語や生活様式をもって、隣接する地域ではお互いに影響を受けながらも、その民族の文化を継承している。約三十九万人という人口に圧倒されるが、民族毎にみると少数であり、それぞれ独自の文化があるということに驚く。彼らを総称して原住民といわれる。この原住民というのは、最も古くから台湾に住んできた人々ということである。もともと彼らは先史時代に東南アジアやオセアニア地域から渡ってきたのである。台湾民族がいつごろ、どこから渡ってきたのかは、まだ定説はない。約六千年前に中国大陸からきたとする説と、フィリピンからきたとする説とがある。

その意味では、原住民ではなく、先住民というほうがしっくりきそうである。しかし、先住民というと、先史時代から住んでいた先人という意味もあり紛らわしい。また、一九八〇年代半ばから原住民の権利回復運動が起こり、彼ら自身から「原住民」と名のるようになった。原住民という名称は、一九九四年には憲法の条文にも明記されたのである。

原住民の居住分布を示す赤いランプが集中していたり、あちこちに点在していたりするのを眺めながら、あそこで人々が生活してきたのだと実感した。

二階に上がると「生活と道具」というテーマで、家屋模型、農耕や狩猟の用具、楽器、壺などが展示されていた。一番奥にパイワン族の石板スレートの家屋があった。その前に立って、あっと思わず小さく声が出た。軒のところに、あの、人の顔が模様のように彫刻されている細長い板があった。国立台湾博物館で見たのはこれだったのだ。この彫刻と飾り模様は、村の頭目の種族しか使えない、と説明にある。頭目というのは、村の長、首長のような役目をもつ人であって尊敬される身分である。それらの模様には、太陽、人型、八足蛇などがあった。やっとここで、顔が彫ってある飾りのような板が、その家の権力を示すための大事なものであることが判明した。プユマ族の「木雕警鈴Bell」と表示されたものがあった。ちょうどお寺の玄関などにある、人を呼ぶのに打ちたたく板のようである。ここにも人の顔が大きく彫られている。顔面をたたくので痛いだろうなと思ってしまう。タイヤル族の首狩りの風習について少しだけ説明があった。首狩りは戦闘のなかでの行為ではない。豊作祈願などの宗教的意味をもつ定めがあり、首狩りに出かける前には儀式を行うものである。とってきた首級は、部族を守ってくれる神となる。また、首をとってきた者は部族の英雄として称えられる。首をとってくると、儀式を行い、酒宴をはり、祖先の魂を呼び、踊る。この首狩りの風習は日本統治時代に野蛮だからと禁止になった。

「首級を手に入れた後、祭り供えることによってその生命力が自分の部落の祖先の霊の中に転化し、部落に豊作と幸福をもたらし、祖先の霊と共に一族の人々を守ってくれるとされています。首級が持つ霊力は原住民の信仰概念と密接な関係があります。原住民の生命の力を重視する態度は、彼らの首狩りの行為からはっきりと分かります。（略）ここ数百年来、台湾原住民は幾度も外来民族の侵入を受け、鉄砲や大砲のない時代に刀や矢を使用して首狩り行為を行ったのは、外的に抵抗する為の必要不可欠の手段だったのです。」（順益台湾原住民博物館出版『順益台湾原住民博物館　ガイドブック』）

人の顔が模様や飾りとして描かれるのは、人の顔には霊力や生命力があるものだからである。だから、顔があることによって守られ、霊力の加護を受けることができることを意味している。しかも、架空の様相のものではなく、人間の顔という、具体的で明らかな様は、人は人を畏れ、祈り祀ることによって乗り越えていくという厳粛な意味をもつ、そういう顔である。

三階には、衣装の展示があった。黒い布地に赤、青、緑の糸で刺繍された衣装が目をひいた。この刺繍にも顔が三つある。人型模様も描かれている。その模様や色使いなどの違いは、階級社会を表している。

○　刺青の写真があった。刺青の習慣は多くの民族に見られる。タイヤル族は男女共に顔に刺青を施している。それらは、成人であること、知恵と勇気をもつこと、貞操がかたく聡明であることなどを示している。なるほど、そういう社会的な意味があるから、刺青をしているのは誇らしいのである。沖縄でも女性が手の甲に刺青をしていたのも、結婚したり、一人前として社会的に認めらたりする社会的意味があり、優越感ももったであろう。また、他部族との区別の意味ももつ。刺青により遠くからでも直ぐに同族だと見分けがつくようにしている。もしこれが、仮面をかぶっていたのでは、移動の際、ずれたり、邪魔になったりして不都合であっただろう。こうしてみると、刺青も仮面的な役目をもっているものであることがわかる。

○　パイワン族の人がお祝いのとき連杯で粟酒を飲んでいる写真があった（一九一五年―一九三五年）。直方体の長い枡のような容器の両端に取っ手がついており、二人の男性が同時に酒を飲んでいる。何という木を材料としてつくられているのかは不明だが、この連杯にも顔が描かれている。飲酒にも生産のための儀式があり、年齢、身分、地位、性別など厳しい決まりがあったと記述されている。飲酒のための盃に顔が描かれているということは、この場での飲酒という行為が荘厳な意味をもつものであるということを示しているのであろう。

○　地下一階に下りると、ここで目をひいたのは、占いや祭祀に用いられる道具であった。台湾の原住民は神、死者、祖霊、善霊、悪霊、その他の超自然の力に対してのアニミズムをもっている。霊や祖霊に関する語彙が多くあり、「各部族の社会生活や、生命観、礼儀風俗及び季節の祭典儀式に深く影響しています。」今日ではキリスト教をはじめ外来の宗教が広まっており、アニミズムは強い力をもつものではない。とはいえ、「台湾原住民の当初の精神世界と自然界に対する認知方法を知る為には、霊的概念に対する理解は不可欠のものです。」とガイドブックにあるように、今日の社会生活や人々の心象風景のなかに流れているものもあろう。

龍山寺や廟で熱心にお祈りをする人たちや、占いの道具を繰り返し投げては祈る人たちをたくさん見かけた。「台湾の人は占いが好きだから」という言葉も聞いたが、人智の及ばないことを神仏に祈ったり、畏れたりすることは、人間の自然の心情であろう。占いの道具箱は、二十四センチ×十四センチの小さなもので、この箱の側面には、二十六個の人面が彫られている。そして、それぞれの顔には銅の釘で打たれた目がついており、こちらを凝視している。狩られた首級に霊力や生命力があると信じられていたように、人の顔というのは信仰の深い意味をもっているものであることがつくづく納得できた。

※文化人類学事典によると、アニミズムについては、タイラーが原始宗教の特色を表す語して用い、「霊的存在への信念」とみなした。しかし、タイラーの進化主義的な宗教観念体系が批判されるようになり、現在の人類学・民俗学的研究においては、以前ほどアニミズムという語も使われなくなったとある。

○　シアター。　見学している途中で、立体視できるメガネをかけてアニメーション放映を見た。これは毎時上映される約三十分の内容のものである。ストーリーは、台湾の島の誕生からはじまり、船でこの島に渡ってきた人たちが住み着いていく様子。そして原住民が猪を追って狩猟したり、武器を携えてやってきた外来者と戦ったりして、今日に至るというものであった。親しみやすいアニメーションで、台湾の歴史が概観されるものであり、子どもの学習にも適していると思った。階段状の座席で五十席余りの広さである。席に着いたとき私ひとりで、係りの女性が「日本語?」と聞いてこられた。音声はイヤホーンは必要ないといわれたのでどういうことかと思っていたら、上映は日本語であった。途中前の席に若い男女の二人連れがこられたので、日本語で大丈夫かなと思った。最後まで見ておられたのでよかったのだろう。

○　展示の写真の説明の年代が目にとまった。例えば、「普段着のような着物で頭にターバンを巻いた男たち　一八九六―一九〇〇」、「狩猟のために弓矢を構えている姿　一九一五―一九三五」などとある。百年前もこのような生活であったということ。原住民が長く自民族の伝統の中に暮らし続けてきているという事実に驚く。そしてまた、この年代は日本が統治していた時代に、日本人による調査が行われたことを示している。

「一七世紀から一九世紀後半までの間にオランダ語や漢語で記された文献資料は相当な点数にのぼるが、それらの記録自体は、いま考えられている意味での研究とは言えない。原住民に関して実地調査と組織的な資料収集に基づく学術研究が開始されたのは、一八九五年に台湾が日本の植民地統治を受けるようになって以後のことである。」「日本の植民地期は、学術研究と並行して、原住民統治のための実態調査が盛んに行われた時代である。」（日本順益台湾原住民研究会編『台湾原住民研究への招待』）

日本が台湾の全てを植民地として統治していくための、原住民の実態調査でもあった。当時台湾大学の助手として原住民の村に深く入っていって調査を行った宮本延人氏の本に記載されている写真の多くが、この博物館の展示物や写真などと重なっていたわけを納得した。（宮本延人『世界の民族誌2　台湾の原住民族——回想・私の民族学調査——』）

戦後はアメリカ、ヨーロッパなどの研究者も台湾原住民の研究を行うようになった。一九八七年の戒厳令解除後は、原住民自身による研究活動が活発になされるようになってきたことは喜ばしいことである。そういう動きの中で、一九九四年にこの順益台湾博物館が開館されている。台湾の原住民の歴史をたどってみると、民族のアイデンティティの重みを感じさせられる。

博物館を出ると、車道をはさんだ向かい側は、原住民文化園区という公園である。何の石でできているのか、二メートル余りの高い石板が立っている。その石板のひとつひとつに、十三の原住民の姿が浮き彫りで描かれている。それぞれの特徴的な姿は、迫力のあるものである。石板の原住民たちは静かな威厳をもってそこに立っていた。

台北の学校と学習

台北日本人学校

九時三十分〜十五時三十分、学校訪問。

朝起きると激しい雨が降っている。市街地から北東へタクシーで十五分ほどの、士林区の高級住宅街の中に台北日本人学校がある。道路の向かいにはアメリカンスクールがある。両方とも同じ赤レンガ色の建物でまるで姉妹校のように見える。市内見物で何度かこの道路を通っていたので学校の建物は目にしていた。

『台北日本人学校は中華民国台北市内の北北東天母に在り、その設立は、昭和二十二年の温州街での開校に遡る。その後国立台湾大学校内、厦門街、敦化南路、松山校舎と幾変遷を経てきている。現在、日本との国交が停止されているため、大使館付属のかたちから日僑協会設立と変えて、台北市政府教育局の認可を受けた外僑学校である。』

学校のホームページにこのように記されている。小学校二十一クラス、中学校六クラスで児童生徒数八百十名。台湾にはここのほか、台中と高雄にも日本人学校がある。全部あわせると千百三十八名の児童生徒が台湾の地で学んでいる。

さて、鉄の門扉が閉じられている左手の守衛さんのところで、氏名、目的、入校時刻などを記入する。パスポート番号の欄もある。門を入ると広々とした前庭。コンクリートの広場はただの空間である。後でわかったが、そこは子どもたちを送迎するスクールバスのための広場であった。校舎は廊下の壁のない吹きさらしの建物である。その建築様式が流行していたからかどうかわからないが、暑い国だからこの方が快適であろうと思う。廊下の並びの部屋に校長室と書かれた札が掛けられているのが見える。丁度通りかかられた先生に事務室を尋ねる。そこに後ろから「あ、石川先生ですか。」と声を掛けて校長室に案内してくださったのが教頭先生であった。赴任されて三年目の岡田和夫校長先生とお話しをする。

「先生方はとても熱心で、ここはいわゆる提灯学校です。何とか一日でも、早く帰宅してもらおうと、教頭先生と相談してやっと先週金曜日に実現できました。それでも午後八時でした。土、日も学校に来て教材研究など余念がありません。」

日本の教材など必要なものはヨーロッパの日本人学校などと比べて入手し易いであろうが、やはり海外の学校である。電話で直ぐに取り寄せる、というものでもなかろう。だからこそ、先生方は前もって十分に教材研究をして、早めに手を打つようにしなくてはならないであろう。また、先生方自身が文部科学省から二年あるいは三年という期限付きで赴任してきているのと同様に、子どもたちも多くが父親の仕事の都合で期限付きで学校に来ている。台北での生活が終わったら、日本へ帰る子もいれば引き続き他国へ行くという子もいる。そういう子どもたちに、日本の学習指導要領に示されている学習内容をきちんと習得させねばならないのである。かつてウイーン日本人学校で、ある保護者から言われた。

「私たちは、いつ、どの府県へ帰ることになるのかわかりません。ですから子どもたちに、いつ、どこの学校へ転校することになっても、きちんと通用する学力をつけておいてください。」

この言葉を私は胸に刻んだことを今も鮮明に思い出す。保護者にとっては当たり前の、しかも切実な教師への要望である。岡田校長の話。

「保護者は学校教育に対してたいへん協力的で熱心です。それだけに先生方に対する厳しい目をもっておられます。」

それは、いつの世でもどこでも同じことである。

今日一日教室に入って子どもたちの学習の様子を見せていただくのは、一年一組四海先生のクラスである。教室の外に靴箱があって、そこで子どもたちは上靴に履き替える。私は教頭先生が貸してくださったスリッパに履き替えて教室に入る。二校時の体育館での体育を終えて、着替えを済ませた子どもたちが私のほうを見て、「だれ？」と言っている。私の名前が黒板に大きく書いてある。先生に紹介されて、よろしくおねがいしますと子どもたちと挨拶を交わして後ろの子どもの椅子に座る。

男女あわせて二十四名で学級として指導するのに程よい人数である。椅子と机の下のほうにサイズ別に赤、青などの色が帯に塗ってあるのが目に入る。これから三校時の音楽の説明。音楽は入学して初めての授業である。

「音楽の教科書を持って、靴を履き替えて、廊下に並びましょう。」

簡潔な言葉で、一つ一つの動作に対して丁寧に指示が出る。子どもはあわてることなく素早く行動していく。四月十五日に入学してまだやっと一週間が過ぎたばかりなのに、とても落ち着いてしっかりした子どもたちだという印象をもつ。二校時に体育館で一年生四クラス合同の体育の授業が行われているのを少し見学した。そのとき見たかけっこの練習で、走る子どもたちの動作がしっかりしていると思った。体格も大きい。入学早々合同で体育を始めているのは、五月半ばに運動会が行われるためである。ここ台湾では暑さが厳しいために、屋外の行事はこの時期が限度とのことであった。

三時間目。音楽室は一年生の教室がある建物と同じで、三階にあり、専科の先生による指導である。メガネを掛けた中国人の先生が笑顔で子どもたちを迎え入れる。一人一人の名前を呼び、音楽の授業のときの約束事や係りなどについて説明される。机、椅子の整理をする係り、教室移動のときみんなを並べる係り、授業の前にトイレに行くことを呼びかける係り、などやりたい人は手を上げて、と決めていかれる。

その時のこと。ゴオッという鈍い音と共に一瞬ぐらりと身体が左右に揺れた。地震だ。正午少し前。先生はそのままの声で問いかけられる。

「みんな地震だったらどうするの?」

「にげる。」数人の子どもが言う。

「そうですね。もし大きな地震だったら逃げましょうと、校長先生の放送があります。でも今は放送がないので大丈夫です。」

台湾は地震国だった。台北に到着した日にドライブした陽明山でも噴煙が上がっている所も見た。一九九九年九月二十一日の集集大地震では廟がつぶれたりたくさんの建物が崩れて二千人以上の人が亡くなっている。阪神淡路大震災のM七・六に対して集集大地震はM七・三だったとのことで、たいへんな地震であったことが想像できる。私の体感ではかなりぐらっと揺れたと思ったが、後で二、三人に「地震でしたね。」と言っても「そうでしたか。」とだれも気にとめてはいないふうであった。このくらいの揺れは日常茶飯なことなのか。

曹さんの娘さんは今東京で生活していて、たびたび地震があるので驚いています、とのことであった。東京のほうが地震の頻度が高いのだろうか。

初めての音楽の授業が終わるころ、担任の先生が迎えに来られて一年生の教室に帰る。四校時は算数である。子どもたちはしきりに「寒いよ。」と言う。殆んどの子が半袖の夏服である。本当に寒いのに驚く。子どもたちの中から「おなかがすいた。」の声も出てくる。

「夜更かししないで早く寝ること。朝は六時に起きて、朝ごはんをしっかり食べて学校に来ること。そうしたらおなかもすかないし、元気いっぱいの体になります。」

先生は子どもたちに話される。

スクールバスが市内を巡回して登校の子どもたちを乗せるために、地域によってはかなり早朝からバス停に行かねばならない。三台のバスはそれぞれ、午前六時五十七分と七時出発となっている。夜更かしをして朝起きるのが遅れると当然朝食抜きで登校となる。そういう子が少なくないとのこと。夜更かしでなくても遠方から通学する子どもたちにとってはたいへんなことである。こういうことも日本人学校特有の課題である。担任はそういう子どもたちひとりひとりの事情を理解しつつ指導していく。

算数セットの中の、磁石のついたサイコロのような角材を教科書の動物や花などの上に載せて並べたり、数えたりして算数の授業が終わった。チャイムは鳴らない。担任の指示で子どもたちは行動する。最初は担任は時間に気を配らねばならないが、そのうち子どもたちは時間の自己管理ができるようになっていくのであろう。

子どもたちは机を班毎に向かい合わせの席に並べ替えて、机の上にお弁当を用意する。どの子も小さなかわいいプラスチックのお弁当箱にのりが巻かれたおむすび、卵焼き、鶏肉のから揚げなどのおかずに、ぶどう、スイカなどのデザートも入っている。日本の子どもたちのお弁当とまったくいっしょである。手を洗ってみんなで「いただきます。」と挨拶をして食べ始める。おなかがすいていた子は待ち焦がれていたことであろう。私もバイキングの朝食をしっかり食べてきたはずであるが、とてもおなかがすいていた。学校で学習するということはたいへんなエネルギーを消耗するものだということを改めて感じた。

ひとつの班に私の席も決められて子どもと一緒にお喋りをしながらお弁当を食べた。実は昼食用にサンドイッチを買ってきたのであったが、四海先生からどうぞとお弁当を渡された。それは、昨年赴任してこられた先生が、月曜日のみ作ってくださるというものであった。新しく赴任してこられた先生方に前年度の赴任者が学校のことや生活のことなどいろいろとサポートするというシステムが学校でつくられているとのこと。在外施設勤務だからこその相互扶助は新任者にとってはどんなにか心強くありがたいことかと思う。紙のお弁当箱にふりかけのごはん、のりものせてある。人参やさやえんどうなど野菜の煮た物、卵焼きなどが入った弁当を味わい深くいただいた。

子どもたちはまだお互いの名前を覚えていないようである。友だちとお喋りすることもなく静かに食べている。しかし、頰を膨らませてかみながら前の子と顔を見合わせたりしている。

「いつ台湾に来たの?」と問いかけると、隣の子も前の子も首をかしげている。

「幼稚園は何年いったの? 年長さんだけ? 年中さんから?」これも理解できないらしい。

「なんていう幼稚園にいったの?」の質問には、

「○○幼稚園」

「あなたは?」

「△△幼稚園」と答えてくれた。

後で聞くとこちらでは幼稚園は一年しかいかないとのことであった。また近所に日系の小さい幼稚園がいろいろあり、日本のように同じ幼稚園の卒園というのはそんなに多くはないようである。また保育園のようなところはたくさんあって、午後五時過ぎまで保育しているとのこと。そういえば、女性もみな働いている国であった。しかし、日本人社会の子どもたちはたいていが幼稚園とのことである。台湾滞在も父親の仕事の都合によるものである。一年間に学校の半数近くの子どもたちが転校していくそうである。

「おばあちゃんが日本から遊びに来てくれたの。」

「あら、それはうれしいねえ。」

「ねえ、あしたもここへきてくれる?」

「残念だけど今日だけなの。」子どもたちはしらずしらずのうちに素顔を見せてきたようである。

「劇見たでしょ。」二人ほど向こうの席から、いきなり女の子が私に言う。顔に見覚えがあった。タイペイアイに行く道であった、お母さんといっしょにいた赤いランドセルの子だった。

「見たよ。楽しかったよ。」

「女の人いた?」

「もちろん！ きれいだったよ。」

「男の人は?」

「クルクル回って、飛んでびっくりしたよ。」女の子はにこにこ笑っている。

きっと彼女も見たことがあるのであろう。彼女が私のことを覚えていたのにびっくりする。四海先生がお母さんとちょっと立ち話されただけなのに。

隣りの班の男の子が、「先生、まだお弁当食べていない。」と心配そうな声で言う。いただきますの挨拶の後、先生は次の行事の打ち合わせのために教室を出て行かれたのだ。忙しくしている担任の先生に気遣いしている。彼は弁当前の手洗いのとき、「こっちへきて。」と私を水道のところへ連れて行ってくれた。あっちで洗ってもいいよと、反対側にある手洗い場も指差して教えてくれた。ゆのクンというその子は、教室後ろの掲示板に貼ってある自己紹介の絵に、カブトムシなどを濃く鉛筆書きしている。昆虫類が好きそうだ。男の子数人が昆虫類を描き、女の子は花や女の子が立っている絵である。大体が色鉛筆で塗っている。ひとりだけ何も描いてなく、名前だけのものがあった。この子の母親は台湾人で父親は日本人であるが、生活のなかで日本語を話すことはないとのこと。担任の指示もこの子には入りにくいので、彼の席は先生の直ぐ前にあり、目が届くようにされている。

お弁当を食べ終わったゆのクンが自由帳に鉛筆で絵を描いている。掲示板に貼ってあるのとよく似ている絵である。

「昆虫が好きなの？」と聞くとウンと頷く。

「絵が上手だねえ。」と言うと

「ぼくね、六月にベトナムに帰るんだよ。」と返してきた。

「ゆのクンの絵が気に入ったからかいて。」と私はノートを差し出した。

「あの絵でいい？」と彼は掲示板の絵を指して描いてくれた。

彼は算数の時間、算数セットの磁石のサイコロを収める方向が間違っていて、なかなか蓋が閉められなかった。向きを変えると、下向きにしたためにせっかく詰めていたサイコロがバラバラとこぼれてしまった。しかめっ面になってとても焦った顔をしていた。でも一生懸命に並べては収めようとしている。

「もし、ゆのさんが助けてと言ったら手伝ってあげること。」

の先生の言葉に前の席の子が近寄って声をかけている。授業の終わりにはちゃんと片付けは間に合った。スマートに行動できないモタモタの動作であるが、ゆのクンは掃除の時も長い柄の箒を持ってずっと下を向いて床を掃いていた。ゆのクンはベトナムに「行く」ではなく、「帰るんだよ」と言った。そこでどんな新しい生活が始まるのだろう。彼はまたモタモタしながらも、じきに慣れていくことだろう。そしてどんなふうに成長していくのだろうか。幸あれと心の中で祈らずにはいられない。

子どもたちがお互いの名前も覚えて仲良くなるには、学校という限られた場所と時間の中だけで、多少時間が掛かるであろう。でもあと一週間もすればお互いに名前も覚えて、何処に住んでいるのかもわかって仲良しになっていくだろう。ただし、友だちと遊ぶといっても、まず保護者が電話で連絡しあって、その後家に連れて行き、家の中で遊ぶのである。公園に行って子どもだけで遊ぶということはここでは許されていない。だから学校に来ることは子どもたちにとっては最大の楽しみであり、喜びの時間なのである。海外の日本人学校の子どもたちはどこでもそうだろうと思う。

やっと帰ってこられた先生はカップの何かを急いでかき込んでおられる。掃除の時間になり、六年生三名が教室に入ってきた。先生の指導で三人はそれぞれ自己紹介をする。

「掃除の仕方を教えてあげるからいっしょにやりましょう。」

「がんばってください。」六年生は最初は戸惑っている様子であったが次第に声を掛けていく。

「ではじめに椅子を机の上に上げてください。」

一年生は立っていっせいに重い椅子を机の上によいしょとのせる。六年生はあわてて、

「そうじゃなくて、こういうふうにやって。」と、椅子をひっくり返してのせる。すぐにみんな直す。

「後ろに下げてください。」

「ひこずらないで持って。」

といったって重くてたいへんである。それに机にのせた椅子がバタン、バタンとあちこちで落ちている。椅子をのせている方に体をもっていって、自分の体に机椅子を預けるようにして、しかも後ろ向きで下がっていく、そのような芸当はできやしない。ましてや今日が初めての掃除の一年生である。とうとうみんなひこずりながら下げていく。それでも中にはがんばって持ち上げては下ろして少しずつ動かしている子もいる。今度は箒で掃いていく。片手で突いていく子、両手を重ねるようにして柄を持っている子。利き腕を上にして両手の間を開いて持ち、体を横にして掃く、という子はひとりもいない。

お掃除のようす（台北日本人学校）

「○さんのように持ってごらん。」先生が声をかける。
掃除指導は六年生の役目、と先生は口出しをしないようにして、今日子どもに持ち帰らせる手紙を二種類折りたたんではホッチキスで留めていく。時折目を子どもたちに向けられている。
感心したのは全員が持って使えるだけの箒が十分にあるということ。一年生は一生懸命に掃ている。まあ、掃除といっても気もちが掃除で、ただただ一生懸命に群れていて箒で掃かれたゴミがあっちへいったりこっちへいったりしている。それでも六年生が上手にちりとりに掃き取っている。ひとり、日本語を解するのが難しい○くんが、先生の後ろにある、なにか組み立てた物をいらっている。

「〇さん、みんなおそうじをしているよ。」と先生。

掃き掃除が終わり、机、椅子を元のように戻す。

「みんな席に座りましょう。六年生のお兄さんとお姉さんのお話を聞きましょう。」みんなさっと席に着く。六年生がひとりずつ、

「みんなよくがんばりました。」

「明日は雑巾の使い方を教えますから、いっしょにがんばりましょう。」などと挨拶をして帰って行った。

「私は一年生にお礼の言葉は言わせません。なぜなら、お礼を言うのは六年生の方だと思います。お手伝いに来ているのではなく、六年生は一年生に掃除を教えることで、彼自身の成長の糧となることだと思っています。六年生にとってはいい勉強です。」

このように考えていると先生は私に話された。ボランティアは人のためにするのではなく自分自身のためである。

五校時は図書の時間。

廊下に並んで図書室に向かう。楽しそうにお喋りをしながら歩いていく子どもたち。昼休憩は初めてのお掃除でつぶれてしまった。これから行くのは本がたくさんある図書室。子どもたちはうれしそうである。二階へ上がる階段の所で、先生の声で立ち止まった。

「お勉強をしている教室の前を通るのですよ。歩くときはどうするのですか?」

「しずかに。」

「おしゃべりしない。」何人かが答える。

私は思わず隣りの○さんと顔を見合わせた。

「お喋りしていた人は手をあげてごらん。」だれも手を上げない。

一番後ろで私と手をつないでいた○さんがおずおずと手を上げた。私と○さんとは、

「どんな本が好き?」

「どんなの読んだ?」などとお話ししながら歩いていたのである。

「正直ですね。みなさん気をつけましょう。」担任は一つ一つの出来事を見逃すことなく、その時にきちっと注意し指導ていくこと。それが肝心なことである。

「ほんとは、はずかしいから上げたくなかったんだけどね……」と小声で言っている。

私は彼女と顔を見合わせてにっこりした。そして、彼女の肩をなでてやった。

女の子がひとり、階段の手すりのある少し高くなっている所をのぼって行く。みんなから遅れそうになっていても気にすることなく一人の世界で歩いている。朝からほとんど表情を変えることなく、むすっとしている子である。ただ、算数のときに、サイコロを並べていくつありますかとの先生の問いに、「六っこ」と大きな声で一回答えた。入学以来毎日泣いていて、足が痛い、おなかが痛いと訴える。先生が大丈夫だよとなでてやるとおさまる、と聞いていた女の子であろう。それで彼女の席も先生の目の前であった。

図書室に入ると、図書室の使い方についての説明が担任の先生からあり、続いて司書の先生の話。子どもたちは先生の説明に、あっちこっちと顔を向けたり、背伸びしたりして見て確認している。ひととおり説明が終わると、残り十分間は自由に本を読んでよいことになった。多くの子どもたちが、寝転がって読んでもいいという、カーペットが敷いてある所にいく。靴を脱いで上がり、さっそく寝転がっている。本を選ぶのに迷うということはない。

絵本、学習マンガなど、さっさと手に取っている。

「昆虫の本がみたいんだけど。」ゆのクンはよほど昆虫類が好きなんだ。

司書の先生が彼を書棚に連れて行く。二年生になると自分で自由に本の借り出しができるが、それまでは図書の時間に一人一冊だけ借りる。本好きな子どもたちが多い。ふだん外で遊ぶことができないので家の中で読書やゲームで遊ぶということになる。特に本は容易に手に入りにくいのでよけいに貴重であり、大事に読む。台北に紀伊国屋書店があるが、日本国内の三割高とのこと。

活字離れに対する危機感が言われて久しい。学校教育の場でも問題視され、読書に親しませようと、朝の読書の取り組みが全国的に広がっている。この朝の十分間読書により、児童生徒に落ち着きが出てきた、集中力がついてきた、文章をきちんと読むようになった、などとその効果が報告されている。しかし、読書とは、そういう方途のためにするのではなく、ただ本が好きな子、本を読む子にしたいということである。だれもが否応なく読まざるを得ない状況に押し入れて、というのがどうもすっきりしない思いである。しかし、この朝の読書がきっかけとなって本をよく読むようになったり、本が好きになったという子もいるし、この取り組みは意味のあるものだと受けとめている。

私の勤務していた学校では、図書ボランティアとして保護者による読み聞かせのグループがつくられていて、休憩時間や図書の時間、あるいは国語の時間などにと、活発な活動が行われていた。ボランティアの保護者は創意工夫を凝らし研修を重ねて対応してくださり、子どもたちにとってたいへん有意義なものであった。自力で本を読む、読み聞かせやストーリーテーリングを楽しむなど、いろいろな形の読書に親しむことのできる環境がある子どもたちは幸せである。

終わりの会で先生は、「連絡袋に入れて鞄の中に収めましょう。」と、お家の人へのお手紙を手際よく配る。そこへゆのクンがお手紙が大きすぎて入らないと先生に訴える。見るとランドセルの中にお弁当箱が入れられてつっかえている。それを取り出して、「こうすると連絡袋が入るでしょう。」の先生にゆのクンはうなづいて席に戻っていく。彼はこうして一日に何回もいろんな場面でモタモタしつつ成長していくのである。

「お手紙がない。」「あ、水筒。」とあちこちでわいわいしつつも、ほぼ全員帰り支度が済んだようである。「貨物列車」のメロディが始まった。先生の弾くオルガンに合わせていっせいに机の周りをてんでに動いていく。オルガンが止まると、であったものどうしでじゃんけんである。負けた人は勝った人の後ろにつながっていく。どんどん長い列ができていく。二度ゲームを楽しんでさよならの挨拶。

「水筒が残っているよ。」の先生の声に靴を履き替えていた三、四人があわてて教室に戻ってくる。

スクールバス出発の時刻が近づいている。今日は一年生から三年生までの第一便が十四時五十分に出発する。これに遅れることは許されない。万一バスに乗るための集合時刻に遅れたら、担任は自己負担で学級の子どもひとりひとりを各家庭にタクシーで送り届けるということになっている。タクシー代の自己負担もたいへんではあるが、それよりも保護者の心配やその他もろもろに迷惑をかけてしまうことになる。想像するだけでもぞっとする。

A、B、Cと行き先毎の大型バスが止まっている。こちらでは一年生の子どもたちが並んでしゃがんでいる。門の外にはお迎えの自家用車がたくさん止められている。お迎えの家の人たちが校舎の間の中央広場でおしゃべりをしたり、裏庭にある遊具で小さい子を遊ばせたりしている。たいへんな混雑である。バスが出ていく前に保護者の集団の前列に先生方が黄色のテープを張って持って立たれる。道路の確認など先生方の合図で門扉が開かれてバスが出て行く。たくさんの保護者がそれぞれに集まって楽しそうに話している。三々五々ではなくひしめきあっている。「二年の○○さん、○○さん。」「一年の△△さん、△△さん。」ハンドマイクで先生が呼んでいる。すでにバスに乗り込んでいる子どもたちもいる。とにかくたいへんな混雑である。バスが出て行くと、それぞれの子どもと手をつないで保護者の群れが動いていく。

毎日この光景が繰り返されているのである。子どもは必ず保護者や家の人の顔を見て返されることが鉄則。だからスクールバスに乗っていても着いた停留所に家の人がいなかったら、その子はバスに乗ったままで学校に戻されることになる。バスは市内の地域を巡回するので遅い時間に学校へ帰着する。保護者にとっても子どもの登下校に際しての気遣いは重要なことである。

残念ながら台湾では子どもの誘拐事件が発生しているとのこと。日本人学校の子どもの家庭も裕福な家庭が多く、ねらわれやすい。子どもの安全のためには、十分すぎるほど配慮してあたっていても、まだ安全とはいいきれない昨今の社会状況である。先生方も保護者もたいへんである。

いつの間にか雨は完全に上がって雲の間から陽が差している。その後、四年生が六人くらいで中国語の勉強をしている教室、六年生のTT（チームティーチング）で行われている算数の授業などを少し見せていただいて、学校を後にした。

子どもたちは明日もまた学校に楽しみにしてやってくることであろう。

有名進学校

篠原さんの息子さんが通学しているのは、台北の市街中心にある私立の有名校である。幼稚園、小学校、中学校とあり、現在は高等学校が建設中である。その幼稚園と小学四年生の息子さんのことを通して、学習の様子を聞かせてもらう。午後、子どもを迎えに行かれた時に、いっしょに中に入らせてもらい、校舎内を少しだけ見学させてもらった。先ず、その学校の様子から。

台北市私立復興国民中小学校は、台北市中心のデパートなどのあるビル街の中にある。道路わきに車を止めて、そごう新館のビルに入る。ここはブランド品のみを扱っているデパートである。その一階のハンドバックが並べてある棚の間を通っていくと、つき当たりのガラス戸が外への出入り口。突き抜けていくと道路に出て目の前に赤レンガ色の大きな建物がそびえる様に建っている。それが学校であった。

広い門扉が閉じられている右側に守衛室がある。篠原さんは身分証明書を渡されて、塩谷さんと私も続いて中に入る。広い空間があり囲むようにコの字型に校舎の建物がそびえている。この空間は子どもたちの送迎スクールバスの発着する場所である。台北日本人学校でも門を入った所の広場に驚いたが、ここはそれどころではないもっと広いだだっ広さである。右手のコンクリートの段を上がって校舎に入っていく。まず幼稚部である。小さい教室が並んでいる。五～七人くらいの子どもたちが床に座り込んでいる。次の教室では欧米人の女性の先生がホワイトボードの前に立って教えている。英会話の勉強だそうだ。そのようなのが三教室くらいあった。ここでは幼児教育としてしっかり学習が行われている。もちろん芋ほりなど野外活動も盛んに行われている。

廊下を行くと、左右に教室があり、一、二年生が勉強していた。日本の教室より狭い中にびっしりと机が並べれている。一学級四十人余であろうか。何処の教室もしーんとして静かに授業が行われている。二階にいくと中学年。中の様子が見えるのは、前後の出入り口の扉の窓だけで、その間は頭の高さくらいの所に窓ガラスがあって教室内を見ることはできない。保護者の授業参観というのはいっさいないとのこと。白地に緑の横縞の長袖シャツに緑色のジャージのようなズボンの制服を着ているのが見える。

教室の後ろに男の子が三、四人立たされている。廊下にひとり出されている子も見た。教室の前面に黒板・ホワイトボード、その両側が掲示板で、漢字が二文字書かれた習字が三、四枚掲示してある。背面の掲示板には幾何学模様が描かれたもの、別の教室では風景画の、四つ切り大の絵が十点くらい掲示してある。うまい子の作品だけが掲示されているのだろう。

廊下の一角が少し広くなってコーナーが設けられ、緑の繁った植木鉢が置いてある。教室の廊下側の高い窓の所に、蘭の今は葉だけの鉢が五、六個並んでいる。それはクラスの保護者から担任の先生へのプレゼントなのだそうだ。担任にとっては、それが自分への評価であり誇らしいことだとのこと。

「じゃあそれで、子どもの成績もよくなるの？」と塩谷さん。

「そんなことは関係ないみたい。」と篠原さん。

塩谷さんもこの学校内に入るのは初めてのことだと、ふたりしてきょろきょろ見ながら足早に篠原さんについて歩いて行く。篠原さんは売店に子どもの制服の夏服を買うという目的で校舎内に入られたのである。私は通行人として通りすがりに眼に入れていく。朝の活動のために愛心ママという係があり、それ以外の保護者が教室に入ることはいっさいない。前後期の学期初めに説明会が行われるがそれは集会所のような場所である。

売店の場所を通りかかった人に尋ねられて、篠原さんは半袖と半ズボンの夏服を求められた。守衛さんに身分証明書を返してもらって学校を出る。午後四時半が下校時刻である。それまで三十分コーヒータイムということで、再びそごう新館へ、今度はディオールの店から入っていく。地下は食品売り場で、生鮮野菜、お菓子、お茶、洗剤などあらゆる食品が並んでいる。四分の一に切った南京がある。日本のもので高いそうである。値段のシールを見なければ、まるで日本のデパートの地下食品売り場にいると錯覚しそうな、並んでいる品物のほとんどが日本の商品である。値段は高く日本人客がほとんどとのこと。

コーヒーでちょっと休憩して再び学校へ行く。先ほどとは打って変わって道路は百人以上の人の群れで埋まり、校門ははるか向こうである。道路には大型バスが二台停まっており、すでに三、四台出発したとのこと。そして自家用車がびっしりと並んでいる。どれも高級そうな車ばかりである。それらはみな子どものお迎えである。車のフロントには「A - 3……」などと書かれた用紙が見える。これは事前に学校に連絡がしてあって、担当の人がその車まで子どもを連れてきてくれるというものである。

待っている人たちは保護者といっても、祖父母であったり、メイドさんたちであったりする。インドネシア、フィリピンなどから雇う。メイドさんを雇うには国に申請をしなければならない。介護を要する年寄りや乳幼児がいる場合など以外は普通三年毎で任期満了。同じ人を続けて雇うことはできない。月一〜二万元で仕事の殆んどが子どもの送迎である。女性が仕事をしているので、メイドさんを雇うのは必要なことなのであろう。しかし、家族の中で面倒をみることができる人がいる、子どもが成長して手が掛からなくなったなど、審査されてメイドさんを雇うことを許可されない場合もあるとのこと。見回すと年配の男女、若い女性、肌の色もまちまちである。中国語ではない言葉でお喋りをしている。

「バスが出ますよ。」篠原さんに言われて背伸びすると、門の扉がゆっくりと開けられ、大型のバスが道路へ出て行く。一台、二台、……なんと全部で十八台。最後のバスが出て行くと、待っていた人たちがゆっくりと動きだして門の中に入る。広場はすでにいっぱいの人たちである。少し上の段の所に子どもたちが並んでいる。校舎の横の階段から並んで子どもたちが降りてくるのも見える。年配の人に手を引かれて帰っていく子もいる。人の群れの中に立っていると、「息子です。」と、篠原さんが言われて「挨拶は。」と促される。男の子はちょっとはにかんだ様子でぺこんと頭を下げた。篠原さんは彼となにやら話しながら彼の鞄からノートを取り出してページを開き、さらに鞄の中を改めている。

「いつもそうするの？」と塩谷さん。

「こうしてここでちゃんと宿題を確かめておかないと、万一忘れ物でもしていたら困ります。家に帰ってから気がついてまた学校へとなると教室に入る手続きもしてたいへんなことになります。」

毎日宿題の量はとても多いそうである。親もつきっきりでみてやらねばならないこともある。夜十一時になってもまだ終わっていないこともよくある。

「お休みの前の日は宿題はなしですか？」と私。

「土、日も関係ありません。びっしり出ます。」

学校の宿題のほかにも、習い事が多く、中国語、英語、日本語、絵画、ピアノ、テニス、水泳とある。どの子もそうだ。そういうことをやりこなしていく子どもにただただ驚きの思いでいっぱいである。その上に、彼は土曜日の午前中は日本語の補習学校で国語の勉強をしている。時には行くのを嫌がることもあるとのこと。それはあるだろうな。それをなだめて、すかして、頑張らせている。

そういう中でこの前、彼が喜んだことがあった。四年生になって、新しいゲームで遊んだときのこと。それは日本製であり、日本語で書いてあった解説書を読むことができたのはクラスの中で彼ひとりだけであり、うれしかったらしいとのこと。それはそれはうれしいことだったであろう。

自動車に乗り込んで、お母さんから渡されたおやつのミルクを飲んでいる。さっき地下の食品売り場で買われたものだ。

「よくがんばって勉強してるんだね。学校の勉強をして、日本語の勉強もして、すごいことよ。だれでもできることではないのよ。すばらしいね。がんばってね。」私は思わず励ました。

彼に声をかけずにはいられなかった。彼は恥ずかしいのか、横向きになってミルクを飲んでいる。

そういえば、さっきから彼に話しかけるお母さんの言葉は全て日本語である。家の中では中国語とのこと。ご主人は九大で博士号を取得された歯科医師。とても温厚な礼儀正しい方であった。子どもたちには勉強を無理強いするのではなく、頑張らせることができるときに頑張らせよう。やめることはいつでもできる。できるまでやらせてみよう。もしだめだったらそのときに転校すればよい、とご主人と話されているそうである。

この学校は台北一の有名な進学校で年々希望者が増えており、入学が難しくなってきている。現在幼稚園に通っている下の子も小学校一年生に入学できるかどうか、今はまだ未定である。なんとたいへんなこと。公立の義務教育機関だけで過ごしてきた私の理解を超える話である。そのようにして、学力をしっかりつけたいと目指している人たちがここにいるのである。

日本語補習校の話

午前中故宮博物院の見学をして時間が下がった昼食は、そこから遠くない所にある川瀬というレストランであった。篠原さん、塩谷さん、四海さん、私の四人。陽明山の麓を少し入った所で瀬音の聞こえる渓流の中にあった。「瀑布」と看板が掛けられており、奥に行くと滝があるとのこと。上の崖のような所に桟敷も見える建物が二、三軒あり、何か催し物が行われていた。賑やかな歌声や司会者の声が響いている。若い男性が、道を上がってくる人にチケットを呼びかけていた。背丈の低い桜の木があった。もうすでに花の時期は終わっているが、ここではまだ花をつけていた。山茶花の花のような感じである。八重で薄いピンクの花が、ポッ、ポッとあちこちまばらに散らばって咲いている。台湾の桜は日本のような繊細な薄桃色の花が全体にわあっと花開くのではなく、まばらにおおぶりな花をつけるとのこと。あまり風情が感じられない。池や下の川の岩のごつごつした間にカモが泳いでいる。

食事の後で烏龍茶を何杯もお代わりしながら話したのは、日本語補習校のことであった。日本語補習校というのは子どもが現地の学校に通いながら、土曜日に日本語での勉強をする学校のことである。教科は主に国語。日本人学校が設立される以前の段階でとにかく日本語の勉強を、という希望で大使館の一室やその他の経費がかからないところで行われる。また、日本人学校はあっても保護者の都合などで、現地の学校に通っている子どものために設けられる場合もある。文部科学省の認可によるものと、そうでなく認可が下りず私的なところもある。台北の日本語補習校というのは、文部科学省で認可されていないもので、保護者が集まって任意で組織し運営している。家主の好意で英語塾などがある集会所のような所を借りて毎週土曜日に子どもたちの学習をみているとのこと。

この日本語補習校の指導者として、台北日本人学校でも先生方に希望者が募られる。希望者は少ない。全くのボランティアである。しかも、日本人学校に派遣されてきている、その正規の職務を遂行するのが大きな責務である。休日の土曜日といえども学級のこと、校内の分掌の仕事のことなど、やるべきことは山積している。現に休日も出勤して仕事をしている先生方も多いと校長先生も言っておられた。気もちはあっても日本語補習校での指導までは、とてもゆとりがないという実情もあろう。日本語補習校の運営を頑張っている保護者の切なる願いは、正規の教員免許状をもった先生方に、ぜひ子どもたちの勉強をみてほしいということである。文部科学省に認可されれば、正規の先生の派遣はもちろんのこと、子どもたちの使う教科書や教材なども必要なものは日本国内と同様に配置、配付される。昼食の話の途中で、台北日本人学校で不要になった昨年度の教科書を補習校に寄贈してよいという許可を校長から得たので学校にとりに来てほしい、という話があった。何もかも自前で行わねばならない補習校にとって、日本人学校と小さいながらもつながりがもたれているということに、ほっとする。子どもたちのために、なんとか知恵をだしてほしいものと祈る。

今までにも認可の手続きを試みたが、認可にともなうこまごまとした規制がたくさんあって難しい。仮に許可されても授業料が大幅に上がる。しかたなく自分たちで頑張ってやっていこうと、保護者が力を合わせて子どもたちの日本語学習を行っておられるのである。そういう中で四海先生はこの日本語補習校の指導を引き受けておられる。日本語が全く話せない子どもに対して、どのようにして教えたらよいのかと指導の工夫をすることは、とりもなおさず学級での指導に生きることだからとの考えである。海外にある日本人学校は国際学校としての性格をもっており、子どもや両親が日本人でなくても、日本人学校への入学を希望される場合は受け入れることになっている。だから全く日本語を知らない子どもが入学してくる場合もある。

台北には立派な日本人学校もあるというのに、なぜ日本語補習校が必要なのか。それは、各家庭で理由はいろいろとあるだろう。日本人学校は公立校といえども、設立にあたってはその地で日本の教育を必要としている保護者の願いから出発している。設立資金は日本の企業が多く負担しており、学校運営についても私立の学校のように理事会で協議されて行われ、授業料も必要である。現地の希望によりつくられた学校なので自主自立の運営を行っていくことが任されるのである。教師の派遣や教科書、教材類のみ文部科学省に面倒をみてもらえる。だから、校地取得、施設維持管理、スクールバス、警備員、など諸々の必要経費の多くを現地校で賄わねばならないのである。だからどうしても授業料の徴収を要するのである。

日本人学校の教育の大きな課題は、子どもたちの学力保障ということである。殆んどの子どもはいずれ日本へ帰国する。だから、いつどこの府県へ帰国しても、きちんと通用する学力をつけておかねばならない。それにひきかえ、現地の学校へ通っている日本の子どもたちというのは、今後も台湾で生活していく子どもである。日本へ帰るための学力を必要としているのではない。両親からもらった日本人としての資質をもっている子どもに、日本の文化を伝えたいという気もちがある。台湾の地で将来活躍するようになったとき、少しでも日本語を解し、日本文化への感性をもっていたら、広く道も開かれていくことであろう。だから、子どもにとって多少無理強いであっても、何とか頑張らせたいのである。

基本的に、日本語補習校に来る子どもたちの親は、両親のいずれかが日本人である。子どもたちは現地にある台北市国小（台北市立の小学校）や私立学校に通学している。その子どもに日本語教育をというのは、子ども自身の思いよりも、保護者の考えによるものが主である。少しでも日本語を身につけさせたい。日本のすぐれた文化を伝えたい。それは子どもにとっても将来きっと有益であろう。そういうのが親の願いである。子どもにとっては、現在通っている学校の勉強や宿題、習い事もしており、それだけでもたいへんな上に、異文化の日本語を学ぶことは大きな負担であろう。せっかくの土曜日はとっておきの楽しみでもあろう。しかも日本語を学ぶのは、子ども自身の強い意思によるものではないとなると、なおさら苦痛でもあろう。しかし、子どもたちはよく頑張っている。

「今年補習校に小学一年生が十三名入ってきた。果たして来年まで七名残っていてくれるかどうか……」と篠原さんと塩谷さんは顔を見合わせてため息混じりに言われる。

途中で挫折する子どもがいるのも当然であろう。しかし、途中で止めて後再び来るようになった子どももいるとのこと。なんとか、この子どもたちが、補習校へ行くのを楽しみとし、日本のことにちょっとでも興味をもつなど、なんでもよいから頑張ってほしいと思う。台湾にはない日本のよさを知れば、台湾のよさもまた新たに発見できる。勉強することは努力を必要とする。今頑張ることはきっとその子のかけがえのない力となって身についていくことと確信する。学年が上がれば日本語や日本文化などに対して次第に自分なりの興味や関心がでてくることも期待できる。新一年生には一年生だからこその意欲をもっているこのときが、日本語を学ぶよいきっかけとなるようにと祈る。

こういう子どもが将来、台湾と日本の間で立派に活躍していく人物になるであろう。台湾にしっかりと根を下ろして、日本をそして世界をみつめて生きていく人になってくれると、期待する。彼らに備わっているのは、バイリンガルなどといった表面的、一面的なことではない。民族や文化の多様性、考え方の違い、違いを違いとして受け止め、許容しつつ、共生社会をめざして活躍する能力である。そういう能力や資質をもったリーダーとなっていくであろうと期待している。そのために、日本語の補習校はしんどいことであろうが、頑張って乗り越えていってほしいと思う。せっかくの自分の置かれている状況を、大事に思って生きてほしい。台湾人と日本人というすばらしい両者の資質を自分ひとりのなかにもっているのである。それは自分のなかの仮面性を二通りに使い分けすることができるというたいへん恵まれたものである。そういう自己の仮面性を生かして活躍していくことができる。基礎的な学力、資質、などに精神面の深みを備えた賢明なリーダーになってほしいと願っている。

「塩谷さん、お子さん方への躾で、これだけは、と大事にしていらっしゃることは何ですか?」

「そうですね。いただきます、を言うことです。」

「こちらでは、挨拶なしにいきなり食べ始めるのです。」

「学校でも、入学式といったものはありません。先生の挨拶や自己紹介もなしです。教室に入っていきなり始まるのです。前に立って話をされているから、ああ、あの方が先生なんだなと思うのです。」

「そうそう、うちも同じ。」と私立学校の篠原さんも頷かれる。

「最初はとても戸惑ったけど、もう慣れてしまって、こんなもんかと。でもやはり挨拶は大事だと思いますね。」

「だから、ものごとがパッと動いて、きつく感じます。ストレートですね。」

「別にきつく言ったり、当たったりしてるわけではないのですが。」

「この頃は自分もこっち流になって、きつくなってるんじゃあないかと……」

お二人の話を聞きながらなるほどなあ、と思う。それぞれの国の習慣があり、それに接して日本の習慣のよいところや子どもに伝えたいことに改めて気づかされる。こういう違いを知りつつ、よい点を新たに見直し、他国のよい点を取り入れていく。そういうことのできる環境がある。

日本の文化を子どもたちに教えてやりたいのは、こうした日常生活の小さなことに、大きな意味をもったものが座っているからである。お二人の努力をすばらしいと思う。

安親班《アンチンパン》

四月二十五日（火）十七時。

塩谷さんの四年生の息子さんが通っておられる安親班を見学させていただく。商店街の少し狭い通りで、一階部分が店舗で上階は住宅になっているようである。そのような中で、入り口全面がガラスになっており、中の明るいフロアーに男の子が二、三人見えた。そこが安親班である。普通の民家に入るような感じで、そのガラス戸を押して入っていった。

直ぐに出てこられた校長先生と主任の先生が笑顔で応接してくださる。お二人とも女性で少し日本語を交えながら話をされるのに驚いた。「日本語、少しだけ。」と言いながら、校長先生は各部屋を案内してくださる。

○　学習室など

一階の入り口を入った直ぐ右の部屋が事務室、そして幼稚園児の部屋で、三人くらい小さな子どもがいた。フロアーの壁には、行事予定黒板、バレンタインのハートの飾り、ドラゴンレースの応援のペナントのような飾り、クリスマスの星やモールの飾りつけもある。

「こっちの人は派手にして楽しむのが好きみたいです。行事もたくさんありますし。」と塩谷さん。

階段の隣りに小さな部屋があり、コンピュータが三台置いてある。五、六人学習できそうに椅子がある。地下へ降りていく階段の壁には、子どもの描いた、花や動物の絵、作文などが貼ってある。学習環境に配慮されているのが伺える。赤いカーペットの階段を降りるとき、「段差が違う所がありますから、気をつけてください。」と塩谷さんが注意してくださる。下の教室では、英会話教室で中学年くらいの男女の子どもたち十数名が学習中である。その奥の教室では中、高学年が合同で二十名近く中国語の作文の学習をしている。年齢ではなく能力の違いでクラス分けしている。子どもたちが私たちの方を見る。部屋の中いっぱいに机が並んでいる。

「ここはキッチンです。」

冷蔵庫、流し台、コンロ、調理台、大きな鍋、フライパンもある。ここでおやつを作ったり、温めたりする。こちらの人たちは冷たいものは食べないので、蒸し器で温める。

ひと通り案内してくださって一階にもどってくると、校長先生がお茶をと言ってくださる。後の会食の予定時刻も近いのでお断りしたが、私がしきりにメモをしているのを見て、入口の所にあるテーブルをすすめてくださった。主任の先生のお話を伺っていると、なんとそこへ校長先生が、ティーパックのお茶を運んできてくださった。お皿の上には細長いサツマイモが五本。さらに、昨日のおやつだけどと言いながら温めたクロワッサンも持ってこられて、恐縮してしまった。そこへ、ガラス戸を押して老婦人が子どものお迎えに来られた。彼女は前、幼稚園の園長先生だったのですよ、と教えてくださる。

○ 安親班の様相

安親班にも各種ある。宿題だけをみるもの、学習指導をするもの、学校の勉強以外の学習指導をするもの、またはおやつのある所、ない所など多種多様である。

見学をした所には、四つの小学校の子どもたちが来ている。子どもたちの下校時に、バスでその学校を回って迎えに行く。そして、ピアノやスポーツ教室などへ通う子どもは安親班の先生に連れて行ってもらえる。それには別料金が必要。先ほどのおやつも、蒸してもらったりする場合には、蒸し器代も必要ということで、安親班の費用は高いそうである。

塩谷さんは、息子さんに四つの安親班を見学させて、彼が気に入ったと言う所を選ばせたとのこと。

「見たら、子どもなりに雰囲気で、自分に合うかどうかがわかるだろうと思いました。今、気に入って通っています。仲良しの友だちもいるし。」

彼は、今日はスポーツ教室へ行っているとのことであった。普段は下校してから安親班で過ごす。おやつもあるので、働いている親にとっては安心である。台湾では殆んどの女性が働いているので、こういう施設があちこちに多種多様な形態で設けられている。月謝もその施設の形態によりまちまちである。ここでも子どもの出入りには保護者の送り迎えが原則である。よほど近くでない限り、子どもが一人で通りを歩くことはないとのこと。子どもをめぐる誘拐事件などの発生が心配される。公園でもどこでも子どもだけで自由に遊んだりすることは全くできない。子どもたちの自由空間がなくなっていることは、ここでも日本でも同様である。悲しいことである。

安親班について、私は児童館や留守家庭子ども会のようなものを想像していた。しかし、そうではなく、私立の学習塾のようなものである。校長先生にいただいた名刺には、「台北市私立喬登國英語電脳短期補習班」とあり、その下には「児童英日語班、成人英日後班、國中英数理班、数学・作文班、珠心算電脳班、才芸・絵画班、全民英検班」と書かれている。名刺のどこにも安親班とは書かれていない。みんな安親班と言っている、それは通称であろうか。

○　安親班に行かない子は？

日常生活がご多忙の篠原さんは、息子さんを、祖母の家、ご主人の兄弟の家、などで預かってもらっておいでである。それぞれの家は台北市内で、車で十分もかからない所である。曹さんの場合も奥様の親御さんに子どもたちの面倒を見てもらわれたそうである。その家は直ぐ近所であった。いつでもこうして受け容れあい助けあっていかれる。親戚というのはそういうもので、だからお誕生日やお祭りなどの行事のたびにみんなで集まって食事をするのだとのことである。

○　教育について

私立の進学校でも、ここの安親班でも、子どもたちが実によく勉強している。「国小では、宿題はそんなに多くないですよ。」と塩谷さんはおっしゃっていた。しかし、下校後の子どもたちには習い事がある。林さんは教育費がたいへんなんですと言っておられた。みなたいへん教育熱心である。もちろん、習い事などなにもしていないという子どももいるであろうが、私が話を聞いた人たちは、みんなそれぞれに子どもの教育への熱気が感じられた。そこには教育熱心といった月並みな言葉では言い表しがたいものがある。教育は子どもの将来への限りない可能性の基礎をつくっていくものである。それはまた、多様な仮面を自分の内面につくっていくことでもある。よりよく生きていくために活用していく自分自身の多様な仮面である。

「台湾にはニートと呼ばれる若者はいないですか?」と問うと、いますよ、と林さんは答えられた。社会的な問題状況は、経済的に豊かになった社会の中ではどこでも発生するのだろうか。

「乗り物の中で、化粧する女の人は?」

「そりゃあ、いないでしょう。」

台湾ガイドブックにも女性の慎ましさが書いてあった。それは一歩引く、というようなことではない。女性もはっきりと自己主張をする。台湾の若者男女についての印象を四海さんは話した。

「みんなきちっと、相手の顔を見て話をします。自分の意見をはっきり言う。日本の中学生や高校生のように『別に……』とか『かんけいない』などと、生気のない言い方はしない。そういう顔の若者は見ないです。」

日本の若者にしても全てがそうだとはいえないが、そのような子どもに接することはよくあることだ。自己を表さないようにして、仮面の内側に安住し、我が身を守っている。そんな子どもたちに、もっと自己表現をして自信をもって生きてほしい。かけがえのない彼自身の人生であり、また彼らが次の時代をつくっていくのだから。

○ 心の核に

戦後の日本の教育では、民族の誇り、愛国心、宗教心といったものは排除されてしまった。それは「盥《たらい》の水と一緒に赤子まで流してしまう」の喩えのように、人間として生きるための大事なものまでも捨て去ってしまったのである。民族・愛国などは好戦的と短絡・飛躍して解釈されるから、口にすることもタブー視されてきた。時の流れでいたし方のないことでもあったのだろう。

「そんなことをしたら、ご先祖様に申し訳ない」

「お天道様に顔向けができんようなことをするもんではない」

「ごはん粒を粗末にしたら目が潰れる」

「歯を食いしばって頑張れ」

「ぼろを着とってもだれも笑いはせん。人は皆わしがだれかしっとる」

小さいときから折にふれて明治生まれの祖母から言い聞かされた言葉である。これらの言葉は、人として生きるための心の柱となっているものである。私の世代以前の多くの子どもたちは、祖父母や親たちからこういった言葉で育てられてきている。これらが日本人の心象風景を形成しているもので、民族の誇り、また愛国心といったものである。民族の誇りや愛国心をもちましょうと、きまりとしておしつけられるというものではなく、自然に培われ備わってくるものである。

こうした教えが、だんだんと薄れてきてしまっている。学校でも、家庭でも、芯のない子どもに育てているように思う。目前の享楽に浸る子ども、とんでもない事件を起こす子ども、彼らをみると、何か確たる手ごたえや拠り所を求めて、漂っているようで切ない。

学校教育は子どもに自信をもたせて、伸びていこうと努力する子どもに育てることである。学校という、限られた教育の期間、限られた場所での、子どもたちへの教育の重い意味を思う。

自分の仮面を獲得する

このたびの台北訪問で、台湾に住んでいる数人の方々といろいろと話をさせていただいた。そのなかで、言葉の表現で戸惑うことが少なからずあった。例えば、「台湾の人のことを台湾人と言っていいのか」、「中国というより大陸と言うほうがいいのか」、「台湾の国と言っていいのか」、など些細なことかもしれないが、躊躇する思いが幾度かあった。あるときは、「台湾の習慣は？」と尋ねた私に、「中華民国と言ってほしいですね。」とやんわりと返されたこともあった。このたびの滞在中には耳にすることはなかったが、以前の訪台の折りには、本省人、外省人、という言葉を会話の中でしばしば聞いた。そういう内容のことが話題になったということでもあろう。

今回おそらく私は、失礼な質問を発したり、表現をしたりは諸々あったはずである。しかし、みな賢明な方々であり、寛容してくださっていたことであろうと思う。状況を理解していないよそ者がよけいな気遣いをすることは、かえって気まずいであろう。しかし、能天気な言動はたいへん失礼なことは当然である。台湾の歴史、日本との関係、原住民族のことなどの本を読み、知れば知るほどものを言うことにためらいが生じてくる。

単純には表現できない深い淵をいくつも越えてきて今日の台湾がある。しかも政治的には、一九七一年に国連を脱退してからは国際社会のなかで孤立している。にもかかわらず、経済の発展はめざましい。二〇〇五年度の国民一人当たりのＧＤＰは一万五千ＵＳドル余り、外貨準備高は二千五百億ＵＳドルを超えて、日本、中国（大陸）に次いで第三位となっている。そして、諸外国から多くの観光客が台湾を訪れており、日本を中心に現在は中国からも多く訪れている。国際的には孤児といわれながらも、実務外交で経済力をますます確かなものにしてきた台湾の存在感はアジアにおいて大きなものがある。そこには、賢明に処してきた多くのリーダーたちの働きもあった。そういう台湾の歴史や民族の姿を思うとき、何度か浮かんでくるものがあった。それは、仮面であった。

○　仮面性社会を生きた歴史

台湾に住んできた人たちの歴史をみるといくつかの時期がある。先住の原住民族の時代、十七世紀にやってきたオランダ、スペインの外来者の時代、日本による統治の時代、中華民国政府接収の時代、そして現代へ、と大きな転換期を経つつ歩んできている。その歩みは、外来者によって翻弄され、その波の中で闘い、あるいは流されるままに、そして自力で泳ぎ、立ち上がってきた人々の歴史である。

外来者によって否応なくかぶせられた仮面。統治されるなかを生きるためには仮面をかぶらざるを得なかった。そして、ようやく自分たちの中華民国としての発展をみるなかで、自分の民族の仮面を取り戻してきたのである。その歴史の一端については既に述べてきているが、ここでは仮面ということを心にとめて、伊藤 潔『台湾　四百年の歴史と展望』をもとにしてみていくことにする。

○　一六二四年～一六六二年　オランダ統治時代

オランダ、スペインによる赤嵌《せきがん》、基隆、淡水の占領。主として貿易の拠点として活用した。オランダ支配の末期の台湾の人口は先住民約八万人、移住民約二万人、合わせて十万人余りであった。そこへ、鄭 成功の大軍とその家族約三万人が移住してきた。

○　一六六二年〜一六八三年　鄭氏政権の統治時代

人口急増で食糧確保のために、農地の開拓が行われた。原住民や先住の持分の境界を侵さないということであった。開墾された土地は「文武官田」「私田」とされた。

○　一六八三年〜一八九五年　清国による統治時代

清国政府は治安対策のために移住を制限したが、福建南部や広東東部からの移民は続き農業を中心に開発が進んでいく。この間、為政者への不満から住民による武力闘争が百件余り発生している。先住民にとっては移住民の侵犯や搾取に対する反発があった。しかし、先住民は他部族に分かれており、それが結集して蜂起することはなかった。

○　一八九五年〜一九四五年　日本による統治時代

このときの人口は先住民約四十五万人、移住民二五五万人、合計約三百万人であった。日本の台湾統治は住民の武力抵抗を鎮圧することから始められた。台湾全島にわたるゲリラを徹底的に制圧するためにたくさんの人が殺害されて、終息していった。近代産業の振興とともに教育の推進が図られた。教育は台湾住民を徹底的に日本人化するためである。そして全土を領有支配するために原住民族の実態調査が行われた。こうして住民は強制的に否応なく日本人の仮面をかぶせられていった。被支配者として、仮面をかぶらねば仕事も生活もしていくことができない。家庭の中では日本の教育を受けた子どもと親との間の会話の困難も生じてくる。日本を憎み反発している人も、諦め黙している人も、屈従は余儀なくされていった。そして第二次大戦末期には、高砂族義勇隊が編成されて台湾の原住民も戦場に送られていった（二十万七千百八十三名）。日本の国のために日本人として戦ったのである。戦死者、病死者は三万三百四名であった。

○ 一九四五年〜　中華民国・祖国への復帰

一九四五年十月二十五日に中国戦区台湾地区降伏式が行われ、ラジオ放送で声明が発表された。

「今日より台湾は正式に再び中国の領土になり、全ての土地と住民は中華民国国民政府（国民政権）の主権下におかれる」

この声明をもって台湾の住民はひと息に日本人から中国人となった。こんどは中国人の仮面が、人々に有無を言わさずかぶせられた。もちろん、日本統治下に様々な抗日活動が行われていたように、台湾の住民にとっては待ちに待った祖国への復帰。自国の仮面をようやく取り戻したのであった。しかし、自分たちの新たな時代の幕開けであったはずの新政権への期待は裏切られていく。日本の統治が行われた時と全く同様の混乱、戸惑いが家庭の中に広がっていく。子どもには中国の教育が徹底され、中国人の仮面を取得していく。父母の世代は日本人の教育を受けて日本人の仮面しかもっていない。祖父母の世代は原住民や先住民としての仮面である。またもやここで、家族のなかでの会話が成り立たなくなっていく。社会にあっても様々な事柄をめぐって、本省人、外省人、また原住民、などの対立が存在していた。

○ 民族の闘い

そういうなかで、原住民として自分たちの民族を生きるための闘いが絶え間なく繰り返されてきている。そのなかでも大きな事件が、日本統治下における霧社事件であり、中華民国への復興後の二二八事件である。

「霧社事件」

台湾総督府は原住民を次々と帰順させて支配下におさめていった。日本の統治後三十五年たっていた時、霧社の原住民が小学校の運動会に集まっていた日本人を襲撃し殺害した事件である。その翌年、総督府が他の部族を使って原住民を襲撃させた「第二霧社事件」まで引き起こされている。

このタイヤル族の蜂起の原因は、原住民の習慣を無視した日本同化政策や官憲による搾取など強烈な抑圧に対する、抗日闘争であり、彼らの民族としての誇りを賭けた闘いであった。タイヤル族は他の部族にも働きかけて、原住民族としての集団の仮面をかぶって立ち向かっていったのである。

「二二八事件」

闇タバコの取締りをめぐっての、一見些細な事柄が発端となってしる。しかし、その事件の中には複雑に絡み合った台湾住民の思いがこもっている。いくつもの仮面をかぶらされ、また自らかぶり、抑圧された生活の中での事件である。

祖国復興を純粋に喜び、いよいよ我らの時代がやってきた、との思いで留学先の日本から帰国してきた若いリーダーたちの期待はたちまち打ち砕かれた。この事件については敷かれた戒厳令のもとで、その解除まで、語ることも書くことも長くタブーとされてきた。その後、二二八事件で行方不明となった父を探して事件の真相を求めた、阮　美姝の『台湾二二八の真実――消えた父を探して』が、一九九二年に出版されている。二〇〇六年二月発行の日本語版に、李　登輝氏の序がある。

「先の著書は中国語を用いてあるが、その構想や草稿には、日本語が使われたのである。日本統治時代に青春を過ごした阮さんは、日本にはいくつもの思いがあるに違いない。そして二二八事件の背景にも、また戦後の台湾の歩みにも、隣人である日本はさまざまに姿を現してくる。」

私はここに書かれている、日本語で構想が練られて下書きされたということに胸をつかれる思いがする。阮さんのお父さんは一九〇〇年生まれで、教師養成の学校を卒業後、二十歳で東京へ行き、旧制高輪中学（現、高輪中学校、高輪高等学校）、福島高等商業学校（現、国立福島大学）で学ばれている。一九二六年に台湾に戻り、いくつかの事業を経て、一九三二年に台湾新民報社に入り総経理職を務めるようになった。そして、一九四七年三月十二日に突然やってきた国民服を着た男たちによって連れ去られた。病気で伏せていたお父さんはパジャマのままであった。それっきりわからなくなった。父の行方を捜して、二二八事件の真相を求めて資料を集め、人に尋ね、とたどってこられた彼女の半生がこの本にまとめられている。

二二八事件によって、日本の統治時代以来活躍していた台湾のエリート、名士、知識人の多くが失踪し、殺害された。その数は約二万八千人に及ぶという。日本が台湾を植民地として統治していた期間に、日本の教育のなかで育っていった、将来の台湾を担っていくであろうエリートたち。そういう人の身に起こったことを、よその国の出来事として安穏としてはいられない思いにかられ、ふさぎこんでしまう。

当時台湾総統であった李 登輝氏が、司馬遼太郎氏との対談のなかで語っておられる。

「シバさん、私は二十二歳まで日本人だったのですよ」二十二歳までの教育はまだのどもとまで詰まっていると。政治家のイメージには程遠く、学者か牧師の雰囲気の李 登輝氏。氏も家にあっては台湾語、外では日本語を使い、戦後は日本語を捨てて北京語を習っていくという道をたどってこられたのである。そして、総統として台湾の民主化に向けて取り組んでこられた。（司馬遼太郎『台湾紀行』）。

小林よしのり氏との対話では次のように語っておられる。

「台湾において民主化は、今までの外来政権の独裁政権から抜け出して、いかに台湾人自身が台湾を経営していくか、ということが問題になるわけです。ではそのとき、民主化の主体である民のアイデンティティはいかなるものか、という際に、台湾では中国人か台湾人かという民族的な問題や、省籍の問題を解決していかなければならないわけです。」

「私が『新台湾人』という言葉を連呼するのも、そのためです。」（李　登輝・小林よしのり『李　登輝学校の教え』）

アイデンティティとは、自分はどういう者なのか、どういうところに帰属しているのか、という自己の存在の根拠を問うことである。私に「あなたは何人ですか」と問われたら躊躇なく、「日本人です」と答える。しかし、台湾ではそうではない。中国人、客家、台湾人、中華民国人、あるいは原住民〇〇族、などとさまざまな答えが返ってくるであろう。台湾に住んでいるが、台湾人という共通の民族としての認識はないのである。それが、これまでたどってきた台湾の歴史なのである。

○　原住民族女性作家

日本統治による日本化、そして、第二次世界大戦後は一気に中国化であった。そういう中で、一つの家族でありながら、言葉がかよわせなくなっていった。原住民族語しか話せない祖父母、日本語教育を受けて育った親、中国教育で北京語を身につけていく子ども。家族のなかで共通に通じ合える言葉がなくなったのである。そのことを原住民族女性作家である、リカラッ・アウーは「音のない家庭」と表現している。以下は魚住悦子氏による、リカラッ・アウーの作品や論文、またインタビューを通して聞き取った話などから記述されたものをみていく。

原住民の子どもであることを口にしてはならないと、母は娘に言う。外省人の父とパイワン族の母との間に会話は殆んどなかった。教師であった父は娘に毎日、中国古典の暗唱と日記を書くという教育を行った。娘は外省人二世として父を尊敬し努力した。反対に母を避けて育ったのである。それでも学校では彼女はいじめられていた。やがて成長した彼女は小学校の教師として勤めるようになり、そこであったタイヤル族のワリスと結婚し、彼の影響もあり次第に原住民の意識に目覚めていく。後に離婚。そして、母と祖母のパイワン族の部落に行き来するようになっても容易には部落に受け入れてはもらえなかった。ある日、部落の巫婆の葬儀に帰ってくるようにとの通知が来た。それは、彼女をパイワン族として認めるということであったのだ。

「アウーは二〇〇三年六月に、宜蘭に本部を置くNPO組織、小米穂原住民文化基金会の副執行長に就任し、原住民女性作家として、台北をはじめ、台湾各地で開かれるさまざまな会議に出席したり講演を行ったりと、忙しい日々を送っている。同じく二〇〇三年六月には、アウーにとって五冊目の本であり、はじめての子ども向けの絵本である『故事地図』が出版された。パイワンの少女が母親とけんかして家出する話で、姪と祖母をモデルにした作品である。」（魚住悦子「原住民族女性作家の誕生――リカラッ・アウーのアイデンティティ――」）

ここには自分を自分として生きる、自分の意見を明確にもって、社会に参加していく、アウーのアイデンティティの変化の過程が記述されている。一人の女性が新たな仮面を獲得して、力強く、清々しく、自分を生きていく姿がある。

○　新しい時代を生きる仮面

台湾では、原住民の差別、本省人、外省人といった狭い民族主義を超えて、時代はもう既に新しい道を歩んでいる。人々の意識は変化して、成熟した社会に向かって動いている。そういうなかの原住民の動きについてみると次のようである。

一九八四年には、原住民族による、台湾原住民権利促進会が成立した。

一九八八年には「土地を返せ」「姓名を返せ」の大規模なデモ行進が行われた。

一九九三年の国際原住民年には、台湾の原住民について国際社会から共鳴を得た。

一九九四年には、中華民国憲法増修条文の「山地同胞」という名称が「原住民」に改められた。

一九九七年には、中華民国憲法増修条文　第十条第九項で、「国家は多元的文化を肯定し、ならびに原住民族の言語文化を積極的に擁護発展させる」と規定した。また、一九九六年には、小学校で「郷土教学」課程（日本でいう教科）が始まり、原住民の言語、伝統工芸、歌舞などが教えられるようになった。


原住民は自らの人権意識に強く目覚めて、原住民としてのもともとの仮面を取り戻したのである。その仮面はかつての原住民そのものではなく、時代の変化にともなって変容してきた、新しい時代の民族の仮面。そして今、社会の発展とともに新たな仮面が形成されていく。

それは、他から強制的にかぶらされたり、与えられたりしたものではなく、原住民自らの意思で仮面を取り戻して、さらに、社会に向けて自己を表明していくための新たな仮面の獲得である。

ありのままの自分を生きることが許容され、自己を自己として生きる、そういう個が集まって社会が成り立っている。そこには、いろいろな個の違いがあって、それぞれのよさがある。そういう社会であってこそ活力が生み出される。そのための新たな公共性がつくられていく。自己の、民族の、そして国家のアイデンティティをみんなで模索していく。そこに多様な仮面が息づいていく。

有名進学校で学んでいる小学生のS君兄弟、習い事をたくさんこなしている中学生のR君、公立小学校で勉強して補習校で日本語を習っているT君、日本に留学して大学院で学んでいるSさん……。彼らは将来の台湾の、そして世界のリーダーとなっていく子どもたちである。それぞれの学びの中で、いくつもの自分の仮面をみつけ、また自分でつくっていくことであろう。多様な仮面をもって、自分たちの社会をつくりあげてほしいと願う。

熱い期待をこめてエールをおくり、私の台湾紀行を終える。

引用・参照文献

Ⅰ　仮面と学習

・後藤　淑『能面史研究序説』明善書店　1964
・和辻哲郎「面とペルソナ」後藤　淑編『仮面』岩崎美術社　1988
・山村暮鳥『おうい 雲よ――山村暮鳥詩集』岩崎書店　1995
・三村泰臣『広島の神楽探訪』南々社　2004
・三隅治雄『踊りの宇宙　日本の民族芸能』吉川弘文館　2002
・尾道市文化財協会編発行『尾道市文化財春秋　第十六号』1981
・ロジェ・カイヨワ　多田道太郎・塚埼幹夫訳『遊びと人間』講談社文庫　1973
・男鹿のなまはげ保存伝承促進委員会『なまはげシンポジウム』　997
・日本海域文化研究所『ナマハゲ――その面と習俗――』日本海域文化研究所　2004
・大城　学『沖縄の祭祀と民族芸能の研究』弧琉叢書6　砂子屋書房　2003
・宮城　文『八重山生活誌』沖縄タイムス　1972
・八重山平和祈念館『マラリア関係　略年表』2004
・芳賀日出男『ヨーロッパ古層の異人たち――祝祭と信仰』東京書籍　2003
・大塚亮治『大塚亮治　面の世界――伎楽面から創作面まで』文芸社　2003
・伊藤雅男『およげなかったカバ「モモ」』新日本出版社　2005
・高橋良治『鶴になったおじさん』偕成社　1988
・村上　譲『山頭火、飄々』二玄社　2000
・中村保雄『仮面と信仰』新潮選書　1993

・後藤　淑『中世仮面の歴史的・民俗学的研究――能楽史に関連して――』多賀出版　1987
・影山任佐『仮面をかぶった子供たち』ひらく　1997
・吉田憲司『仮面の森――アフリカ・チェワ社会における秘密結社、憑霊、邪術――』講談社　1992
・金　泰昌・佐々木毅編『公共哲学』全20巻　東京大学出版会　2002-2006
・『小学校学習指導要領解説社会編』文部省　1999
・拙著『民俗仮面を教材とした社会科学習――小学校六年生の国際理解学習――』和文化教育研究交流協会第三回全国大会　2007
・『小学校学習指導要領解説道徳編』文部省　1999
・H・Wハインリッヒ　総合安全工学研究所訳『ハインリッヒ産業災害防止論』海文堂出版　1982
・日本写真家協会編『日本の子ども六十年』新潮社　2005
・坂部　恵『和辻哲郎――異文化共生の形――』岩波書店　2000

Ⅱ　**台湾紀行**

・野村万之丞『マスクロード 幻の伎楽再現の旅』日本放送出版協会　2002
・李　登輝・小林よしのり『李登輝学校の教え』小学館　2001
・陳　宗顯『台湾のことわざ』東方書店　1994
・台北県政府文化局『淡水紅毛城』（パンフレット）
・台北県政府文化局『馬偕（Dr.G.L.Msckay）の道から見る淡水の古蹟探訪』（パンフレット）
・戴　國煇『台湾――人間・歴史・心理――』岩波書店　1988
・伊藤　潔『台湾　四百年の歴史と展望』中央公論社　1993
・折口信夫『折口信夫全集2』折口信夫全集刊行会編　中央公論社　1995
・阮　美姝『台湾二二八の真実――消えた父を探して』まどか出版　2006
・司馬遼太郎『台湾紀行』街道をゆく40　朝日新聞社　1994

・台北市政府民生局『林安泰古蹟・民族文物館』日本語ガイドパンフレット
・順益台湾原住民博物館出版『順益台湾原住民博物館　ガイドブック』1994
・日本順益台湾原住民研究会編『台湾原住民研究への招待』風響社　1998
・宮本延人『台湾の原住民族——回想・私の民族学調査——』世界の民族誌2　六興出版　1985
・邱若龍作・画　江　淑秀・柳本通彦訳『霧社事件——台湾先住民、日本軍への魂の闘い——』現代書館　1993
・魚住悦子「原住民族女性作家の誕生——リカラッ・アウーのアイデンティティー——」山本春樹、黄　智慧、パスヤ・ボイツォヌ、下村作次郎編『台湾原住民族の現在』草風社　2004
・地球の歩き方編集室『地球の歩き方　台湾（04〜05）』ダイヤモンド社　2004
・岸本葉子『微熱の島　台湾』凱風社　1989

参考文献

・拙著「民俗学の成果を取り入れた社会科カリキュラムの開発研究——「仮面と教育」のかかわりを中心に——」全国社会科教育学会第55回大会　2006
・拙著『民俗行事のもつ教育的機能——仮面を中心にして——』日本民俗学会第58回年会　2006
・石井　敏・久米昭元・遠山　淳・平井一弘・松本　茂・御堂岡潔編『異文化コミュニケーション・ハンドブック』有斐閣選書　1997
・井上　俊・上野千鶴子・大澤真幸・見田宗介・吉見俊哉　編集委員編『岩波講座現代社会学3　他者・関係・コミュニケーション』岩波書店　1995
・井上　俊・船津　衛編『自己と他者の社会学』有斐閣　2005
・泉　靖一「神像と仮面の民族誌」後藤　淑編『仮面　双書フォークロアの視点5』岩崎美術社　1988
・内海　巌「宗教的情操の涵養について」広島大学教育学部社会科学会『社会科研究』第12号　1964
・遠藤紀勝『仮面　ヨーロッパの祭りと年中行事』現代教養文庫　1990

・大林太良『仮面と神話』小学館　1998
・大林太良『北の神々南の英雄　列島のフォークロア12章』小学館　1995
・河合隼雄『新しい教育と文化の探求　カウンセラーの提言』創元社　1997
・河合隼雄『「子どもの目」からの発想』講談社　2000
・加賀谷真梨「沖縄県・小浜島における生涯教育システムとしての年中行事」日本民俗学会『日本民俗学』242号　2005
・木村重信『はじめにイメージありき』岩波新書　1971
・木村重信『人間にとって芸術とは何か』新潮選書　1976
・木村重信『民族美術の源流を求めて』ＮＴＴ出版　1994
・木村重信編著『民族芸術学――その方法序説――』日本放送出版会　1986
・窪　明子『オーストリアの祝祭と信仰』第一書房　2000
・小見山実『仮面の人間学　創造性の病理』日本評論社　1999
・後藤　淑『中世仮面の歴史的・民俗学的研究』多賀出版　1987
・後藤　淑『民間仮面史の基礎的研究』錦正社　2002
・坂部　恵『仮面の解釈学』東京大学出版会　1976
・佐々木光郎『増補「いい子」の非行――家裁の非行臨床から』春風社　2003
・佐原　真監修・勝又洋子編『仮面　そのパワーとメッセージ』里文出版　2002
・菅野　仁『ジンメル・つながりの哲学』日本放送出版協会　2003
・諏訪春雄『日本の祭りと芸能　アジアからの視座』吉川弘文館　1998
・祖父江孝男監修・星村平和編集代表『社会科のための文化人類学』上・下巻東京法令　1983
・滝沢武久・山内光哉・落合正行・芳賀　純『ピアジェ　知能の心理学』有斐閣新書　1980
・中村　哲編『「和文化の風」を学校に』明治図書　2003
・松澤博人・久保田博・高谷誠一編『演じる』ポーラ文化研究所　1991
・宮本久雄・金　泰昌編『シリーズ物語り論』全3巻　東京大学出版会　2007

・森　亘　著者代表『異文化への理解　東京大学公開講座46』東京大学出版会　1988
・柳田國男『柳田國男集　第1巻』「海上の道・海南小記」筑摩書房　1968
・柳田國男『柳田國男集　第2巻』「雪国の春」筑摩書房 1968
・柳田國男『柳田國男集　第3巻』「菅江真澄」筑摩書房　1968
・柳田國男『柳田國男集　第4巻』「遠野物語」筑摩書房　1968
・柳田國男『柳田國男集　第１０巻』「日本の祭」筑摩書房　1969
・柳田國男『柳田國男集　第１３巻』「年中行事覚書」筑摩書房　1969
・柳田國男『柳田國男集　第３１巻』「仮面に関する一二の所見」筑摩書房　1970
・吉田憲司『仮面の森』講談社　1992
・吉田憲司編著『仮面は生きている』岩波書店　1994
・吉田憲司『世界の仮面5』千里文化財団みんぱく発見　2001
・ジャン＝ルイ・ベドゥアン　斉藤正二訳『仮面の民俗学』白水社　1963
・レヴィ＝ストロース　山口昌男・渡辺守章訳『仮面の道』新潮社　1975
・Leopold Schmidt『Perchtenmasken in Österreich』hlaus Nachf 1972
・日本民俗学会編『民俗学と学校教育』名著出版　1989
・国立歴史民俗博物館編発行『変身する――仮面と異装の精神史』1992
・日本民俗学会研究所編『民俗学辞典』東京堂出版　1951
・石上　堅『日本民俗語大辞典』桜楓社　1983
・石川栄吉・大林太良・佐々木高明・梅棹忠夫・蒲生正男・祖父江孝男編『文化人類学事典』弘文堂　1994
・東　洋・繁多　進・田島信元編集企画『発達心理学ハンドブック』福村出版　1992

著　者
石川律子（いしかわ　りつこ）

1944年広島市生まれ。兵庫教育大学大学院学校教育研究科修士課程修了。幼稚園、小学校、ウイーン日本人学校教諭などを歴任、2004年広島市立己斐小学校長を定年退職。

2005年より広島大学大学院教育学研究科研究生。

仮面

——小学校教師の教材探訪——

平成19年9月10日　発行

著　者　石川律子
発行所　株式会社　溪水社
広島市中区小町1－4（〒730-0041）
電話（082）246－7909
FAX（082）246－7876
E-mail：info@keisui.co.jp

ISBN978-4-87440-986-2 C1037